GRACIA
SALVACIÓN Y DISCIPULADO

**Cómo Entender
Algunos Pasajes
Difíciles de la Biblia**

Charles C. Bing

**GRACE
THEOLOGY PRESS**

Este libro se basa en una diferencia bíblica fundamental entre la justificación y la santificación y entre la salvación y el discipulado. Al igual que yo, no todos van a estar de acuerdo con las soluciones que propone a las áreas difíciles de la Biblia. Sin embargo, provee una luz que ayuda a entender esos pasajes bíblicos difíciles que otras interpretaciones no ofrecen. Lo he añadido a mi corta lista de libros recomendables para entender áreas difíciles de la Biblia.

Norman L. Geisler, Ph.D.
Cofundador de Veritas Evangelical Seminary y Southern
Evangelical Seminary

En muchos Cristianos y entre un número de eruditos reina la confusión acerca de la naturaleza absolutamente gratuita de las buenas nuevas de Jesús el Mesías. Somos justificados completamente por la gracia de Dios a través de la obra de Cristo en la cruz y nos apropiamos de ella a través de la fe; pero como Cristianos nos santificamos por medio de nuestra cooperación con el Espíritu Santo cuando Él nos lleva a la madurez para hacernos a la imagen de Jesús. Charlie Bing, amigo y compañero en la jornada de tratar de entender mejor la Palabra de Dios y enseñar esas verdades a otros, ha producido un simple enfoque, haciendo una separación entre el evangelio, por el cual nos convertimos en Cristianos, y el relacionado con hacernos más como Cristo. Él ha escogido Verdad A y Verdad B como etiquetas para explicar estas diferencias. Si el lector lee cuidadosamente a través del libro de Charlie para entender la diferencia, va a estar un paso más cerca de entender la doctrina de la gracia de Dios que nos ha redimido y la gracia que está obrando en nosotros para vivir por el Espíritu Santo.

H. Wayne House, Th.D., J.D.
Profesor Distinguido de Teología, Derecho, y Cultura
Faith Evangelical College and Seminary, Tacoma, WA

Los pasajes difíciles de la Biblia son exactamente eso—difíciles de interpretar. Desafortunadamente, muchas interpretaciones populares terminan ignorando los contextos más importantes. Esto tiene grandes repercusiones en nuestra comprensión de la gracia, salvación, y discipulado, tal como lo indica el título. No todos van a estar de acuerdo con estas interpretaciones, pero el Dr. Charles Bing trata de mantenerse fiel al contexto. Este libro hace que muchos de esos pasajes difíciles sean más fáciles de entender. Se lo recomiendo grandemente a los estudiantes de la Biblia de cualquier lugar.

Tony Evans, Th.D.
Presidente, The Urban Alternative
Senior Pastor, Oak Cliff Bible Fellowship, Dallas

Dr. Charles Bing ha hecho una gran labor al ayudar a los creyentes a ver la diferencia entre la justificación por fe y el compromiso con Cristo que resulta en un discipulado genuino. Por la manera en que muchos de los pasajes se interpretan en este libro, muchos lectores no van a estar de acuerdo con todas las explicaciones del Dr. Bing, de hecho, esta es una concesión que hace el mismo autor. Sin embargo, los creyentes necesitan que se les recuerde esta importante diferencia.

Stanley D. Toussaint, Th.D.
Senior Profesor Emérito, Dallas Theological Seminary

Dedicación

ESTE LIBRO ESTÁ dedicado a todos los maestros de la Biblia, estudiantes y pastores que he conocido alrededor del mundo que dejan que Dios hable por Sí mismo en Su Palabra, hacen un esfuerzo extra para entender lo que Él dice, y hacen las preguntas difíciles cuando no entienden.

Contenido

Reconocimientos

ESCRIBÍ ESTE LIBRO en aproximadamente cinco años y literalmente en un mundo de lugares. Estoy profundamente agradecido con todos los que me permitieron refugiarme en sus lugares "secretos" para estar en soledad y para escribir: mis buenos amigos Juan O. y Lorraine Oliver, el silencio del desierto de Nuevo México; Jim y Cristoy Caddock, la inspiración de las montañas de Oregón; Peter y Carolyn Bennis, una inmejorable habitación de Texas con vista; Gary y Janine McNally, el rústico bosque del norte de New York; y Dar y Chris Highlen, la oportunidad de pescar en Florida entre largos periodos de escritura. Partes de este libro también se formaron en Ghana (África occidental), Burundi (África del este), India, y las Filipinas mientras ministraba en esos lugares.

Nadie puede escribir un libro acerca de tantos pasajes de la Biblia y tomar todo el crédito acerca de sus opiniones. Lo que sea que estoy ofreciendo en este libro se logró porque me he apoyado en los hombros de buenos y profundos maestros de la Biblia quienes me influenciaron en la interpretación y la práctica de la Palabra de Dios. No los menciono por nombre porque son demasiados instructores, mentores, y colegas a quienes agradecer. Pero sinceramente gracias a todos ustedes.

Aprecio profundamente el apoyo y la motivación de la mesa directiva y amigos de GraceLife Ministries quienes están a mi lado difundiendo el mensaje de la gracia de Dios alrededor del mundo. También estoy agradecido con Grace Theology Press por la competente ayuda de su personal y editores. Pero gracias especialmente a David Anderson y Fred Chay quienes trabajaron conmigo para hacer de este un libro justo, claro, y fiel a la Biblia. Nosotros compartimos un amor común por la Palabra de Dios y el evangelio de Su gracia.

Le doy un reconocimiento especial a la gran fuente de mi inspiración, mi mamá, Beulah Bing. Ella tolero´ muchos de estos escritos durante mis visitas ocasionales con ella en Virginia. A la edad de 92 años, estoy seguro de que ella va a bajar la versión electrónica (cuando esté disponible) en su tableta en donde ella hace su voluminosa lectura. A mi lado, figurativa y fielmente, orando a través de este tiempo, mientras soporta mis ausencias frecuentes está el amor de mi vida, mi esposa por 36 años, Karen.

Finalmente, y más importante, le doy gracias al Alfa y el Omega, mi Todo en Todo, el Señor Jesucristo, quien me salvó por Su gracia y me dio verdadera vida. A Él sea la gloria.

Prefacio

AQUELLOS QUE TUVIMOS el privilegio de sentarnos bajo el ministerio de Howard Hendricks, caminamos en el mundo con un poco de sus dichos metidos en nuestras mentes. Uno de ellos era: "Caballeros, Satanás nunca se inmiscuye en el área de lo trivial; siempre está en el área de lo crucial. Y no hay un área más crucial que la relación entre la fe y las obras".¡ Cuán cierto! Aún, uno de los pasajes para salvación más mencionados (Ef. 2:8-10) dice que no somos salvos por obras, pero si salvos para obras. Fe y las obras parece que no pueden quitarse su sombra de encima. Otro pasaje muy conocido (Stg. 2:14-26) parece decir que la fe sola no nos puede salvar; debemos tener obras. Esto llevó a algunos Protestantes como Lutero a una apoplejía espiritual, porque otros pasajes como Romanos 4:1-5 dice que no podemos ser justificados por obras. Fe con obras no es un problema para el mundo Católico ya que el concilio de Trento declaró que, "Si alguno dijere, que la justicia recibida no se conserva, ni tampoco se aumenta en la presencia de Dios, por las buenas obras; sino que estas son únicamente frutos y señales de la justificación que se alcanzó, pero no causa de que se aumente; sea anatema".[1] Muchos Protestantes resolvieron este enigma de fe con obras para la entrada al cielo, diciendo simplemente que las obras son solamente una evidencia de la verdadera fe que salva. La Fe sin obras es una fe falsa, completamente insuficiente para salvarnos, ellos sostienen.

Gracia, Salvación, y Discipulado por Charlie Bing hace un excelente trabajo al tratar de desenmarañar algunos de estos nudos gordianos de la discusión teológica. Al hacer esto, él emplea, según mi opinión, un hermoso y único mecanismo que ninguno de los expertos de la historia teológica ha usado: Verdad A Verdad B. Al categorizar varios pasajes como Verdad

---

1   Concilio de Trento, Canon 24.

A o Verdad B, Bing nos ayuda a ver la diferencia entre la verdad de la justificación (A) y la verdad de la santificación (B), nuestra Posición en los lugares celestiales (Verdad A) y nuestra Condición en la tierra (Verdad B), nuestra Relación con Dios (Verdad A) y nuestra Comunión con Dios (Verdad B), juicio eterno (Verdad A) y el juicio temporal (Verdad B), los dones de Dios (Verdad A) y las recompensas de Dios (Verdad B), y así sucesivamente.

Martín Lutero trató de hacer lo mismo cuando dijo, "*Simul iustus et peccator*": Al mismo tiempo (*simul*) soy justificado (*iustus*—Verdad A) y un pecador (*peccator*—Verdad B). En el cielo soy visto totalmente justo o justificado en mi *posición* en Cristo (Verdad A), pero en mi *condición* en la tierra (Verdad B) sigo siendo un pecador o en pecado—ambos al mismo tiempo. Verdad A Verdad B. Lutero estaba tratando de entender estas categorías. Es cierto, algunos pasajes son acerca del *camino* (Verdad A), pero otros pasajes son acerca del *caminar* (Verdad B). El Dr. Bing nos ayuda a reconocer estas categorías pasaje a pasaje.

Un aspecto de mucha utilidad de este libro, es el tratamiento que el Dr. Bing le da a cada pasaje al verlos a través de los lentes de Verdad A Verdad B respectivamente. En otras palabras, él toma un pasaje como Mateo 16:24-27 y lo interpreta a través de los ojos de Verdad A y los ojos de Verdad B. La perspectiva de Verdad A puede decir que este pasaje es acerca de cómo llegar al cielo; la perspectiva de Verdad B puede decir que este pasaje es acerca de cómo llevar la vida Cristiana hoy y cómo afectara´ las recompensas futuras.

En algunos casos, un pasaje puede tener dos o tres interpretaciones para Verdad A, cada una puede ser una opción viable para tratar la entrada al cielo o su pérdida. Pero algunas veces también existen más de una interpretación para Verdad B. El Dr. Bing presenta las opiniones más populares de cada categoría (Verdad A y Verdad B). Después él explica por qué prefiere una de esas opiniones. Y lo hace sin despreciar a otros que pudieran escoger una opción diferente como su favorita; además, él no esquiva ningún pasaje difícil. De hecho, él atraviesa completamente todo el Nuevo Testamento tratando prácticamente con todos los pasajes difíciles y los lleva a un enfoque claro al refractar los versos a través de los lentes de Verdad A Verdad B.

Finalmente, el Dr. Bing hace lo que muchos eruditos no han logrado. Él "baja las galletas al estante de abajo" (para cerrar con otro dicho de Howard Hendricks). Él también nos dice como una clara diferencia entre Verdad A y Verdad B puede ayudarnos en nuestros ministerios y nuestra vida diaria a hacer una clara diferencia entre Verdad A y Verdad B.

El lector va a encontrar que *Gracia, Salvación, y Discipulado* le será de mucha utilidad para entender su Biblia y por lo consiguiente entender más claramente cómo entrar a y vivir una vida Cristiana.

David Anderson, Ph.D.
Presidente y Profesor de Lenguajes Bíblicos y Teología Sistemática
Grace School of Theology, Woodlands, TX

Introducción

YO PUEDO PARECER obsesionado o arrogante, pero simplemente no puedo soportar el hecho, de que la gran mayoría de las personas no parecen estar de acuerdo con el evangelio y lo que significa ser un discípulo de Jesucristo. Me pudiera esperar esto de los que no son Cristianos, pero muchos *Cristianos* no están de acuerdo entre ellos o sostienen puntos de vista diferentes o no les importa. A estos, puedo parecerles ambos, obsesionado *y* arrogante. Supongo que veo el evangelio y el discipulado, como dos cosas importantes que una persona debería entender claramente. El email de Craig tipifica la confusión que la mayoría de las personas enfrenta al tratar de entender el evangelio:

> Hey Dr. Bing, me encanta leer sus artículos/notas e incluso he comprado/leído su libro *Simplemente por Gracia*.... Sin embargo, estoy bastante preocupado acerca de algunos pasajes de la Biblia que parecen contrarios a la libertad de la salvación de Dios y la gracia SÓLO por fe. Esto me molesta tanto que he perdido totalmente la seguridad de mi salvación y ni siquiera sé cómo obtener la salvación si descubro que nunca la tuve. Existen tantas versiones de "cómo ser salvo" que confunden a las personas como yo. De cualquier manera, los problemas que tengo con esta teología de la gracia gratuita se encuentran en las enseñanzas y parábolas de Jesús que se encuentran en Mateo, Marcos, y Lucas. (Todo el libro de Juan básicamente apoya la posición de la salvación de la gracia gratuita por medio de la fe-sola sin ninguna otra cosa.) Sin embargo, en los 3 evangelios sinópticos... vemos algo totalmente diferente. Vemos a Jesús diciéndole a la gente qué difícil es ser salvo, entrar en el reino de los cielos, etc. Vemos las parábolas como las de las 10 vírgenes donde si no tenemos nuestras lámparas encendidas, no tenemos la suerte de entrar a la fiesta. Muchas parábolas que Jesús dijo se

refieren a ser obediente y a hacer buenas obras para "entrar en el reino". Por supuesto, este "entrar en el reino/cielo" se presentó más como una invitación a entrar al banquete, a la fiesta de las bodas, etc… Parece que el Nuevo Testamento presenta DIFERENTES maneras para alcanzar la salvación. Los evangelios sinópticos presentan las parábolas y las enseñanzas de Jesús acerca de obtener la salvación como experimentando y haciendo cambios en el estilo de vida, buenas obras, y obediencia a Su Señorío. El evangelio de Juan se enfoca en la deidad de Jesús y la idea de que para ser salvos debemos de creer que Jesús es Dios, etc. Y después tenemos a Pablo quien es diferente a los dos con esta idea de que para ser salvo debemos creer en un Cristo resucitado, y que sólo con creer (sin ninguna obra) es lo que te salva por la gracia de Dios. Estoy muy muy confundido. Encima de todo, tenemos los pasajes de 1 Juan que parece mostrarnos que si nosotros pecamos entonces no somos salvos, o si odiamos a nuestro hermano, no somos salvos…. ¿Me puede ayudar por favor? Craig

Este libro representa un intento para ayudar a Craig y a otros como él a entender las Escrituras, el evangelio, y el discipulado. Pero mientras hago esto, espero hacer una contribución genuina que pueda llegar a ser muy apreciada por los Cristianos y otros que quieren entender la Biblia. Parece que la mayor fuente de confusión sobre la salvación y el evangelio, es la mala interpretación de los pasajes del Nuevo Testamento que hablan de la salvación o que parecen hablar de la salvación. Muy a menudo, se usa un enfoque que junta indiscriminadamente los pasajes de la Biblia, para producir un revoltijo confuso de a veces, condiciones contradictorias para ser salvos. Yo creo que la Biblia enseña claramente que somos salvos sólo por gracia, sólo a través de la fe, sólo en Jesucristo. La tragedia de malinterpretar muchos pasajes de la Biblia, es que el evangelio de la gracia se pervierte mientras se ignoran las verdades enriquecedoras acerca de la vida Cristiana en esos pasajes. Deje que Dios hable en forma encubierta acerca de los últimos tiempos, ¡pero deje que Él le hable claramente acerca de nuestra salvación!

Quiero demostrar un enfoque consistente a las Escrituras que va a equipar a las personas para discernir el significado de un pasaje por sí mismos. No quiero llamarlo un *método*. Por falta de una mejor palabra, yo lo he llamado un *enfoque*; pero no hay fórmulas secretas en este enfoque.

Sólo estoy abogando por los buenos principios del estudio de la Biblia para producir la mejor interpretación. Ninguna de mis interpretaciones es única. Usted encontrará otros que han enseñado o escrito acerca de estas. Lo que espero mostrar es un enfoque consistente que usted puede usar (o probar) pare ver estas interpretaciones.

Mi propósito no es extenuar la exégesis o la explicación de los pasajes seleccionados de la Biblia, sino mostrar suficiente evidencia para convencer a los lectores de que hay otra opción interpretativa además de la que muchos asumen. (Tengo explicaciones más detalladas de la mayoría de los pasajes en otros escritos.[1]) Espero mostrar una ignorada diferencia como la clave en la interpretación de los pasajes que se pueden llamar difíciles o "problemáticos" acerca de la salvación y de la vida Cristiana. También quiero mostrar el proceso que usé para lograr la interpretación más exacta. No lo distraigo con muchas notas al pie de página de otros comentaristas a propósito porque yo quiero que vea cómo la Biblia se interpreta a sí misma cuando se acentúa el contexto.

Aun los que teológicamente están cercanos a mí no van a estar de acuerdo conmigo en cada interpretación. Eso está bien y es de esperarse— siempre y cuando ellos vean la diferencia principal que estoy tratando de mostrar. Si su interpretación ayuda a que el evangelio de la gracia gratuita se mantenga claro, yo los aplaudo. Las interpretaciones que ofrezco representan mis convicciones hasta ahora, y algunas las apoyo más firmemente que otras, pero siempre estoy abierto para hacerlas más consistentes con lo que atestigua la Escritura. ¡Estoy seguro de que los buenos estudiantes de la Biblia en todos lados estarán encantados de hacer sugerencias que mejoren estas interpretaciones!

El lector debe saber que estoy usando el término *discipulado* para referirme a los asuntos de la vida Cristiana. De la palabra que significa *convertirse en un aprendiz* (*matēteuō*)[2], un *discípulo* es uno que ha sido salvo

---

1   Bing, Charles C., "Does First John Tell Us How to Know We Are Saved?" en *21 Tough Questions about* Grace (Allen, TX: Bold Grace Ministries, 2015), pp. 203-213; *Lordship Salvation: A Biblical Evaluation and Response,* 2nd GraceLife Edition (Burleson, TX: Xulon Press, 2014); y los artículos *GraceNotes* en gracelife. org.

2   A través del libro, la principal fuente de definiciones de las palabras griegas es Arndt, W; Danker, F. W.; y Bauer, W. A., *A Greek-English Lexicon of the New Testament and Other Early Christians Literature,* Chicago: University of Chicago Press, 2000.

y que está en una postura de aprendizaje o crecimiento en Jesucristo. Existe un rango de grados de compromiso que cubre el uso bíblico del término, desde aquellos que simplemente siguieron a Jesús en la multitud hasta aquellos que vivieron a diario con Él, como es el caso de los Doce. Yo estoy usando el término para describir la vida Cristiana y las responsabilidades después de la salvación, esto es, la verdad que está escrita para todos los Cristianos.

Me doy cuenta de que algunos piensan que *discípulo* sólo es un sinónimo de *Cristiano*. Si usted lee a través de este libro, usted va a ver por qué no estoy de acuerdo. Un Cristiano es alguien que cree en Cristo Jesús como el Hijo de Dios quien murió por nuestros pecados, se levantó otra vez, y garantiza la salvación eterna. (Algunas veces uso abreviaciones en mi lenguaje para describir la salvación o a los Cristianos como "aquellos que creen en Cristo", pero ahora usted sabe lo que quiero decir). Un discípulo es alguien comprometido a seguir a Jesucristo y a aprender de Él. Cada Cristiano debe ser un discípulo comprometido y que está creciendo, pero no todos lo son. La diferencia es importante, porque cuando no la vemos, esto crea confusión acerca del evangelio, pérdida de la seguridad, y debilidad de ambos ministerios; la iglesia y el evangelismo. Aquí hay una simple comparación que muestra la diferencia que estoy haciendo entre un Cristiano y un discípulo.

Cristiano	Discípulo
Salvo	Seguidor
Ha sido justificado	Está siendo santificado
Nacimiento espiritual	Crecimiento espiritual
Gratuito	Costoso
Cree en Cristo como su Salvador	Se somete a Cristo como su Señor
Verdad A	**Verdad B**

Entender esta diferencia es crucial para entender la Biblia. Esto es lo que usted necesita saber mientras lee este libro: *Yo me refiero a la columna de la izquierda como Verdad A y a la columna de la derecha como Verdad B.* Es una simple manera de hacer una diferencia muy importante. Primero escuché esta diferencia expresada en una forma similar por mi amigo, el Dr. David Anderson, y la he usado desde entonces en mis enseñanzas alrededor del mundo. Así como me impresionó a mí, invariablemente recibo una respuesta muy entusiasta de mis audiencias. Así que, le doy gracias a Dave por la semilla que plantó.

No puedo comentar cada palabra, frase, y pasaje que menciona la diferencia entre salvación y discipulado, tampoco puedo agotar la exégesis de cada pasaje que menciono. Mi objetivo es tratar con la palabra o con los pasajes hasta el punto de que podamos distinguir claramente si se usa en el contexto de salvación o discipulado, o sea, si es Verdad A o Verdad B.

Hay algo más que quiero decir antes de empezar. En base a mi comprensión del evangelio y su canon esencial de salvación sólo por gracia sólo por medio de la fe, yo creo que todos los que han creído en Cristo están eternamente asegurados. Es así de simple; Si no hay nada que podamos hacer para ganar nuestra salvación, entonces no hay nada que podamos hacer para perder nuestra salvación. Esto es de lo que se trata la gracia. Nunca se gana o se merece, y no pone condiciones en su promesa de vida eterna a todos los que creen en Cristo. Por supuesto, yo puedo hacer un larguísimo argumento bíblico como lo he hecho en otros escritos.[3] Así que este libro asume la posición de que la salvación es segura. Pero espero que esto no desanime a aquellos que no están de acuerdo conmigo de leer el libro. De hecho, el enfoque de Verdad A Verdad B, muchas veces tratara´ directamente con pasajes que parecen decir que la salvación se puede perder. Y si usted piensa que la seguridad eterna es una motivación para que los creyentes pequen, entonces usted necesita definitivamente leer algunas de las interpretaciones de este libro. Muchos de los pasajes que estoy tratando involucran serias consecuencias para los creyentes que están en desobediencia.

---

3   Vea Apéndice 1: Seguridad Eterna.

UNO   Entendiendo la diferencia entre Verdad A y Verdad B

Por Qué Es Importante Distinguir las Diferencias en el Nuevo Testamento

1

PEQUEÑAS DISCREPANCIAS PUEDEN hacer una gran diferencia. Considere la diferencia que puede hacer una letra: La letra "a" convierte a un *teísta* en un *ateísta*, y a alguien que es *moral* en uno que no lo es *amoral*. Los escritores saben que una simple palabra puede hacer una gran diferencia. Mark Twain dijo, "La diferencia entre la palabra adecuada y la casi correcta, es la misma que hay entre el rayo y la luciérnaga".[4]

Cuando se trata de entender la Biblia, algunos autores destacan diferencias cruciales. Pablo ve la diferencia entre el uso singular y plural de una palabra para argumentar la anticipación profética de Cristo Jesús:

> *"Ahora bien, a Abraham fueron hechas las promesas, y a su simiente. No dice: Y a las simientes, como si hablase de muchos, sino como de uno: Y a tu simiente, la cual es Cristo" (Ga. 3:16).*

El autor de la carta a los Hebreos basa su argumento para el remplazo del Pacto Mosaico por el Nuevo Pacto en una sola palabra:

> *"Al decir: Nuevo pacto, ha dado por viejo al primero; y lo que se da por viejo y se envejece, está próximo a desaparecer" (Heb. 8:13).*

Es crucial ver hasta la diferencia que hace una sola letra, ya sea al nivel de una palabra, un verso, o un periscopio entero (un grupo de pasajes), o todo el libro.

---

4   Carta a George Bainton, octubre 15 de 1888.

Confusión de las suposiciones sin las diferencias

La mayoría de nosotros, hemos estado rodeados de influencias cristianas por tanto tiempo, que tenemos la tendencia de hacer suposiciones imprudentes. Por ejemplo, tal vez usted ha escuchado a un Cristiano decir, "La Biblia se escribió para que nosotros sepamos cómo ser salvos". A primera vista, este parece un enunciado aceptable. ¿Pero es verdaderamente correcto? ¿Quién está incluido en "nosotros"? Si "nosotros", somos los Cristianos, entonces nosotros ya somos salvos. Esto también supone que el significado de la palabra "salvar" es salvar del infierno. Pero le aseguro que la Biblia fue escrita para decirnos mucho más que eso a los Cristianos, y como veremos, usa la palabra "salvar" en diferentes maneras.

Ya que después vamos a comentar acerca de muchos de los pasajes del Nuevo Testamento, echemos un vistazo a un ejemplo del Antiguo Testamento para ver que las diferencias también son importantes allí. Tal vez ha escuchado a alguien citar Ezequiel 18:4 como una advertencia contra los que pecan e ir al infierno: "el alma que pecare, esa morirá". Pero ¿Estaba Ezequiel dando un mensaje evangelístico a los incrédulos, o tal vez les estaba hablando a los creyentes – por lo menos al pueblo de Dios, los judíos? Si él les estaba hablando a los incrédulos, ¿les está diciendo que sus actos malvados los van a mandar al infierno? Si le está hablando al pueblo de Dios, ¿qué quiso decir con esta amenaza? En el contexto, ¿Ezequiel está usando "morir" para describir muerte eterna, o muerte física como consecuencia de quebrantar la Ley Mosaica? Una interpretación adecuada de este pasaje demanda la observación que empieza con el contexto global y termina con cada palabra. En este ejemplo, el contexto muestra que Dios está advirtiendo a los individuos en Israel, que a ellos se les van a pedir cuentas de sus propios pecados – no por los pecados de sus padres. La muerte física, era la condena para la desobediencia severa y la idolatría que se mencionan en el contexto. Entonces, esto es muy confuso cuando lo usamos para hablar de los incrédulos o creyentes que cometen pecado hoy (porque todos pecamos).

La Reforma Protestante comenzó cuando un monje Alemán de la iglesia Católica Romana, llamado Martín Lutero, descubrió la diferencia entre la justificación forense y la santificación progresiva en la Epístola a los Romanos. Otra vez, estas diferencias son importantes.

Es desafortunado que la falla al notar las diferencias válidas en la Biblia hayan resultado en una vista distorsionada del evangelio, pérdida de seguridad, legalismo, y la opinión de que se puede perder la salvación. Esto es muy serio porque un mensaje del evangelio que no es claro o que está incompleto va a mantener a las personas sin alcanzar la salvación eterna. También es trágico ver cómo los Cristianos se han dividido por causa de algunos de estos problemas. Considere la continua división entre los Calvinistas y Arminianos, amilenialistas y premilenialistas, teólogos del Pacto y los dispensacionalistas, Señorío de Cristo, y los de la Gracia Gratuita.

Otra lamentable consecuencia por no discernir Verdad A y Verdad B en la interpretación de la Biblia es que se ignora la rica llenura de las enseñanzas en la vida del Cristiano. Sin las diferencias entre Verdad A Verdad B, es fácil ignorar muchos pasajes en relación con la responsabilidad del Cristiano, las recompensas la comunión íntima con Dios. Las consecuencias son ambas: temporales y eternas por naturaleza.

Mi propia observación en la diferencia entre Verdad A y Verdad B me guió a la teoría del evangelio de la Gracia Gratuita y de la vida Cristiana.[5] Las personas me han preguntado cuándo me "convertí" a la posición de la Gracia Gratuita. Yo les digo que no fue conversión, ni tampoco recuerdo que fuera la influencia de alguien que cambió radicalmente mi mente. Desde el tiempo en que me hice Cristiano en mi juventud, simplemente quise saber lo que Dios dice en Su Palabra. Yo busqué ese primer objetivo por mi cuenta, y después en el colegio y seminario bíblico. Si dejamos que hable por sí misma, la Biblia se explica a sí misma por medio de ciertas verdades y diferencias que tienen sentido.

Mi objetivo es llegar más allá de construcciones teológicas, creencias tradicionales, suposiciones históricas, y argumentos de hombres, y con honestidad delante de Dios, ver lo que dicen las Escrituras. Me doy cuenta de que identificarme como de la Gracia Gratuita, al principio puede crear prejuicios en algunos lectores, revivir ciertas falsedades, o puede causar que alguien ponga el libro a un lado y deje de leerlo. Existen muchas nociones falsas acerca de los que apoyan la posición de la Gracia Gratuita. Se nos acusa de ser antinomistas, promocionando la fácil-creencia, proveyendo licencia para pecar, e ignorando el Señorío de Cristo. Todas estas acusaciones están equivocadas, así como lo están las otras patrañas y argumentos en contra nuestra que buscan estigmatizar a la posición de la Gracia Gratuita. Por eso le pido que lea con un discernimiento piadoso y con una mente abierta, dándome el beneficio de la duda de que quiero saber lo que dicen las Escrituras, no sólo apoyar a un sistema teológico. Si usted no está

---

5   Vea Apéndice 2: ¿Qué es la Teología de la Gracia Gratuita?

persuadido por mi enfoque e interpretaciones, por lo menos usted tendrá una fidedigna e inteligente comprensión de cómo alguien con la perspectiva de la Gracia Gratuita aborda los pasajes difíciles de la Biblia. Espero que por lo menos usted vaya a estar persuadido de que los de la perspectiva de la Gracia Gratuita intentan tratar honestamente con el texto bíblico, y respetuosamente les dé crédito por eso.

Las interpretaciones hacen una diferencia

Todos tenemos opiniones acerca de las interpretaciones de los pasajes de la Biblia. Yo respeto más a las opiniones examinadas que a las adoptadas. ¿Qué honra más a Dios? En Hechos 17:10-11 los de Berea fueron elogiados por tomar lo que Pablo les enseñó y hacer su propia investigación de las Escrituras para ver si era verdad. Yo respeto esa actitud hacia la Palabra de Dios.

Una buena prueba para la interpretación bíblica es la cohesión. ¿Hay consistencia o ausencia de conflicto o contradicción con otros pasajes? Todos buscamos una armonía de la enseñanza escritural. Debería hacer que nos retorciéramos cuando alguien dice que el Viejo Testamento contradice al Nuevo Testamento, que Jesús contradice a Pablo, Pablo contradice a Santiago, o que los sinópticos (Mateo, Marcos, y Lucas) contradicen a Juan. ¿Realmente podemos vivir con esa tensión? ¡Yo no! A no puede ser igual a no-A, o podemos decir, A no puede ser igual a B, especialmente en la Palabra de Dios.

La mayoría de nosotros, nos esforzamos por hacer un cambio en nuestras vidas y en la vida de otros en los que tenemos una influencia. La Biblia no fue escrita para hacernos más conocedores o astutos, sino para transformarnos a la imagen de Cristo Jesús. Para muchos de los pasajes que explico en este libro, nuestra perspectiva va a hacer la diferencia en nuestra experiencia Cristiana diaria. He hablado o me he comunicado con muchas personas que están viviendo sus vidas con temor y dudas diarias acerca de si ellos tienen vida eterna o no. Ellos no tienen la seguridad de que irán al cielo cuando mueran.

Esto los guía eventualmente a todo un problema acerca de su motivación, lo que explicaremos en el capítulo 12. Existen diferentes motivaciones para vivir una vida piadosa. El temor es uno de ellos, pero no merece estar en el número uno de la lista. Vivir para Dios por amor y gratitud será más agradable a Dios y satisfactorio para nosotros. Cualquier padre se puede identificar con esto. ¿Preferiría que Su hijo le obedeciera porque le ama y está agradecido con usted, o porque tiene miedo de enfrentar las consecuencias amenazadoras? Y ¿Con qué niño estaría más contento y satisfecho, el que está lleno de amor y gratitud o el que está lleno de temor? La respuesta es obvia, pero tantos Cristianos no la ven y viven sus vidas en temor. La vida del Cristiano puede ser guiada por el modo de actuar que le puede hacer sentir orgulloso de lo que hizo o lo que no hizo, o lo deja preocupado acerca de si ha hecho lo suficiente. La Gracia quita todo el temor y la inseguridad. Pone todo el ímpetu en la forma de actuar de Dios, no en el nuestro. El enfoque de la Verdad A Verdad B es esencial para ayudarnos a mantenernos consistentes con la gracia gratuita de Dios y una motivación piadosa.

No se necesita mucha motivación para alejarnos a tener un sistema basado en la medida espiritual de mi forma de actuar. El legalismo está en nuestro ADN espiritual. Note qué tan seguido el Apóstol Pablo peleó en el Nuevo Testamento en la iglesia primitiva (ej. Hechos 15, Romanos, Gálatas, Filipenses, Colosenses).

Diferencias en la interpretación

Debo admitir lo difícil que es interpretar muchos pasajes de la Biblia. Hasta cierto punto, todos estamos torcidos en nuestras interpretaciones por las presuposiciones teológicas y sus influencias. Pero muchas veces, los Cristianos simplemente perpetuamos una interpretación teológica, tradicional, o popular de un pasaje aun cuando no es consistente con el contexto o con otras verdades bíblicas.

En mis décadas de enseñar acerca de los problemas de la salvación y el discipulado en la Biblia, he interactuado con muchas diferentes interpretaciones de muchos pasajes del Nuevo Testamento. He llegado al punto de esperar ciertas preguntas, lo que me llevó a publicar *GraceNotes* como un recurso en línea.[6] En este libro, yo estudio muchos de los pasajes que han provocado esas preguntas y presento interpretaciones alternas con las que no estoy de acuerdo, lo que le va a permitir ver las diferencias importantes cuando estudie un pasaje problemático. No estoy tratando de explicar las interpretaciones de otros, sino que me enfoco en explicar pasajes con buenos métodos de estudio bíblicos.

Existen desacuerdos acerca de algunas interpretaciones—algunas veces son desacuerdos apasionados—pero eso no es razón para ser injusto o

---

6   GraceLife.org/GraceNotes.

malicioso. Muy a menudo somos rápidos para etiquetar a aquellos con los que no estamos de acuerdo como "falsos maestros" o "herejes". Los autores del Nuevo Testamento reservan los términos de "falsos profetas"o "falsos maestros" para aquellos que están minando maliciosamente la verdad de Dios con herejías evidentes. El Nuevo Testamento sólo usa el término "falsos maestros" (*psuedodidaskaloi*) una vez cuando a ellos se les compara con los "falsos profetas" que obviamente no son salvos y enseñan "herejías" (2 Pe. 2:1). Yo pienso que ningún Cristiano sincero que sostiene una bien intencionada pero errónea interpretación de un pasaje de la Biblia se merece que se le llame con los términos "falso maestro" o "hereje" en el sentido bíblico. De otra manera, yo pienso que todos seríamos falsos maestros enseñando herejías, porque todos tenemos diferencias en nuestras interpretaciones de los pasajes. El prolífico maestro de la Biblia Apolos necesitó ser corregido por Priscila y Aquila, asociados del Apóstol Pablo, pero previamente él no fue considerado un falso maestro. Él simplemente enseñó equivocadamente y estuvo abierto a la corrección (Hechos 18:26). Esto no significa que un bien intencionado y sincero maestro Cristiano no pueda estar desastrosamente mal y que haga un daño severo a otros Cristianos. A este tipo de maestros queremos corregir, en el espíritu de Priscila y Aquila. *"Porque el siervo del Señor no debe ser contencioso, sino amable para con todos, apto para enseñar, sufrido; que con mansedumbre corrija a los que se oponen, por si quizá Dios les conceda que se arrepientan para conocer la verdad" (2 Tm. 2:24-25).*

En este libro, yo cité a algunos autores o comentaristas de la Biblia que están de acuerdo o no con mi interpretación en casi cada pasaje que explico. Sin embargo; me contuve de tediosamente citar a otros. Yo quiero que el lector vea que cuando se le da la oportunidad, observando bien el contexto y el texto, estos pasajes difíciles de la Biblia generalmente se interpretan a sí mismos. Pero el lector se merece saber que las diferentes interpretaciones que menciono son apoyadas por bien conocidos e influyentes maestros bíblicos.[7] Déjeme ser claro, no estoy tratando de atacar o ser abrasivo e

---

7   En mi observación, los autores más conocidos y los comentaristas que consistentemente fallan al hacer la diferencia entre Verdad A y Verdad B tienen diferentes antecedentes teológicos, pero muchos de ellos tienen antecedentes de Arminianos o Calvinistas Reformados. Ejemplos incluyen: Darrell Bock, Santiago Montgomery Boice, F. F. Bruce, Ardel B. Caneday, D. A. Carson, Michael Deaver, Kenneth L. Gentry, Wayne Grudem, Michael Horton, Tim Keller, Andreas Kostenberger, John MacArthur, Jr., Scot McKnight, I. Howard Marshall,

inflamatorio. Mi objetivo es una abierta y honesta investigación de la Biblia y cómo manejarla.

A menos que sepamos otra cosa, nosotros suponemos que todos los maestros de la Biblia son sinceros y tienen buenos motivos. Todos queremos predicar el evangelio claramente y producir Cristianos semejantes a Cristo. Todos reconocemos el problema de la mundanalidad y carnalidad en nuestras iglesias, no importa la etiqueta con que se identifique. Yo creo que la solución no está en movernos hacia el legalismo que dicta un comportamiento, o cargar al evangelio con condiciones que se deben cumplir, sino movernos hacia el amor y la gracia de Dios como motivaciones para vivir piadosamente. La solución no es requerir más desempeño externo, sino colmarnos del amor y la gracia de Dios para efectuar primero un cambio interior. Religiones basadas en el desempeño externo brindan consuelo a algunos creyentes. Les permite medir y hacer un juicio en la espiritualidad de otros, normalmente en comparación con la suya. Pero por supuesto, las ideas de cada uno difieren en relación con los estándares bíblicos del comportamiento que prueba la salvación o la espiritualidad. Y aun así, los que se basan en el legalismo de las acciones parecen modificar las reglas para salir mejor librados que aquel a quién están juzgando.

Hacia una mejor comprensión de las Escrituras

Durante mis muchos años respondiendo preguntas acerca de pasajes difíciles o controversiales de la Biblia relacionados con la salvación (o que

---

Leon Morris, Peter O'Brien, Grant Osborn, John Piper, Thomas R. Schreiner, Allen P. Stanley, John R. W. Stott, Robert Yarbrough, y Ben Witherington III.

Aquellos que consistentemente distinguen Verdad A de Verdad B son algunos que se llaman a sí mismos Calvinistas Reformados, Calvinistas moderados, o meramente Biblistas. Ejemplos incluyen: David Anderson, Lewis Sperry Chafer, Thomas Constable, Joseph Dillow, Michael A. Eaton, Tony Evans, Zane C. Hodges, R. T. Kendall, G. H. Lang, R. Larry Moyer, Robert P. Lightner, Dwight Pentecost, Earl Radmacher, Charles C. Ryrie, Charles Swindoll, y Robert N. Wilkin.

Déjeme ser totalmente claro de que hablo con generalidades. Yo no estoy en desacuerdo con todas las interpretaciones de la Biblia del primer grupo, ni tampoco siempre estoy de acuerdo con el segundo grupo. Yo sólo estoy diciendo que en general, uno pude considerar a estos autores para mostrar un patrón de una mezcla de Verdad A y Verdad B, o una diferencia entre ambas.

se piensa que están relacionados con la salvación) y discipulado, Empecé a notar que la mayoría de las malas interpretaciones provenían de los siguientes errores: 1) Ignorar las reglas básicas del estudio de la Biblia, especialmente aquellas que tienen que ver con el sentido llano del lenguaje y el contexto; 2) Mantener un prejuicio teológico, como suponer definiciones sin fundamento para palabras importantes o recurrir descuidadamente a otros textos como prueba (i.e. citando referencias de la Biblia como autoritativas pero no correctamente, como si el significado debiera darse por sentado); 3) Tradición—Mantener una opinión que los Cristianos han creído históricamente acerca del tema o del pasaje de la Biblia; 4) Repitiendo a un maestro respetado sin una fuerte convicción personal basada en el estudio personal de las enseñanzas de la Biblia

Admitamos que todos tenemos prejuicios en nuestras interpretaciones, pero el examen final es lo que dicen las Escrituras cuando se interpretan correctamente. Yo estoy dispuesto a modificar mis interpretaciones. Pero existen unas verdades bíblicas que son tan abrumadoramente claras, que no me voy a convencer de algo diferente muy fácilmente, por ejemplo, yo estoy convencido de la deidad y la humanidad de Cristo Jesús, y también de la suficiencia de su resurrección a favor de todas las personas. Yo estoy convencido de lo gratuito de la gracia de Dios en la salvación, esto es, que nuestra salvación no requiere obras humanas, acciones, o mérito. Por lo tanto, yo también estoy convencido de la seguridad de la salvación. Estas tres cosas las tengo muy claras.

Todos debemos tener un objetivo—comprender y reflejar exactamente lo que Dios ha dicho. Yo supongo esto de los demás, y espero que otros me den el mismo beneficio de la duda. Al mismo tiempo, motivo a los lectores a verificar mi interpretación con su propio estudio de las Escrituras. Ya que los de Berea fueron elogiados por verificar las enseñanzas del Apóstol Pablo con su propio examen de las Escrituras (Hechos 17:10-11), le recomiendo encarecidamente que haga lo mismo con mis interpretaciones.

Debemos darle la preeminencia a la Palabra de Dios sobre todos nuestros prejuicios. Las tradiciones son duras, y cambiar las perspectivas no es fácil. Nuestro nivel de compromiso tiene que ser mayor que nuestro nivel de comodidad. En otras palabras, debemos comprometernos con Dios y Su verdad más que con cualquier agenda, teología, tradición, maestro, pastor, o amigo. ¡Las vacas sagradas hacen deliciosas hamburguesas!

Este libro ofrece un enfoque a muchos de los pasajes del Nuevo Testamento acerca de la salvación y el discipulado que va a ayudar a hacer la diferencia entre los dos. Estoy ansioso por explicar la diferencia porque he visto el entusiasmo de aquellos que la han escuchado y la han comprendido. Voy a declarar enfáticamente que *aprender a ver la diferencia entre salvación y discipulado en la Biblia es lo que más ayuda a las personas a entender la Biblia, especialmente el Nuevo Testamento, cuando habla de la salvación o de las responsabilidades de la vida Cristiana.* Esto ha sido un descubrimiento que le ha cambiado la vida a muchos.

Hablando de la diferencia entre salvación y discipulado, Charles C. Ryrie ha dicho, "No hay diferencia más vital para la teología, o más básica para entender correctamente el Nuevo Testamento, o más relevante para la vida de cada creyente y su testimonio".[8] ¡Yo no puedo estar más de acuerdo o decirlo mejor!

---

8   Charles C. Ryrie en Zane C. Hodges, *The Hungry Inherit: Winning the Wealth of the World to Come*, 3rd Edition (Dallas, TX: Redención Viva, 1997), p. 7.

Explicación de las Diferencias Entre Verdad A Verdad B

NO PONGA DIESEL en un motor de gasolina, ambos son combustibles, pero son claramente diferentes. Ignore la diferencia y los resultados serán desastrosos. En la Biblia existen importantes diferencias que sólo pueden ignorarse con consecuencias nefastas.

Un principio básico de la lógica se llama principio de no-contradicción. Este dice que una proposición y su negación no pueden ser ambas verdaderas al mismo tiempo y en el mismo sentido. Por ejemplo, si el enunciado "A es igual a B" es verdadero, entonces el enunciado "A no es igual a B" no puede ser verdadero. Los enunciados son mutuamente excluyentes. Dos cosas o enunciados pueden estar relacionados, pero tienen diferencias que les dan una identidad y evita que se confundan con otro. Por ejemplo, un hombre y una mujer están relacionados porque ambos son humanos, pero al final, un hombre no es una mujer. ¡Yo pienso que todos estamos de acuerdo de que esta diferencia es crucial!

De la misma manera, pero con más importancia, es necesario hacer las diferencias adecuadas cuando interpretamos la Biblia. Estas diferencias son evidentes en unos casos. Por ejemplo, los Cristianos generalmente ya no siguen las reglas dietéticas de Levítico. La mayoría reconoce una diferencia entra la vida bajo Moisés y la vida bajo Cristo Jesús, por eso estamos libres de comer cerdo, bagre, y camarones—cosas que estaban prohibidas bajo la Ley de Moisés. Ahora nosotros sabemos que hay una diferencia entre el Viejo Testamento y el Nuevo Testamento.

El principio de Verdad A Verdad B simplemente es que todos los pasajes de la Biblia se pueden dividir adecuadamente en los que conciernen a las personas no-salvas o incrédulos, y los que conciernen a las personas salvas, o creyentes. Algunos pasajes pueden tener una aplicación general para ambos grupos, pero usualmente están dirigidos a un grupo u otro. Por ejemplo, el libro de Proverbios contiene sabiduría para todas las personas y aún contiene proverbios que se encuentran en otras culturas antiguas, pero el libro fue originalmente parte de la colección de Escrituras hebreas para el pueblo escogido de Dios, los judíos.

Cuando el enfoque de Verdad A Verdad B se aplica a nuestra interpretación de la Biblia, empezamos a ver diferencias importantes. A continuación, se encuentran algunas de esas diferencias importantes. Estas diferencias salieron de nuestro estudio de los pasajes claves de la Biblia en el resto del libro, así que no vamos a tratar esos versos en detalle aquí.

Salvación (A) no es Discipulado (B)

Esta diferencia es la base de este libro. Es la diferencia entre cómo nos convertimos en Cristianos y como vivimos como Cristianos. La Biblia habla de cada uno claramente.

Cada persona que cree en Cristo Jesús como su Salvador es un Cristiano, pero no toda persona que cree en Él es un discípulo. Las dos palabras significan diferentes cosas. Por definición, un Cristiano, o un creyente, es alguien que ha creído en Cristo como su Salvador. Un discípulo, por definición, es un aprendiz o seguidor de Jesucristo como su Señor. Creer en Jesús como Salvador del pecado es Verdad A. Aprender de y seguir a Cristo como Señor de nuestra vida es Verdad B.

Esto no puede ser más claro que en Juan 8:30-31 en donde Jesús les dice a los que ya creyeron en Él cómo convertirse en discípulos—al permanecer en Su palabra:

> *Hablando él estas cosas, muchos creyeron en él. Dijo entonces Jesús a los judíos que habían creído en él: Si vosotros permaneciereis en mi palabra, seréis verdaderamente mis discípulos.*

Permanecer no significa *creer*. Significa *permanecer, continuar, adherirse* cercanamente a algo, específicamente en este pasaje, a la Palabra de Dios. A menos que se pueda argumentar que aquí creer realmente no significa creer (en cuyo caso el peso de la prueba está sobre esa persona), entonces creer para tener vida eterna es diferente a permanecer en la Palabra de Dios como discípulos.

Si hiciéramos que permanecer fuera un equivalente de creer, piense en las implicaciones para la salvación eterna; nadie podría ser salvo, a menos que continúe en la Palabra de Dios, lo que implica una obediencia progresiva.

¿En qué punto una persona pudiera decir con certeza que está segura de su salvación? Otra vez, las obras usurpan la gracia gratuita de Dios, creando un evangelio legalista falso, robando la seguridad de la salvación.

La fe (A) no es Obras (B)

Hablando correctamente, la fe es una respuesta pasiva a una proposición o a una persona. En otras palabras, no involucra ninguna acción por parte de la persona que cree. Fe es la persuasión o convicción interna de que algo es verdadero y digno de confiar. No existe ninguna acción involucrada cuando yo creo que algo es verdad. Yo creo en la ley de la gravedad, pero no necesito hacer nada para creer esa ley; tal vez se ve la evidencia cuando salto la cerca, pero aun cuando no trate de saltar, yo sigo creyendo en la ley de la gravedad. Creer y saltar son dos cosas muy diferentes. Ciertamente existe una vital relación entre creer y obedecer, pero para ser preciso teológicamente, estas son cosas diferentes. Por eso Pablo dice en Romanos 4:5, "mas al que no obra, sino cree en aquel que justifica al impío, su fe le es contada por justicia". Él dice tan claro como le es posible que las obras y la fe son distintas y diferentes. Él no está diciendo que cuando una persona cree ya no tendrá obras. Él espera que hagamos buenas obras (Ef. 2:10).

Algunos dicen que la fe es lo mismo que la obediencia. Tal vez esto se debe a que las dos ideas están estrechamente asociadas en las Escrituras. Por ejemplo, una frase que ha confundido a mucha gente es "obediencia a la fe" que se encuentra en Romanos 1:5 y 16:26. Esto no dice que aquellos que creen obedecen en todas las cosas, sino que esto habla de la respuesta de uno al creer en el evangelio, lo cual es un acto de obediencia. El evangelio no contiene una lista de cosas que se deban hacer para ser salvo. En Romanos, Pablo argumenta fuertemente en contra de esta idea en los capítulos claves para la justificación, en los capítulos 3 y 4, donde el no habla de obediencia sino de fe. Por supuesto, se espera que la fe en Cristo como Salvador produzca obediencia a la voluntad de Dios. Pero la respuesta de fe es diferente al acto de obediencia. La fe y la acción están muy cercanamente relacionadas en Hebreos 11 en donde se nos da una larga lista de personas de quien se dice "Por fe..." seguido de alguna acción en base a esa fe. Pero aquí la clave es ver que, aunque la acción está relacionada con la fe y proviene de esta, es diferente de la fe misma. Verdad A (fe) está relacionada con la Verdad B (obras), pero A no es igual a B.

Gracia (A) no es Mérito (B)

La naturaleza de la gracia es que es un favor inmerecido. Inmerecido significa que nada se puede hacer para ganar o merecer la gracia. Nosotros le llamamos gracia gratuita o gracia incondicional. Romanos 11:6 no puede ser más claro: "Y si por gracia, ya no es por obras; de otra manera la gracia ya no es gracia. Y si por obras, ya no es gracia; de otra manera la obra ya no es obra". Usted puede ver que la Verdad A de la gracia es exclusiva de la Verdad B de las obras. La existencia de una niega a la otra. En el momento en que uno trata de ganarse la gracia, deja de ser gracia.

En relación con el evangelio, hay algunos que hablan de una *gracia barata* o una *gracia costosa*. Si entendemos la naturaleza verdadera de la gracia, ninguno de esos puede ser verdad. No es ni barata ni costosa. La gracia que salva es absolutamente gratuita. *Barata* implica que se hizo muy poquito para ganarla o que no se demuestra mucho compromiso para merecerla. *Costosa* implica lo contrario—que se tiene que pagar un gran precio por la gracia a través del compromiso personal, entrega, u obediencia. Pero en el momento en que le ponemos algún precio a la gracia, esta deja de ser gracia. La razón por la que usamos el término redundante *gracia gratuita* es por el bien del énfasis y la claridad.

Cuando se refiere a nuestra salvación eterna, la gracia debe mantenerse totalmente pura sin la contaminación de las obras o el mérito personal. Cuando se introducen las obras entonces tenemos un evangelio falso, un evangelio legalista. De pronto la simple fe en Cristo Jesús se convierte en un sistema complejo y subjetivo de acciones que nunca le puede dar al creyente la seguridad de salvación.

Justificación (A) no es Santificación (B)

Justificación es el acto de Dios que declara a un pecador justo desde el punto de vista de Dios. Es un término legal que habla de la posición que uno tiene en la presencia del tribunal de la justicia de Dios. Por el otro lado, la santificación (como se le conoce normalmente) se refiere al proceso de crecimiento. Santificar algo significa ponerlo aparte. Cuando una persona es santificada, es apartado para Dios posicionalmente primero, cuando es justificado y después progresivamente mientras crece en fe y en Cristo. Lo último es el entendimiento más común de la santificación y de la manera en que se usa aquí.

Considere Romanos 5:9-10:

Pues mucho más, estando ya justificados en su sangre, por él seremos salvos de la ira. Porque si siendo enemigos, fuimos reconciliados con Dios por la muerte de su Hijo, mucho más, estando reconciliados, seremos salvos por su vida.

La salvación de la justificación es diferente de la salvación de la santificación. Lo primero nos salva una vez y para siempre de la pena del pecado. La última nos salva del poder del pecado mientras Cristo vive a través de nosotros en un proceso que dura toda la vida.

Esta simple gráfica nos ayudará a entender las diferencias.

Justificación (A)	Santificación (B)
Una sola vez	Proceso de toda la vida
Nacimiento espiritual	Crecimiento espiritual
Fe en Cristo como Salvador	Obediencia a Cristo como Señor
Puestos en Cristo	Transformados a la semejanza de Cristo
Una condición	Muchas condiciones
Lo que Dios hizo por mí	Lo que Dios está haciendo a través de mí
Cristo murió en la cruz por mí	Yo tomo la cruz de Cristo
Salvado de la pena del pecado	Salvados del poder del pecado

Hay quienes creen que la justificación sucede en dos etapas, justificación inicial y justificación final. En otras palabras, una persona puede creen en Cristo Jesús y ser justificado provisionalmente, pero debe probar su justificación perseverando en la fe y las buenas obras hasta el final de la vida para ser finalmente justificado. Algunas veces, el lenguaje como "ya pero todavía" se usa para describir la opinión de dos justificaciones. Uno ya ha sido justificado cuando creyó, pero todavía no tiene la justificación final para la eternidad.

Aunque se han ofrecido argumentos astutos para apoyar la idea, viéndolo claramente, esto no tiene sentido. ¿Cómo puede ser que algo *ya es*, pero todavía *no es*? Esto quiebra la Ley de No-contradicción y el principio de Verdad A Verdad B. Si uno supuestamente está justificado, (Verdad A), pero no lo prueba al perseverar en la fe y las buenas obras, (Verdad B santificación), entonces esa persona en verdad nunca fue justificada. No es que "ya" había justificación y no habrá justificación "final". La Biblia nunca bifurca la justificación en dos eventos. Esta dice que todos los que son justificados serán glorificados (Ro. 8:29).

La Biblia hace una diferencia entre justificación y santificación por una buena razón. Confundirlos es inyectar la mayoría de los principios del crecimiento Cristiano dentro del único requisito para la salvación—la fe en Cristo como Salvador, lo que hace imposible saber con certeza si uno es salvo, ya que la santificación es un proceso de toda la vida. Esto contradice al evangelio incondicional de la gracia con los requisitos relacionados con el crecimiento espiritual.

El Nacimiento espiritual (A) no es Crecimiento espiritual (B)

La realidad del nacimiento espiritual y el crecimiento es otra manera de comunicar la importante diferencia entre la justificación y la santificación. En lugar de una terminología legal, la experiencia de la vida es el marco de la comprensión. De la misma manera que una persona tiene un nacimiento físico en un momento y un periodo de crecimiento, así es el nacimiento espiritual. Uno nace de arriba por Dios, y entonces crece en la relación con Dios y en la madurez espiritual. Uno es el resultado del otro, pero son dos eventos diferentes, de la misma manera como el nacimiento de un bebé es diferente de su subsiguiente crecimiento.

La Biblia presenta la Verdad A del nacimiento espiritual como un nuevo nacimiento o nacer de nuevo (literalmente, *de arriba*). En Juan 3:3, Jesús dice, "De cierto, de cierto te digo, que el que no naciere de nuevo, no puede ver el reino de Dios". Tito 3:5 llama a este nacimiento "el lavamiento de la regeneración y la renovación en el Espíritu Santo" y dice "nos salvó, no por obras de justicia que nosotros hubiéramos hecho, sino por su misericordia". Nuestras obras no tienen parte en nuestro nuevo nacimiento.

Después del nacimiento espiritual, la Biblia presenta entonces la Verdad B de una nueva vida que debe crecer, lo que involucra obras y obediencia. Esto habla de las etapas del desarrollo espiritual o progreso. Existen Cristianos que son "bebés en Cristo" (1 Co. 3:1-2), aquellos que no han crecido lo suficiente para recibir el "alimento sólido" de las verdades profundas (Heb. 5:11-13), y aquellos que son maduros (Heb. 5:14). 1 Pedro 1:22-23 los menciona en un orden inverso, mostrando que obediencia y amor es el resultado (no la causa) del nacimiento espiritual: "Habiendo purificado vuestras almas por la obediencia a la verdad, mediante el Espíritu, para el amor fraternal no fingido, amaos unos a otros entrañablemente, de corazón puro [Verdad B]; siendo renacidos, no de simiente corruptible, sino de incorruptible [Verdad A]..." Pedro también le dice a los que han creído: "creced en la gracia y el conocimiento de nuestro Señor y Salvador Jesucristo" (2 Pe. 3:18).

El Regalo (A) no es El Premio (B)

Un regalo es gratis, pero un premio es otorgado en base a la manera de actuar. La salvación eterna del infierno es un regalo de Dios, pero las recompensas temporales y eternas se ganan con nuestros motivos y conducta como Cristianos. Pablo, ya siendo un Cristiano, dice que él prosigue hacia el objetivo de ganarse el "premio del supremo llamamiento de Dios en Cristo Jesús" (Fil. 3:14). En el contexto de Filipenses 3:11-14, ese premio es un mayor conocimiento de Cristo Jesús y el privilegio de participar en Su experiencia de sufrimiento y muerte.

En el último capítulo de la Biblia, Apocalipsis 22, encontramos una bonita yuxtaposición del regalo y del premio. En el verso 12, Jesús dice "He aquí yo vengo pronto, y mi galardón [premio] conmigo, para recompensar a cada uno según sea su obra". Es claro que las bases para que se nos otorgue el premio, es nuestro modo de actuar (Verdad B). Pero Juan dice en unos versos más adelante, "y el que quiera, tome del agua de la vida gratuitamente" (v. 17; Verdad A). Aquí Juan habla de la vida eterna como un regalo de agua de vida gratuito, así como él lo dice en su Evangelio en donde vemos las palabras de Jesús con la mujer no-salva en el pozo, Si conocieras el don de Dios, y quién es el que te dice: Dame de beber; tú le pedirías, y él te daría agua viva" (Jn. 4:10). No añade condiciones a Su oferta del regalo a esta mujer. Pero en el mismo capítulo, cuando está hablando con Sus discípulos que son salvos, Jesús les dice que su trabajo tendría su salario (Jn. 4:36-38). A la mujer no-salva se le da la Verdad A al ofrecerle salvación gratuita (el regalo) mientras que a los discípulos que son salvos se les da la Verdad B al ofrecerles salarios ganados (el premio).

Si confundimos las enseñanzas bíblicas de la salvación como un regalo gratuito con las recompensas eternas como un premio a ganarse, estamos confundiendo el evangelio imponiéndole obras a la gracia—una cosa imposible, como ya lo hemos visto.

Relación (A) no es Compañerismo (B)

Con "Relación" quiero decir una relación objetiva, como la relación biológica entre un hijo y su padre. Por "Compañerismo" yo quiero decir la cualidad de compartir entre dos personas que tienen esa relación. Cada hijo está relacionado con su padre, pero no todos los hijos tienen una relación de calidad con su padre. Una persona puede tener una relación con otra persona, pero no necesariamente tienen compañerismo. Y el compañerismo puede variar en la riqueza de su calidad. Podemos comparar ambos conceptos de la siguiente manera:

Relación (A)	Compañerismo (B)
Posicional	Experimental
Establecido una vez para siempre	Se mantiene o se pierde
Segura	Condicional

Cada persona que cree en Cristo Jesús como su Salvador ha sido establecida en una relación eterna con Dios a través del nacimiento en Su familia. Esta es una verdad posicional objetiva (Verdad A). Pero no todos los creyentes comparten la misma calidad o compañerismo en esa relación. Esta es una verdad subjetiva (Verdad B). Algunos Cristianos disfrutan de más intimidad con Dios que otros. Existen muchas razones para esto, como un pecado en la vida del creyente, inmadurez, falta de enseñanza, o falta de compromiso. Como vimos antes, Juan 8:30-31 establece que una de las condiciones del discipulado es un estrecho apego a la Palabra de Dios. Aquellos que obedecen la Palabra de Dios, disfrutan un compañerismo más cercano con Él como seguidores. La intimidad disponible para los creyentes obedientes se describe en Juan 14:21:

"El que tiene mis mandamientos, y los guarda, ése es el que me ama; y el que me ama, será amado por mi Padre, y yo le amaré, y me manifestaré a él".

Veremos más adelante que el compañerismo con Dios es un tema de muchos de los pasajes de la Biblia, especialmente en la primera epístola de Juan. Esto nos ayuda a entender algunos pasajes problemáticos, pero también nos ayuda a ver un lado más abundante en nuestra experiencia con Dios que es posible cuando cumplimos ciertas condiciones. En 1 Juan, Juan declara que el propósito por el cual escribe es promover el compañerismo entre los lectores y los apóstoles, y en consecuencia con Dios (1 Jn. 1:3-4). Si el propósito del libro es promover un compañerismo más profundo eso debe determinar cómo interpretamos los numerosos "exámenes". Nosotros descubriremos que el propósito del Evangelio de Juan es ayudarnos a establecer una relación con Dios (Jn. 20:31), mientras que el propósito de 1 Juan es ayudar a las personas a disfrutar un compañerismo con Dios (1 Jn. 1:3-4). El Evangelio de Juan contiene principalmente Verdad A con muy poca verdad B. La primera epístola de Juan contiene principalmente Verdad B con muy poca Verdad A.

Muy a menudo, los comentaristas y lectores de la Biblia confunden las verdades acerca de la relación con Dios y el compañerismo con Dios. Esto resulta en un evangelio basado en las acciones, lo que en realidad no es el evangelio. La relación no se puede ganar; el compañerismo sí. La relación no se puede perder; el compañerismo sí.

Creer en Cristo para Salvación (A) no es Comprometerse con Cristo como Señor (B)

En Hechos 16:31, el Apóstol Pablo le dijo cómo ser salvo a un carcelero romano que estaba aterrorizado: "Cree en el Señor Jesucristo, y serás salvo, tú y tu casa". Lo que Pablo le estaba diciendo al carcelero era que necesitaba creer en (ser persuadido de) Cristo Jesús, quien como el Señor (Dios), lo salvaría, o que necesitaba creer en (rendirse a) Jesús como su Señor y Amo personal? Lo primero preserva la salvación por gracia, mientras que lo último promueve la salvación por mérito (el mérito de entregarse o compromiso). Ambos no pueden ser ciertos.

La clave de la pregunta ¿Qué debo hacer para ser salvo?" es entender que, como Salvador, Jesús salva; como Señor, Él gobierna. Por definición, salvación es conocer a Jesús como Salvador. Es debido a que Él es el Señor que Jesús puede ser nuestro Salvador. Porque Él es Señor, aquellos que son salvos deberían servirle. Jesús tiene muchas posiciones: Salvador, Señor, Amo, Juez, Creador, Sumo Sacerdote, Rey, etc. Pero ¿a qué aspecto de la persona de Cristo recurrimos para salvación? La respuesta es obvia—¡Salvador! Los pecadores no-salvos necesitan la ayuda de un Salvador; los creyentes salvos necesitan servir a un Señor.

La teoría llamada Señorío de Salvación, confunde el evangelio, requiriendo que la persona crea en Jesús como Salvador y que se comprometa a servirle como Señor para poder ser salvo. Al ignorar la diferencia entre justificación (Verdad A) y santificación (Verdad B), esta teoría también ignora la gracia incondicional al adquirirla con méritos humanos. En esta, la gracia se gana al hacer una promesa o compromiso, o al rendirse. La consecuencia trágica es que la gracia deja de ser gracia.

La simple invitación del evangelio declarada claramente en versículos como Juan 3:16, 5:24, y 6:47, es que cualquiera que cree en Cristo Jesús (como el Hijo de Dios quien provee y garantiza salvación eterna) tiene vida eterna. Tres veces el Nuevo Testamento cita Génesis 15:6 para ilustrar cómo Abraham recibió la promesa de Dios: "Y creyó a Jehová, y le fue contado por justicia". Esto se menciona en contextos que están argumentando específicamente que las obras y guardar la Ley no puede salvar. Abraham no tuvo que hacer ninguna promesa o compromiso con Dios. De hecho, Abraham estaba dormido cuando Dios hizo el pacto con él (Gn. 15:8-21).

Condenación (A) no es Disciplina (B)

Aquellos que aún no han nacido en la familia de Dios encaran a Dios como un Juez que los condena al lago de fuego eternamente (2 Ts. 1:7-9; Ap. 20:11-15). Pero existe una gran diferencia entre cómo trata Dios con aquellos que no lo conocen y cómo trata a Sus propios hijos. Como un buen padre, Dios disciplina a Sus niños caprichosos. Hebreos 12:5-11 argumenta que esta es una manera por la que sabemos que Él nos ama. Un buen padre no rechaza a sus hijos caprichosos. La condenación eterna de los no-creyentes por un Dios justo cae bajo la Verdad A. La disciplina de los creyentes por su Padre amoroso cae en la Verdad B.

Muchas veces, pasajes que hablan de la disciplina de Dios o el castigo son interpretados con la idea de una condenación eterna. Los pasajes de advertencia de Hebreos son un buen ejemplo de esto. Ya que después le voy a dedicar un capítulo entero a Hebreos, sólo voy a decir que en Hebreos, el autor está hablando claramente a los creyentes (hijos de Dios). Entonces la amenaza de la condenación no tiene sentido a menos que piense que los Cristianos pueden perder su salvación, lo cual, en mi opinión, crea problemas más grandes.[9] El lenguaje severo de estas amenazas ha causado que muchos se enojen acerca del mensaje y la interpretación de Hebreos. La única manera en que algunos intérpretes pueden tratar con la carta es bifurcarla al decir que parte de Hebreos se escribió para los creyentes y que parte se escribió para los no-creyentes. Aun así, el autor no hace ninguna diferencia explícita. Sólo cuando entendemos que Hebreos tiene en mente la disciplina severa, podemos ver la unidad de su argumento y propósito.

Gracia (A) no es Ley (B)

¿Podemos comer tocino con nuestros huevos? No, si todavía estamos bajo la Ley de Moisés del Antiguo Testamento que prohibía comer carne de cerdo a los judíos. Afortunadamente (para los que nos gusta el tocino), Dios le declaró a Pedro que toda la comida ahora estaba limpia para la iglesia (Hechos 10: 9-16). Después, Pablo escribe en Romanos que "el fin de la Ley es Cristo, para justicia a todo aquel que cree" (Ro. 10:4), y que los Cristianos "no estáis bajo la Ley, sino bajo la gracia". (Ro. 6:14). En Gálatas, Pablo argumenta que el propósito de la Ley fue acercarnos a Cristo Jesús para que pudiéramos ser salvos por gracia a través de la fe; por lo tanto, nosotros ya no estamos sujetos a la Ley (vea le epístola completa, pero especialmente 3:22-25).

Aquellos que piensan que todavía están bajo la Ley (ya sea el Pacto Mosaico o sus estipulaciones morales) van a tener que hacer de la obediencia a las leyes una condición para la salvación eterna. Pero ¿qué le hace esto a la gracia? La nulifica, por supuesto. La Biblia enseña que si alguien quiere ser salvo guardando la Ley, deben guardarla perfectamente (Ga. 3:10; Stg. 2:10), lo cual es por supuesto imposible. Esto nos lleva a la necesidad de la gracia. La gracia ofrece bendiciones que son totalmente inmerecidas (Verdad A). La Ley Mosaica ofrece bendiciones que se ganan con la obediencia (Verdad B). La salvación por medio de guardar la Ley no se puede mezclar con la salvación por la gracia gratuita de Dios. Este es todo el punto de la epístola de Pablo a los Gálatas.

La Biblia establece una diferencia entre la Ley y la gracia. Nosotros no podemos confundir las dos sin corromper trágicamente al evangelio. La controversia entre la Ley y la gracia fue tan intensa al inicio de la iglesia que Pablo llevó el problema a los ancianos para que lo resolvieran

---

9   Vea Apéndice 1: Seguridad Eterna.

(Hechos 15). El problema involucraba a algunos creyentes que insistían en que los gentiles tenían que ponerse bajo la Ley para poder ser salvos por fe en Jesús. Pero los líderes de la iglesia sabían que ceder a este argumento hace a las obras la base para la salvación eterna, lo cual nulifica la gracia, así que correctamente lo rechazaron (Hechos 15:1, 7-11). El estudiante de la Biblia debe reconocer la diferencia entre las obligaciones de observar la Ley y el regalo de la gracia.

Ira eterna (A) no es Ira temporal (B)

Ira se refiere al derecho de Dios de enojarse. Existe una tendencia entre muchos de reducir la ira a una única consecuencia: Condenación eterna en el infierno. No se piensa, o se piensa muy poco acerca de la posibilidad de que Dios puede estar enojado con los Cristianos en una manera diferente y con consecuencias diferentes. Por ejemplo, el enojo que tiene un hombre hacia un convicto que se escapó y que trata de matarlo es diferente al enojo que pueda tener hacia su hijo desobediente. Esto nos puede ayudar a entender ciertamente que las severas advertencias de Hebreos con la imagen del castigo fiero puedan de hecho aplicar a los Cristianos, especialmente si se usa el fuego figurativa y no literalmente.

Un verso como Romanos 1:18 establece una verdad universal. "la ira de Dios se revela desde el cielo (note el tiempo presente) contra toda impiedad e injusticia de los hombres". No dice que Su ira se revela sólo a los hombres no-salvos, sino a *toda* la impiedad e injusticia de los hombres, lo que implica a todos los hombres que exhiban injusticia e impiedad. El principio simple es que el pecado, ya sea de un creyente o de un no-creyente, merece la justa ira de Dios. El grado de la ira de Dios y la manera en que se experimente esa ira es diferente entre creyentes y no-creyentes. La ira de Dios con los no-creyentes resulta en su separación de Él en el lago de fuego en donde la severidad del castigo está determinada por sus obras pasadas (Ap. 20:12). La ira de Dios hacia los creyentes toma la forma temporal de la disciplina en esta vida y la negación de las recompensas y bendiciones en la eternidad. A menos que entendamos esto, no existe una manera de interpretar correctamente los pasajes de las advertencias escritas a los creyentes en Hebreos. Veremos la disciplina de Dios hacia los creyentes mencionada en muchos otros pasajes que explicaremos después.

La diferencia entre Verdad A (ira eterna para los no-creyentes) y Verdad B (ira temporal para los creyentes) es importante, porque si la condenación eterna se impone siempre en nuestra comprensión de la ira o el castigo de Dios, y se evalúa el comportamiento de un creyente, entonces una vez más la forma de actuar triunfa sobre la gracia y el evangelio se corrompe. Ese creyente, que es salvo por gracia, debe preservar su salvación con sus obras para que no se gane la condena eterna de Dios. Esta es una contradicción de la gracia, gracia que se extiende desde nuestra salvación en el pasado hasta nuestra preservación en el futuro.

El Juicio del Gran Trono Blanco (A) no es el Tribunal de Cristo (B)

Es un gran error que muchos intérpretes de la Biblia supongan que sólo hay un juicio al final de los tiempos, un juicio que separa a los creyentes de los no-creyentes. Esto causa grandes problemas al armonizar algunas Escrituras. Por ejemplo, en Juan 5:24, Jesús dice que cualquiera que cree en Él "no vendrá a condenación", pero en 2 Corintios 5:10, Pablo dice de los creyentes que, "es necesario que todos nosotros comparezcamos ante el tribunal de Cristo". ¿Existe una contradicción?

Nuestra aplicación de la Verdad A Verdad B resuelve este problema. Juan 5:24 es Verdad A en relación a los no-creyentes que al creer en Cristo reciben la vida eterna. Ellos no tendrán que enfrentar el juicio final de Apocalipsis 20:11-15, un juicio de no-creyentes después del regreso de Cristo a la tierra como Rey. Sin embargo, 2 Corintios 5:10 es Verdad B que habla de los creyentes que darán cuentas de cómo ellos usaron sus vidas, un evento llamado el Tribunal de Cristo, o *bema* (en griego). Los creyentes no serán juzgados por su fe en Cristo como Salvador (Verdad A), sino por su fidelidad al seguir a Cristo como Señor (Verdad B).

Esta gráfica resume las diferencias que hemos estudiado entre Verdad A y Verdad B.

Verdad A	Verdad B
Salvación	Discipulado
Fe en Cristo Jesús	Obras para Cristo Jesús
Gracia para salvación eterna	Mérito para recompensas eternas
Justificación	Santificación
Nacimiento espiritual	Crecimiento espiritual

Verdad A	Verdad B
Regalo gratuito	Premio ganado
Se establece la relación	Se disfruta el compañerismo
Creer en Cristo para Salvación	Comprometido con Cristo como Señor
Condenación por incredulidad	Disciplina por desobediencia
Gracia inmerecida para salvación	Libertad de la Ley
Ira eterna	Ira temporal
Juicio del Gran Trono Blanco	Tribunal de Cristo

Después de ver cómo Verdad A Verdad B tienen sentido en muchos pasajes y conceptos de la Biblia, yo espero que entiendan porqué conocer esto es crucial para estudiar la Biblia, lo que nos da un paradigma sólido para aplicarlo a muchos pasajes de la Biblia, que no parecen armonizar con lo que la Biblia claramente enseña acerca de la salvación por gracia y la vida Cristiana.

Como dije previamente, esta diferencia es uno de los conceptos más importantes que los estudiantes serios de la Biblia pueden incorporar a su búsqueda de la interpretación correcta de la Palabra de Dios. No solamente eso, sino que el efecto de este enfoque cambiara' radicalmente la perspectiva de la vida del Cristiano. Con una comprensión adecuada de cómo distinguir la Verdad A de la Verdad B, el creyente puede descansar en la gracia de Dios por la seguridad de su salvación mientras que puede vivir responsablemente para una futura evaluación y recompensa. La gracia sigue siendo gratuita mientras que las recompensas cuestan.

Verdad A Verdad B en el Estudio Bíblico

C UANDO DETERMINAMOS EL significado de cualquier pasaje de la Biblia, existen ciertas reglas para su estudio que nos llevan a una mejor interpretación. Este capítulo no va a revisar todos los principios del estudio de la Biblia y su interpretación, todos los cuales deben aplicarse a cualquier pasaje, pero recordaremos algunas bases esenciales para discernir las diferencias entre Verdad A y Verdad B.

Todo el estudio de la Biblia empieza con la observación. ¿Pero sabemos lo que estamos buscando? Recientemente, un amigo de Oregón me llevó a pescar. Mientras estábamos en la orilla alta del Norte del río Umpqua, Evan señaló hacia el agua que se arremolinaba y dijo, "Allí hay una trucha. Allí hay otra. Y por allá hay unos salmones Chinook. Veo uno, dos, tres, cuatro- parece que hay como veinte". Irritado y avergonzado, dije, "¡no puedo ver *ni uno!*" Entonces Evan me enseñó cómo "ver" esos peces. Ellos parecen como una sombra o rayas, pero hay tantas de esas formas en el rio. La clave es mirar a la sombra hasta que se ve que oscila o que se agita, entonces sabes que es un pez. Yo empecé a verlos, pero admito que me falta mucho para desarrollar mis poderes de observar peces.

Muy a menudo miramos a la Biblia, pero no la observamos. Suponemos que sabemos lo que vemos, pero la mejor interpretación surge sólo después de una perspicaz y persistente observación. Esto empieza con el contexto, cuando la observamos cuidadosamente, la Biblia es su mejor intérprete. Si usamos un simple acercamiento al estudio de la Biblia que empieza con la observación del contexto y termina con la comparación de otras Escrituras, llegaremos muy lejos en nuestra habilidad de interpretarla correctamente.

Se puede argumentar que las tres reglas más importantes en el estudio de la Biblia son: "Contexto, contexto, contexto". No podemos sobre enfatizar el contexto como la clave para interpretar la Biblia, especialmente en pasajes difíciles o problemáticos, pero existe más de un nivel en el contexto. Un comentario atribuido a Martín Lutero describe su acercamiento al estudio de la Biblia de esta manera:

> Yo estudio mi Biblia como si cosechara manzanas. Primero, yo sacudo todo el árbol para que caigan las maduras. Después yo sacudo cada extremidad, y cuando termino de sacudir todas las extremidades, yo sacudo cada rama y cada ramita. Después veo debajo de cada hoja. Yo sacudo la Biblia como una unidad, como si sacudiera todo el árbol. Después sacudo cada extremidad -estudio libro por libro. Después sacudo cada rama, poniéndole atención a los capítulos cuando ellos no rompen el sentido. Entonces sacudo cada ramita, o un estudio cuidadoso de los párrafos y los enunciados y las palabras y sus significados.[10]

Vamos a llamar a estos niveles los *círculos del contexto*. ¿Qué círculos del contexto son los de más ayuda cuando interpretamos un pasaje problemático?

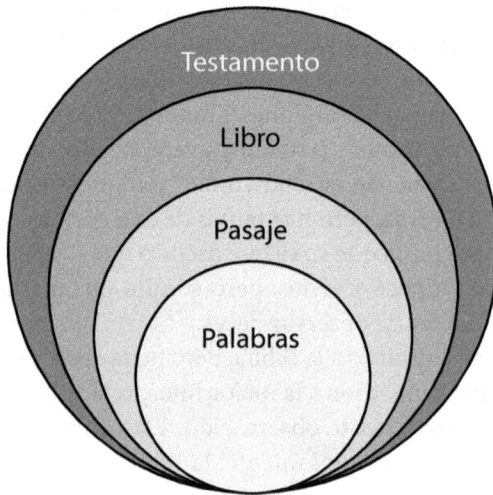

---

10   http://www.bibleexposition.net/2010/07/martin-luther-on-bible-study.html

Primero, observamos el contexto más grande

Aunque el círculo más grande del contexto pudiera ser el trasfondo cultural e histórico, empecemos con la Biblia misma, en cuyo caso observamos si el pasaje es del Viejo o del Nuevo Testamento. El Antiguo Testamento habla primeramente a, o de los judíos como una nación bajo el Pacto Mosaico (también llamada la Ley, o el Viejo Pacto). El Nuevo Testamento habla de los asuntos concernientes a Israel durante la vida de Jesucristo y también de los asuntos con la iglesia y con los Cristianos individualmente. Aunque el Nuevo Pacto no se cumplirá hasta que Dios restaure a Israel en su tierra, yo creo que la iglesia y los Cristianos pueden disfrutar algunas de las bendiciones espirituales del Nuevo Pacto. El Viejo Pacto enfatiza las bendiciones que recibimos por obedecer; el Nuevo Pacto enfatiza las bendiciones que nos motivan a obedecer. Muchas de las consecuencias de la desobediencia en el Viejo Testamento se aplican a toda la nación de Israel (algunas veces otras naciones fueron juzgadas también por sus pecados), no a los individuos. Las consecuencias por la desobediencia en el Nuevo Testamento se aplican en su mayoría a los creyentes individualmente.

¿Cómo afecta esto a la aplicación del enfoque de la Verdad A Verdad B? Es importante que nos demos cuenta que Dios tiene una relación eterna con Israel que nunca será cancelada, aun en su desobediencia. En otras palabras, la nación de Israel será salva y restaurada en el futuro, aunque ellos hayan desobedecido ahora (Ro. 11:26). En la época del Antiguo Testamento, existieron *individuos* dentro de la nación de Israel que fueron o no fueron salvos. Aunque Dios aparentemente salvó a todos los individuos de la nación de Israel que aplicaron la sangre del cordero de la Pascua cuando huyeron de Egipto (Éxodo 12), después se levantaron individuos no-salvos dentro de Israel (ej., los reyes malvados de 1 Reyes 16). Debemos determinar si las promesas y juicios del Antiguo Testamento son para toda la nación como una unidad, o a los individuos dentro de ella.

En el Nuevo Testamento, sin embargo, la promesa de la salvación de Dios aplica al Cristiano individualmente. *Es más exacto comparar la experiencia de salvación del Cristiano individual con la experiencia de toda la nación de Israel,* porque las promesas eternas de Dios hechas a Israel son heredadas por los individuos a través de la fe en Cristo Jesús, en el Nuevo Testamento. En otras palabras, en el Antiguo Testamento, un Israelita puede estar perdido eternamente aun cuando Dios aseguró que la nación sería eternamente salva, sin embargo, en el Nuevo Testamento, el individuo recibe la promesa eterna de Dios directamente a través de Jesucristo, no a través de Israel o la iglesia.

Alguien puede leer en el Antiguo Testamento la historia acerca de la desobediencia de los Israelitas; como los pecadores hijos de Elí, Ofni y Finees, y puede concluir que ellos no eran salvos o que perdieron su salvación porque abusaron de sus tareas sacerdotales y cometieron fornicación con las mujeres que velaban el tempo (1 Samuel 2). Aunque ellos eran Israelitas y sacerdotes, 1 Samuel 2:12 dice que "Los hijos de Elí eran hombres impíos [literalmente, 'hijos de Belial'], y no tenían conocimiento de Jehová" y Dios los mató (v. 34; 4:11). Al leer esta historia, una persona puede concluir que un Cristiano puede perder su salvación. El error que comúnmente se comente aquí es no hacer la diferencia entre el Antiguo y el Nuevo Testamento y cómo trata Dios con la nación de Israel y Su trato con los Cristianos individualmente. Es suficientemente claro que en el Nuevo Testamento los Cristianos no pueden perder su salvación individualmente, entonces la comparación con los hijos de Elí es engañosa. La comparación se debe hacer con Israel quien nunca pierde su salvación y su relación especial con Dios.[11]

Observar el contexto más grande de los Testamentos y el cambio en las dispensaciones (tiempos en los que Dios trata en una manera única para cada periodo) es un antecedente indispensable para interpretar pasajes específicos de la Biblia.

Segundo, observamos el libro.

También se determina una gran cantidad de información útil al considerar el siguiente círculo de contexto, el libro de la Biblia en la que ocurre el pasaje. Esta observación general del libro debe incluir:

- El género (tipo, clase) de literatura

- El marco (tiempo, cultura, ocasión, ubicación)

---

11 Un creciente número de comentaristas de la Biblia creen que Israel realmente perdió su relación de pacto con Dios a través de la desobediencia y ha sido reemplazado por la iglesia como el pueblo escogido de Dios. Ya que esta opinión se aparta del sentido simple y literal de la interpretación de las promesas de Dios para Israel y los espiritualiza en relación con la iglesia, yo lo rechazo.

- El propósito y la audiencia

- Los argumentos o el tema del libro

Consideremos la importancia de cada una de estas observaciones.

El *género o tipo de literatura* es importante porque nos dice si el libro se debe estudiar como una cuidadosa narrativa histórica, o interpretarse como profecía o poesía, lo que depende grandemente del lenguaje figurativo. Por lo tanto, cuando leemos en Génesis 19 que Dios destruye a Sodoma y a Gomorra con fuego, suponemos que este fuego es literal debido a la naturaleza del hecho histórico. Por otro lado, cuando Dios amenaza castigar con fuego a Israel en un libro profético usando lenguaje poético, puede ser fuego literal (Lm. 4:11; Am. 2:5), pero algunas veces es obviamente figurativo por Su ira feroz (Lm. 2:3-4). Entonces, fuego, no se refiere necesariamente al infierno, sino al fuego de la ira de Dios derramada en nosotros en alguna otra manera literal. Note la manera en la que Dios le está hablando a Israel como nación, no a individuos, y verdaderamente no a los individuos Cristianos del Nuevo Testamento. Vamos a ver más adelante lo importante que es interpretar fuego cuidadosamente cuando examine Juan 15:6 y Hebreos 6:8.

El marco también es muy importante porque para entender un pasaje, debemos saber cuándo y dónde fue escrito, como adición a otra información que podamos aprender acerca de la historia, cultura y circunstancia en que se produjo el libro. ¿El libro se escribió antes de que apareciera la iglesia, al inicio de la historia de la iglesia, o después? ¿El Apóstol Pablo escribió como un hombre libre o desde la celda de la cárcel? Por ejemplo, si sabemos que Pablo escribió desde la prisión, esto puede influenciar nuestra comprensión acerca del uso que él hace del término "liberación" (o "salvación" en algunas versiones) en Filipenses 1:19. ¿Él está hablando de liberación o salvación como salvación eterna (Verdad A), o como siendo rescatado o liberado de la prisión, o liberado de esta vida hacia la presencia del Señor (Verdad B), o algo más? El contexto del libro nos ayudara a decidir.

El conocimiento del marco del libro es crucial cuando interpretamos Hebreos. Perder las claves acerca del marco es garantizar una interpretación incorrecta de muchos de los pasajes difíciles. En Hebreos, es crucial conocer si el autor le está escribiendo a los creyentes, a los no-creyentes, o a ambos. En otro ejemplo, saber que Jesús le habló a la nación de Israel cuando Él dijo Sus parábolas en Mateo, Marcos, y Lucas nos ayuda a interpretarlas. Las consecuencias negativas de algunas de las parábolas se pueden aplicar a Israel en lugar de a los Cristianos.

El propósito y la audiencia están relacionados porque el autor escribió acerca de gente real y acerca de problemas reales y relevantes. ¿Los lectores, eran ya creyentes? ¿Qué circunstancias o problemas estaban enfrentando que los llevó a escribir el libro o la carta? ¿Cuál era su condición espiritual—no-salvos, salvos pero inmaduros, o salvos y creciendo? En este punto, buscamos el propósito del autor, el cual se refiere a la condición espiritual de los destinatarios, que a veces es indicada. En Juan 20:31, Juan dice que escribió para traer a las personas a creer en Cristo Jesús. Por lo tanto, es importante considerar las historias, las enseñanzas, y las palabras que él escogió para ese propósito. No existe un propósito explícito declarado para el libro de Romanos, pero es claro que Pablo está explicando a los lectores el evangelio y sus implicaciones en la vida del Cristiano así como que la nación de Israel estaba incluida en el plan de Dios. Cuando interpretamos pasajes difíciles en Primera de Corintios, es crucial saber que la epístola fue escrita para tratar numerosos problemas que se estaban levantando en la iglesia debido a los *Cristianos* que no actuaban correctamente.

El *argumento* del libro o carta también es crucial. Por argumento no quiero decir que el autor sea argumentativo, pero que ha organizado el material para persuadir al lector hacia cierta conclusión. Romanos es un buen ejemplo de esto porque vemos una progresión calculada en las ideas mientras Pablo lleva al lector del pecado (1:18-3:20) a la salvación (3:21-4:25), santificación (5:1-8:27), seguridad (8:28-39), soberanía (9:1-11:36), y el servicio (12:1-15:13). La progresión se mueve de Verdad A a Verdad B. En Romanos, la teología precede a las exhortaciones prácticas. Esto también se hace muy evidente en Gálatas, Efesios, y Colosenses. Las exhortaciones en las últimas partes de estos libros supone la salvación de los lectores; una observación importante para una adecuada interpretación. Note el patrón general en estas epístolas Paulinas:

Teología – lo que Dios ha hecho por nosotros	Práctica – lo que podemos hacer por Dios
Romanos 1-11	Romanos 12-16
Gálatas 1-4	Gálatas 5-6
Efesios 1-3	Efesios 4-6
Colosenses 1-2	Colosenses 3-4

Los Evangelios tienen algunas claves acerca de su propósito y argumento. Mateo está escrito aparentemente para los, judíos para probar que

Jesús es su Mesías. Lucas está escrito a un Gobernador gentil para documentar la vida de Cristo. Muchos comentaristas creen que Marcos da un reporte lleno de acción de la vida de Jesús porque atrae a una pragmática audiencia romana. Juan argumenta su Evangelio teológicamente para mostrar que Jesús es el divino Mesías quien ofrece vida eterna a cualquiera que haya creído en Él. Sabiendo que el propósito de Mateo es diferente al propósito de Marcos o de Juan nos ayuda a entender por qué cada uno escogió mensajes, historias, y palabras particulares.

Tercero, observamos el pasaje.

En este punto, queremos hacer muchas preguntas para ayudar en la observación y producir una interpretación. Preguntas como estas:

- ¿Cómo se conecta este pasaje con el pensamiento anterior? ¿Existe alguna palabra que conecte, como "y, pero, por lo tanto"?
- ¿El orden de las palabras o las palabras indican un tipo de énfasis?
- ¿Alguna de estas palabras se encuentra en el contexto cercano?
- ¿Cuál es el tono-argumento, lógica, emoción, sarcasmo, ironía, advertencia, compasión?
- ¿Entendemos los verbos y el sujeto y su relación sintáctica?
- ¿Qué palabras modificadoras se usan y por qué?
- ¿Qué palabras se escogieron y por qué no otras?

Mateo 24:13 es un pasaje que, en mi opinión, se ha malinterpretado grandemente. Si fuéramos a usar algunas de esas preguntas en este pasaje, sería algo como esto:

- ¿Con quién está hablando Jesús y por qué?
- ¿Quién es el sujeto "aquellos"?
- ¿Qué significa el verbo "persevere"?
- ¿Cómo se usa la palabra "salvo"?
- ¿A qué se refiere con "hasta el fin"?
- ¿Cuál es el tono del pasaje?

Cuando preguntamos y respondemos estas preguntas, usted puede encontrar que es difícil estar de acuerdo con los que toman este pasaje para referirse a la doctrina de la Perseverancia de los Santos, una Verdad A (una persona debe perseverar en fe y fidelidad hasta el fin de su vida para poder ser salvo). Observamos que Jesús está contestando la pregunta de los discípulos acerca de Su regreso y el final de los tiempos. Él está hablando del pueblo judío en el tiempo de su Tribulación y su destino. Este pasaje se estudiará con más detalle más adelante.

Cuarto, observamos las palabras y las frases.

¿Ha escuchado este? Una niña entra corriendo a un salón en donde está sentada una anciana y una docena de niños que están ocupados jugando. La niña, obviamente emocionada, grita: "¡vamos a comer abuela!" Inmediatamente, la anciana se levanta de su silla y sale del salón mientras que nadie más se inmuta. Obviamente, la broma hábilmente se encuentra en el hecho de que "vamos a comer abuela" puede cambiar su significado si se añaden una coma al enunciado, entonces "¡vamos a comer!, abuela" tiene otro sentido. Esta broma ilustra una importante premisa de este libro, que las palabras (aun la puntuación-o la falta de esta) se puede usar en diferentes maneras.

Las palabras pueden tener diferentes significados en diferentes contextos. "Siéntate a la mesa del comedor" usa la palabra mesa en una forma diferente al enunciado "Tendremos la reunión con la mesa directiva". Los estudiantes de la Biblia se meten en problemas cuando tratan de aplicar rígidamente un significado a una palabra que puede tener diferentes significados, o por lo menos diferentes matices. Otra vez, el contexto clave para determinar cómo se usa una palabra y su significado.

Yo he usado la palabra *santificación*, y he dicho que normalmente se refiere al crecimiento progresivo del Cristiano. Pero si miramos algunos textos cuidadosamente, veremos que la santificación se usa para referirse a la posición que el Cristiano obtuvo en su justificación (1 Co. 6:11; Heb. 10:10). Por eso a los Cristianos se les llama "santos", o literalmente, "apartados". Pero santificación también se usa en el sentido de la final y completa separación del pecado del Cristiano ante Dios cuando se perfeccione o glorifique en la muerte o resurrección (1 Ts. 5:23). Entonces el significado esencial es "apartados". El contexto va a determinar si esto es posicional (pasado), progresivo (presente), o perfecto (futuro).

Muy a menudo, el evangelio se confunde porque no se les da la consideración adecuada al significado de las palabras y las frases en el contexto. Palabras o frases como *salvación, arrepentimiento, fe, discípulo, vida eterna,* y *salvación del alma* son cruciales para una adecuada comprensión del evangelio y de la vida Cristiana. Muy a menudo, esas sólo están asignadas a Verdad A. En el siguiente capítulo, veremos cómo se usan esas palabras específicas en la Biblia.

Una frase que se puede usar como ejemplo es "entregué a Satanás" (acerca de Alejandro en 1 Tm. 1:20), o "el tal sea entregado a Satanás" (acerca del fornicario en 1 Co. 5:5). Si simplemente asumimos que Pablo está asignando Cristianos al infierno, entonces tenemos un problema con otras declaraciones de Pablo que suponen la seguridad eterna de sus lectores Cristianos. Alguien puede decir que Alejandro y el fornicador nunca fueron salvos para empezar, pero existen problema en el contexto con esta opinión. Alejandro era un compañero de Pablo. Es difícil pensar que él no fuera salvo. Y ¿cómo podría Pablo asignar a una persona no-salva al infierno si él ya estaba destinado a ir al infierno de cualquier manera? De la misma manera, en 1 Corintios 5, el fornicario es un miembro de la iglesia de Corintios. A él se le llama "hermano" (1 Co. 5:11). Y aún más, él se arrepiente de su pecado después y es restaurado (2 Co. 2:1-11). Cuando Pablo habla de su arrepentimiento, él se refiere a una restauración, no salvación.

Basados en nuestra consideración del contexto, entregar a una persona a Satanás se aplica mejor como Verdad B. Existen un número de posibles Verdad B, y las listaré brevemente sin mucha explicación:

1. El término se puede referir a excomunión de la iglesia.

2. Se puede referir a excluir a la persona de la protección del ministerio de la iglesia y las oraciones exponiéndole al daño de Satanás (Satanás deseaba sacudir a Pedro como trigo, pero Jesús oró por él para que el daño fuera limitado; Lucas 22:31-32).

3. El término "para la destrucción de la carne" puede referirse a entregar al pecador a Satanás como disciplina (física) temporal.

4. El término "carne" se puede referir a sus tendencias pecaminosas que serian destruidas al permitirle a Satanás castigar al pecador de alguna manera.

¿Cuál de estas interpretaciones encaja mejor? Yo tiendo a estar en favor de la segunda, pero lo más importante es que las cuatro están tratando con el contexto honestamente. Lo que claramente muestra:

1. Pablo le está escribiendo a Cristianos acerca de alguien en la iglesia que con toda probabilidad es un Cristiano.

2. Los Cristianos que pecan serán disciplinados por la iglesia.

3. Existen severas consecuencias que enfrentarán en esta vida los Cristianos que pecan. En otras palabras, no hay razón para pensar automáticamente que Pablo está mandando a alguien al infierno. No hay razón para asumir que este término es Verdad A e ignorar la posibilidad de Verdad B.

Esta definición de palabras y frases está más influenciada por la teología y por la tradición de lo que queremos admitir. Es la responsabilidad del estudiante de la Palabra de Dios encontrar la mejor definición dentro del contexto y su uso.

Quinto, observamos el lenguaje figurativo.

De la misma manera que con las palabras, el lenguaje figurativo necesita cuidadosa observación e interpretación El lenguaje figurativo es una palabra, frase, o cláusula usada para presentar un significado a través de algún tipo de comparación, similitud, o relación. Si decimos, "Sus palabras cortan como un cuchillo", nos estamos imaginando la naturaleza dañina o dolorosa de las palabras, comparándolas con el dolor que se puede infligir con un cuchillo. Figuras como estas generalmente son obvias en el lenguaje cotidiano y en el estudio de la Biblia. En este ejemplo, sabemos que las palabras en si no pueden cortar y producir sangre. El punto de correspondencia esta entre el dolor emocional en el corazón y el dolor físico en la carne.

Un ejemplo de un lenguaje figurativo malinterpretado es la palabra "muerte" o "muerto" y su uso en una frase como "muertos en vuestros delitos y pecados". Cuando alguien ve la palabra "muerto" o "muerte" en ciertos pasajes de la Biblia, se asume el significado de *muerte eterna*, también conocida como "la segunda muerte" (Ap. 20:14). Pablo dice en Romanos 6:23 que "la paga del pecado es muerte". Él está escribiendo a Cristianos; entonces ¿estará advirtiéndoles acerca de la muerte eterna? Esto no tendría sentido a menos que los Cristianos puedan perder su salvación e ir al infierno.

Otro error es asumir que la muerte significa algo que nunca existió o que tiene las cualidades de no-existencia. Santiago 2:26 comúnmente se mal entiende cuando dice, "la fe sin obras está muerta". Muchos asumen que esto se refiere a una fe que nunca existió. Pero esta sería una manera rara de decir no-existe. De hecho dice que sí hay fe, pero él continúa y la describe como "muerta". Algo que está muerto no es lo que era antes. El uso en Santiago, es sin vida o inútil. Decimos "La batería del carro está muerta", lo que significa que la batería existe, pero ya no tiene una carga eléctrica y por lo tanto es inútil. La muerte puede ser un lenguaje figurado para algo que es inútil porque carece de vitalidad.

Otra manera en la que se puede malinterpretar la muerte es extendiendo el lenguaje figurativo más allá del significado previsto. Por ejemplo, en Efesios 2:1, Pablo describe la condición de una persona no-salva como "muertos en vuestros delitos y pecados". Él habla de la separación espiritual de Dios en la cual la persona sin salvación está sin esperanza y sin poder de salvarse a sí mismo. Pero algunos imponen su teología a este pasaje para darle el significado de la total inhabilidad de responder a cualquier verdad espiritual. Sin embargo, cuando Adán peco´ y *murió* (Gn. 2:17; 3:9-10), él respondió al llamado de Dios en el Jardín. En estos ejemplos, cabe bien entender la muerte como un lenguaje figurativo que representa la separación de Dios e impotencia. Es una extralimitación interpretar la muerte como sin existencia o total inhabilidad para responder a la verdad espiritual.

Empezando con la suposición de que ya sea Verdad A o Verdad B, sin una cuidadosa observación esta puede influenciar cómo interpretamos el uso del término *muerte* en los pasajes de la Biblia. No existe nada malo en probar la interpretación como una Verdad A en relación a la salvación. Sin embargo, no debemos dejar que nuestra tradición teológica impida la posibilidad de una interpretación de Verdad B. Al final, el texto en su contexto nos debe permitir determinar el significado. Este significado debe ser consistente con otros pasajes y después ser probado teológicamente.

Como veremos después en nuestro análisis de Juan 15:6 (las ramas sin fruto son juntadas y quemadas) y Hebreos 6:8 (el campo con espinos es quemado), el uso de las imágenes de incendio ha llevado a muchos a interpretar esos pasajes como Verdad A relacionándolo con la salvación, forzándoles a concluir que los lectores o pierden su salvación o nunca fueron salvos para empezar. ¿Pero este incendio, es un lenguaje figurativo del fuego del infierno, es alguna otra consecuencia severa para los creyentes, o se usa como una ilustración de inutilidad (mi preferencia)? Otra vez, veremos que observar el contexto es clave.

Sexto, comparamos otras Escrituras.

Un principio básico del estudio de la Biblia es la validación de la interpretación de un pasaje con las enseñanzas de otros pasajes de la Biblia. Debemos dejar que la Escritura interprete a la Escritura.

Una vez más, vamos a usar un ejemplo de la declaración de Santiago de que la fe sin obras es muerta, y que un hombre no es justificado sólo por la fe (Stg. 2:17, 24). Históricamente, los comentaristas han reconocido como esto parece contradecir las enseñanzas de Pablo, de justificación a través de la fe-sola (Ro. 3:28; 4:5; Ga. 2:16). ¿Santiago está cuestionando al evangelio de la gracia con las obras? ¿Cuál es el pasaje más claro que debe tener prioridad en la consideración? ¿Es suficiente decir que ellos están enseñando diferentes verdades porque ellos están escribiendo desde diferentes perspectivas? Obviamente, la Biblia no se puede contradecir a sí misma. El sentido común también nos dice que esta declaración de Santiago debe de darle la razón a los claros argumentos de Pablo en Romanos 3:21-4:25, Gálatas capítulos 2 y 3, y en otros lados. Vamos a comentar estos pasajes de Santiago más adelante.

La interpretación de un pasaje más difícil debe someterse a las enseñanzas de otros pasajes más claros. El Evangelio de Juan es importante cuando interpretamos los pasajes que parecen hablar de la condición para la salvación. Juan declara que el propósito del su Evangelio es decirle a las personas cómo obtener vida eterna, y que esto es posible creyendo en Cristo Jesús (Jn. 20:31). Por lo que suponemos que Juan sería claro acerca de esto, y de hecho, él usa *creer* casi 100 veces, más comúnmente como la condición para la salvación eterna. Así que cuando leemos en 1 Timoteo 6:18-19 que dice que las buenas obras y la generosidad nos guían a la vida eterna, debemos de empezar a desconfiar de cómo es que Pablo contradice a Juan. En vista de las claras enseñanzas de Juan de que la fe es la única condición para obtener la vida eterna, nos preguntamos si hemos entendido correctamente a Pablo. ¿A quién le está hablando Pablo a creyentes o a no-creyentes? ¿Qué significa "atesorando para sí buen fundamento para lo por venir?" y ¿qué quiere decir con "que echen mano de la vida eterna"? Ciertamente este no es el lenguaje de Juan cuando presenta cómo obtener salvación eterna. Vamos a comentar la interpretación de 1 Timoteo 6:18-19 más adelante, pero el punto es, que las claras enseñanzas de Juan deben darnos la pauta y formar nuestra interpretación del pasaje.

El mismo argumento de Juan se puede usar también para aclarar pasajes que las personas usan para argumentar que el bautismo es necesario para la salvación. Pasajes difíciles como Hechos 2:38 y 1 Pedro 3:21 parecen decir que el bautismo es necesario para la salvación. Pero, ¿no deberíamos comparar nuestra interpretación con el propósito explicito, el mensaje, y las palabras que usa el Evangelio de Juan y otras Escrituras? En ningún lado Juan dice que el bautismo trae vida eterna, no obstante él escribió su libro para decirle a las personas cómo tener vida eterna (Jn. 20:31). También tenemos las epístolas a los Romanos y a los Gálatas que argumentan que la justicia de Dios viene sólo por gracia a través de la fe en Cristo Jesús. Una correcta comprensión de estos y otros pasajes acerca del bautismo surge de interpretar pasajes que no son claros a la luz de pasajes más claros para que la Biblia se interprete a sí misma.

Séptimo, probamos nuestra interpretación teológicamente.

La teología sintetiza y organiza las enseñanzas bíblicas en doctrinas coherentes. Por ejemplo, de la evidencia bíblica concluimos que Dios es una trinidad formada por el Padre, el Hijo, y el Espíritu Santo aunque nunca se usa la palabra *trinidad*. La doctrina de la Trinidad es tan clara que cuando encontramos pasajes que dicen "Jehová nuestro Dios, Jehová uno es" (Dt. 6:4) o "Yo y el Padre uno somos" (Jn. 10:30), podemos evaluarlos en una manera que armoniza con la idea de tres personas de la Deidad separadas pero iguales.

Muchos pasajes están interpretados para decir que obediencia, obras, o compromiso son necesarios para ser salvos y muchos para decir que los Critianos pueden perder su salvación. Pero las enseñanzas de la Biblia son tan claras que esos pasajes no pueden contradecir las claras doctrinas de salvación por gracia sólo a través de la fe en Cristo Jesús y la seguridad eterna del creyente. Cuando encontramos un pasaje difícil que parece añadir desempeño a las claras enseñanzas de la salvación por gracia a través de la fe la interpretación que es consistente con la doctrina. De la misma manera, si un pasaje parece contradecir las claras enseñanzas de la seguridad eterna, demos considerar una interpretación que se adhiere a la abrumadoramente clara doctrina de la seguridad eterna. ¿El pasaje que estamos estudiando quiebra la seguridad consistente con nuestra teología de la gracia y la seguridad? Entonces se debe de interpretar con unas doctrinas más claras en mente.

Debemos tener cuidado de no empezar con nuestra teología. La teología debe surgir de nuestro estudio de la Biblia. Y aun así, es difícil que nuestra teología no influencie nuestra comprensión de las Escrituras. En realidad, nosotros desarrollamos nuestra interpretación a través de un proceso cíclico: Estudiamos las Escrituras, desarrollamos nuestra teología, después probamos nuestra teología con las Escrituras, y así sucesivamente.

Octavo, determinamos si nuestra interpretación es Verdad A o Verdad B.

Cuando nos enfrentamos con uno de los pasajes difíciles, que parecen sugerir una condición para la salvación, que no está de acuerdo con la fe sola, es de gran ayuda probar el pasaje para ver si se puede entender a la luz de una Verdad B específica. Después de hacer nuestro trabajo de observación, podemos mantener esas categorías en mente como una posible ayuda en la interpretación. He encontrado que la mayoría de los pasajes que se creen Verdad A se entienden mejor como una de los siguientes enunciados de Verdad B:

- Habla de ganar o perder recompensas.
- Habla de disfrutar o de no recibir la completa experiencia del reino.
- Habla de ganar o perder la bendición verbal de Cristo Jesús.
- Habla de evitar o merecer la disciplina de Dios.
- Habla de profundizar o dañar nuestro compañerismo con Dios.
- Habla de tener confianza o remordimientos cuando estemos en el Tribunal de Cristo.
- Habla de cumplir la condición para salvación o una condición del discipulado.

Mientras explicamos muchos pasajes difíciles, usted va a notar que estas son las principales categorías en las que caen esos pasajes. También, note que cada una refleja un aspecto más profundo del discipulado y la vida del Cristiano que se pierde si se impone una interpretación de Verdad A al pasaje respectivo.

Verdad A Verdad B y la Importancia de las Palabras y las Frases

4

CADA PALABRA ES importante si es la Palabra de Dios. Pequeñas palabras pueden tener grandes consecuencias. Como dice el viejo proverbio, "Por falta de un clavo se perdió una herradura, por falta de una herradura, se perdió un caballo, por falta de un caballo, se perdió una batalla, por falta de una batalla, se perdió un reino, y todo por falta de un clavo de herradura". Las palabras tienen un significado, y ellas son los bloques que construyen los enunciados y las ideas. Como en cualquier idioma, las palabras bíblicas pueden tener un rango de significados. Descubrir el mejor significado para cada palabra determinara´ la calidad de nuestra interpretación final como un todo. Existen algunas palabras y frases que se usan en los pasajes de la salvación y el discipulado que pueden cambiar el significado de todo el pasaje dependiendo como se entiendan. A continuación hay algunos de los términos más cruciales que muy a menudo son usados mal o son malentendidos.

Evangelio. La palabra griega detrás de *evangelio* es *euangelion*. Se deriva de dos palabras, "bueno" y "mensaje" o "buenas noticias". La mayoría de las veces tendemos a suponer que el significado de buenas noticia es acerca de cómo escapar del infierno y llegar al cielo, lo que sería Verdad A. Ampliamente definido como buenas nuevas, *evangelio* se puede referir a varios aspectos de las buenas noticias. Por ejemplo, en Lucas 1:29, las buenas noticias son el anunciamiento del nacimiento de Juan el Bautista, quien iba a preparar a las personas para la llegada del Mesías. El término "el evangelio del reino" (Mt. 4:23; 24:14; Mc. 1:14) es la buena noticia de que el reino se ha acercado. En pasajes como 1 Corintios 15:1-2, Gálatas 1:8-11, Colosenses 1:5-6, *el evangelio* se refiere claramente a las buenas nuevas acerca de la persona, la obra y la promesa de salvación eterna de Cristo Jesús (nuestra justificación). Pero en algunos pasajes, su significado incluye buenas nuevas de justificación o santificación y la glorificación—la completa liberación proviene de Dios. Parece que Romanos 1:16 es uno de esos. Pablo declara el tema de este libro como el evangelio, el cual es "poder de Dios para salvación a todo aquel que cree". Pero las buenas nuevas en Romanos son más que las buenas nuevas acerca de la justificación, estas incluyen santificación y glorificación. Esto parece implicar que la palabra "salvación" en el verso 16 no sólo se refiere a la justificación sino también tiene un importante significado de Verdad B (vea la siguiente parte de *salvación*).

Cuando se usa el término *evangelio*, podemos empezar con la definición general de las buenas nuevas, pero entonces debemos preguntar y responder: "¿buenas nuevas acerca de qué?" El contexto responde esa pregunta y muestra cuál es el significado de *evangelio* que se está usando.

Salvación. Como acabamos de mencionar, el término *salvación* (del sustantivo *sōteria*, el verbo *sōzō*) se puede definir generalmente como *liberación*, o *preservación*. Al igual que con el término *evangelio*, nos debemos preguntar, ¿liberación o preservación de qué? Así como el idioma español tiene diferentes usos para la palabra *salvación* o *salvado*, así también el lenguaje de la Biblia. Se puede referir a salvación de:

- muerte física (Mt. 8:25; 14:30)
- problemas o situaciones desafortunadas mencionadas en el contexto (Fil. 1:19; 1 Tm. 4:16)
- enfermedad física (Mt. 9:21)
- nuestros enemigos (Sal. 7:1; 18:3)
- pérdida de la llenura de la vida de Dios aquí y en la eternidad (Mt. 16:25-27)
- condenación eterna (Jn. 3:17; Ef. 2:5, 8)

Cuando decimos, como dice Efesios 2:8-9, que somos *salvos* por gracia, sólo a través de la fe sin ningún tipo de obras, estamos hablando de la justificación inicial (Verdad A). Sin embargo, en otros pasajes pudiéramos contradecir esta clara enseñanza si definimos salvación de la misma manera. Santiago 2:14 es un ejemplo: "Hermanos míos, ¿de qué aprovechará si alguno dice que tiene fe, y no tiene obras? ¿Podrá la fe salvarle?" ¿De qué está diciendo Santiago que somos salvos? Del infierno es una suposición tradicional. Pero no es del infierno, como lo vamos a ver más adelante en el contexto.

Explicamos antes cómo la palabra *evangelio* se usa como buenas nuevas de salvación en Romanos (Ro. 1:16); pero esa salvación no sólo es de condenación eterna (justificación), esta también incluye salvación del poder del pecado sobre nosotros y de la ira de Dios que es la consecuencia del pecado, aún en el creyente (Ro. 1:18). Romanos 5:9-10 dice,

Pues mucho más, estando ya justificados en su sangre, por él seremos salvos de la ira. Porque si siendo enemigos, fuimos reconciliados con Dios por la muerte de su Hijo, mucho más, estando reconciliados, seremos salvos por su vida.

En este sentido salvación es Verdad B. Los creyentes (indicado por "nosotros") somos liberados de las consecuencias del pecado en el presente (un aspecto de la ira de Dios) al permitir que la vida de Cristo viva en nosotros. Esto es lo que continúa explicando en Romanos 6-8.

Existen muchos usos de la palabra *salvación* o *salvado* que tampoco están en la categoría de Verdad A, o claramente son Verdad B. Veremos un número de ejemplos después.

A – Salvación Eterna	B – Salvación Temporal
Recibida una vez en la justificación	Experimentada muchas veces
Usada por incrédulos eternamente liberados	Usada por creyentes ya liberados
Liberación del infierno eterno	Liberación de algo indeseable

Vida eterna. Muy a menudo definimos este término como Verdad A con el significado de que hemos sido salvos de la muerte eterna y del infierno para vivir para siempre en la presencia de Dios. A menudo, esta es claramente usada de esa manera (ej., Jn. 5:24; Jn. 6:47). Sin embargo, en algunos pasajes esto no parece encajar con el significado de salvación del infierno. En 1 Timoteo 6:12 y 19, se usa como condición añadida de obras o desempeño. En verso 12, se le dice a Timoteo que pelee la buena batalla como condición para que él "eche mano de la vida eterna", y en el verso 19, los que son ricos pueden echar "mano de la vida eterna" (la RVR1960[12] proporciona la palabra "eterna", pero esa no está en el griego) al hacer buenas obras y siendo generosos (v. 18). Esto pudiera claramente comprometer las enseñanzas claras de la salvación eterna por la gracia incondicional de Dios recibida mediante la fe sola.

El problema se resuelve si no restringimos la vida eterna únicamente a salvación del infierno. La Biblia también la usa en el sentido de la vida de Dios. Como tal, habla no sólo de la duración eterna, pero también de la calidad divina de la vida. Considere lo que nos enseña Juan 17:3: "Y esta es la vida eterna: que te conozcan a ti, el único Dios verdadero, y a Jesucristo, a quien has enviado". Claramente, la vida eterna aquí es la vida de Dios, o una comunión que podemos tener con Dios. Esto corrobora las enseñanzas de Jesús en Juan 3 acerca del nuevo nacimiento. Un nuevo nacimiento da vida nueva. Literalmente, la frase "volver a nacer" significa "nacido de arriba", lo que denota que recibimos la vida de Dios. La vida eterna no se debe ver sólo como vida con duración interminable, sino también como una vida con calidad divina.

A – Vida Eterna Recibida	B – Vida Eterna Disfrutada
Nuevo nacimiento	Crecimiento
Obtenida en un instante	Disfrutada en esta vida y en la eternidad
Énfasis en cantidad	Énfasis en calidad
Recibida por medio de la fe	Disfrutada a través de la fidelidad

---

12   Las versiones de la Biblia será abreviadas como sigue: RVA, Reina-Valera Antigua; RVR1960, Reina-Valera 1960; RVR1977, Reina Valera 1977; NVI, Nueva Versión Internacional; NTV, Nueva Traducción Viviente; TLA, Traducción en Lenguaje Actual; DHH, Dios Habla Hoy; RVA-2015, Reina Valera Actualizada; PDT, Palabra de Dios para Todos.

Un pasaje que es convenientemente claro acerca de esto es Juan 10:10a. Jesús dijo,

"El ladrón no viene sino para hurtar y matar. yo he venido para que tengan vida, y para que la tengan en abundancia".

Obtener el regalo de Jesús de la vida es vivir eternamente en el cielo o en el reino de Dios (Verdad A), pero también es disfrutar Su vida abundantemente en nuestra experiencia terrenal presente (Verdad B).

Muerte. Existen muchas cosas que se deben entender acerca del uso de la palabra *muerte* en la Biblia. Primero, nunca significa cesación, como muchas veces tienden a pensar las personas. Cuando alguien muere, él no cesa de existir, sino que la vida ha sido removida de él. Es mejor pensar en la muerte en términos de separación. Muerte es usada en diferentes maneras en la Biblia (vea la tabla siguiente). Por ejemplo, Génesis 2:17 muestra la muerte como una separación de Dios. Cuando Dios advirtió a Adán y Eva que no comieran del árbol prohibido, Él dijo: "el día que de él comieren, ciertamente morirán". Adán y Eva comieron del árbol, pero ellos no cayeron muertos físicamente. Sin embargo, ellos murieron espiritualmente en el sentido de que ahora estaban separados de Dios por su pecado. Un día ellos morirían físicamente, y sin redención, ellos estarían separados de Dios en la segunda muerte para siempre.

Existe otro uso de muerte que muy a menudo se malentiende. Se refiere a la experiencia de la separación de la comunión del creyente con Dios. En este sentido, la muerte describe un *entorpecimiento* del compañerismo. Por compañerismo, yo quiero decir la intimidad que un creyente puede disfrutar con Dios cuando está caminando en justicia y verdad (comportamiento íntegro). Existe una experiencia de un amor, gozo, y paz más profunda cuando el creyente está viviendo en obediencia. Cuando un creyente vive desobedientemente, esta experiencia se entorpece—se regresa a un sentimiento similar al de la separación de Dios que tenía cuando no era creyente. Esto parece ser el significado de muerte en Romanos 6:16, que en el contexto está tratando el tema de la santificación de los Cristianos: "¿No sabéis que si os sometéis a alguien como esclavos para obedecerle, sois esclavos de aquel a quien obedecéis, sea del pecado para muerte, o sea de la obediencia para justicia?" Este pasaje está escrito a los Cristianos como una motivación para obedecer a Dios. Este principio se establece claramente en

Romanos 6:23: "Porque la paga del pecado es muerte". El pecado paga una experiencia entorpecida en el compañerismo del creyente con Dios si no está viviendo la divina vida que Dios le dio.

Muerte se entiende mejor en la Biblia como un tipo de separación. Esta tabla explica la separación en diferentes tipos de muertes.

Tipo de Muerte	Separación	Ejemplos
Física	El cuerpo del espíritu	Jn. 19:33; Hch. 12:23
Espiritual	Espiritualmente del no creyente de Dios	Gn. 2:17; Ro. 5:12; Ef. 2:1
Experimental	En compañerismo del creyente con Dios	Ro. 6:16, 21, 23
Segunda	Eternamente del no creyente de Dios	Ap. 20:14-15
Inutilidad	De algo de su vitalidad	Heb. 11:12; Stg. 2:20, 26
Posicional	Del pecado y de la Ley del nuevo hombre -el creyente	Ro. 6:11
Impotente	Del creyente de la victoriosa vida y Espíritu de Cristo	Ro. 7:9-11, 24; 8:2, 6, 13

Fallar al no ver el significado y los diferentes usos de muerte ha causado que algunos la interpreten en varios pasajes como Verdad A relacionándolo con la salvación cuando esta debería interpretarse como Verdad B relacionándolo con los Cristianos.

Salvación del alma. El uso de este término se encuentra en varios pasajes, algunos de los cuales se van a comentar en detalles más adelante. Pero es bueno por ahora ver que este término, aunque usado popularmente como una expresión de Verdad A, tiene un profundo significado de Verdad B y aparentemente *sólo* un significado de Verdad B. Literalmente, la frase se puede traducir como "preservación de la vida". Ya hemos visto cómo la palabra *salvación* se puede usar para decir *liberación* o *preservación*. Ahora debemos mencionar que *alma* se traduce de la palabra griega *psychē*, que quiere decir la vida esencial de una persona y algunas veces, la vida física. Nosotros usamos la palabra *vida* en este sentido. Hablamos de alguien que tiene una vida llena de sentido, o una vida perdida, o que perdió la vida al morir. Vemos camisetas que dicen "El futbol es vida" o "El tenis es vida" (normalmente con la frase "todo lo demás son detalles").

Alguien que conozco se refirió al suicidio de su hija Cristiana como un ejemplo de un alma que se salvó, pero una vida que se perdió (él quiso decir *desperdiciada*). Obviamente, él estaba usando la terminología popular para decir que ella fue Cristiana, pero nunca vivió completamente el propósito de Dios para su vida, o nunca experimentó la vida de Dios en su totalidad. Esto parece ser el sentido de perder la vida como se usa en Mateo 10:39; 16:25-26; Marcos 8:35-37; y Lucas 9:24-25.

Le puede sorprender que la frase "salvar su alma" probablemente nunca va a tener un significado de Verdad A. Esto es aparente no sólo en los pasajes que se mencionaron, sino también en 1 Pedro 1:9, y Santiago 1:21; 5:20. En cada uno de estos pasajes, podemos fácilmente establecer un contexto de Verdad B, tal y como lo va a ver más adelante en este libro.

Fe. La palabra *fe* significa estar persuadido o convencido de que algo es verdad. Es la forma sustantiva del verbo *creer* (ambos de la misma palabra griega—el sustantivo *pistos* o el verbo *pisteuō*). Cuando uno se convence del evangelio, esto da vida eterna (Verdad A; Ef. 2:8-9). Sin embargo, fe muy a menudo se usa en el sentido de Verdad B. Probablemente, ambos usos A y B se pueden ver en la declaración de Pablo del tema de Romanos en 1:17—"Porque en el evangelio la justicia de Dios se revela por fe y para fe". Evidentemente, esto habla del amplio efecto de la salvación que Pablo cubre en Romanos, desde la fe inicial para justificación hasta le fe para una vida victoriosa. Nada pudo ser más claro que las enseñanzas de Pablo de que somos justificados a través de la fe. Tres veces él cita el ejemplo del Antiguo Testamento de Abraham quien "Creyó [...] a Dios, y le fue contado por justicia" (Ro. 4:3; Ga. 3:6; Stg. 2:23).

Que somos justificados a través de la fe es claro, pero habiendo sido justificados, también tenemos acceso a la gracia de Dios para vivir como Cristiano a través de la fe (Ro. 5:2). Pablo menciona esto en su declaración de Romanos 1:17 donde él añade la cita de Habacuc 2:4 que dice, "Mas el justo por la fe vivirá". Habacuc estaba hablando al fiel remanente de Israel y les estaba diciendo cómo enfrentar una inminente invasión teniendo fe en que Dios está trabajando en y a través de ese evento.

A – Fe para Salvación Eterna	B – Fe para Vivir como Cristiano
Una vez	Continúa
En Cristo Jesús como Salvador	en Cristo Jesús como poder, provisión
Asunto de Justificación	Asunto de Santificación
Para ser declarados justos posicionalmente	Para llegar a ser justos en la experiencia

Pablo también usa el término en el sentido de Verdad B cuando dice: "Con Cristo estoy juntamente crucificado, y ya no vivo yo, mas vive Cristo en mí; y lo que ahora vivo en la carne, lo vivo en la fe del Hijo de Dios, el cual me amó y se entregó a sí mismo por mí" (Ga. 2:20). Pablo está diciendo a los Gálatas que ellos deben vivir por fe y nunca retroceder a vivir legalistamente bajo la Ley. Pero cuando él explica cómo ellos fueron justificados, él claramente usa *fe/creer* en el sentido de Verdad A. En Gálatas 2:16 él dice, "sabiendo que el hombre no es justificado por las obras de la Ley, sino por la fe de Jesucristo".

Fe es la clave principal por la que nos podemos relacionar con Dios, ya sea al recibir Su gracia para salvación o recibiendo Su gracia para vivir como Cristianos. Porque "sin fe es imposible agradar a Dios" (Heb. 11:6).

Arrepentimiento. Esta palabra sigue siendo una de las palabras más problemáticas para los interpretes de la Biblia que tratan de mantenerse fieles al contexto en donde se usa. Aquí se pueden hacer algunas observaciones interesantes. Primero, se deriva de dos palabras griegas, *meta* que significa *después* y *noeō*, que significa *pensar*. Entonces tenemos un significado esencial *pensar después* o *cambio de mente*. En el Nuevo Testamento, la palabra *mente* se usa para la persona interior, algunas veces se intercambia con la palabra *corazón* (cf. Ro. 1:28; 7:23, 25; Ef. 4:17, 23; Col. 2:18). Esto se refiere a la sede de la toma de decisiones, la parte invisible que nos hace ser quienes somos; por lo tanto, también es correcto traducir la palabra arrepentimiento como un *cambio de corazón*.

Desafortunadamente, no tenemos otra palabra que traduzca *metanoia* excepto *arrepentimiento*. Algunos lingüistas han llamado a esto una circunstancia desafortunada para nuestro lenguaje. Parte de la razón es, porque en el español, la palabra *arrepentimiento* se deriva del latín *poenatentia*, o el hacer obras de contrición o penitencia. Este concepto es parte del Catolicismo Romano. Como resultado, muchas personas ven el arrepentirse como una penosa renuncia o abandono del pecado, en otras palabras, una acción externa. Las acciones externas pueden (normalmente lo hacen) ser el resultado de un cambio de corazón, pero estas pueden ser o no ser aparentes cuando se hacen. Nosotros debemos de mantener un aspecto de arrepentimiento interno distinto de la exhibición de conducta externa. Arrepentimiento es la raíz, pero la conducta puede ser o no su fruto. Obviamente, un cambio interno debe resultar en un cambio externo—esto debería ser natural y esperado, pero no es automático. De otra manera, Juan el Bautista no hubiera podido exhortar a los Fariseos "Haced frutos dignos de arrepentimiento" (Mt. 3:8/Lc. 3:8). En otras palabras, si ellos se arrepienten, esto será consistente (pero no automático) para también mostrarlo.

La palabra *arrepentirse o arrepentimiento* es muy flexible. Se puede usar para creyentes y no creyentes. No es aconsejable hablar de arrepentimiento sin entender el contexto en particular. Además, existen diferentes objetos de arrepentimiento—en otras palabras, eso de lo que hay que arrepentirse. La Biblia habla de arrepentimiento como un cambio de corazón acerca de nuestros pecados (2 Co. 12:21), de la identidad de Cristo Jesús (Hch. 2:38), de confiar en ídolos paganos (Hch. 17:29-30), de Dios (Hch. 20:21), de la falsa doctrina (2 Tm. 2:25), y obras muertas (Heb. 6:1), para nombrar algunas. Algunas veces, arrepentirse es un cambio de corazón que nos lleva a la salvación (Verdad A; Mt. 9:13; Lc. 24:47; Hch. 11:18), y algunas veces es un cambio de corazón para una santificación más profunda (Verdad B; 2 Co. 12:21; 2 Tm. 2:25).

Desafortunadamente, arrepentimiento es frecuentemente usado indiscriminadamente como Verdad A en relación con la salvación. Mientras que yo creo que en el Nuevo Testamento algunas veces se usa para describir el cambio de corazón mostrada por la fe salvadora—porque cualquiera que cree en Cristo Jesús como Salvador, ha cambiado su mente o corazón acerca de algo—(ej. Lc. 5:32; 24:47; Hch. 11:18; 17:30, 34; 2 Pe. 3:9), muchas veces se usa como Verdad B, ya sea aplicado a Israel, como los que desobedecieron bajo el Pacto Mosaico (Mt. 4:17; 11:20-21; 12:41; Lc. 10:13; 11:32; 13:3, 5; Mc. 1:15) o a los creyentes para su santificación (2 Co. 12:21; 2 Tm. 2:25; Ap.. 2:5, 16, 21, 22; 3:3, 19).

Discípulo. Esta es otra palabra que se entiende mejor en el contexto. Un discípulo es un aprendiz, alguien que está aprendiendo a ser como su maestro. El Nuevo Testamento contiene referencias a discípulos de Moisés, discípulos de los Fariseos, y más comúnmente, discípulos de Jesucristo.

Entonces, la palabra *discípulo* no se refiere automáticamente a alguien que es eternamente salvo. En Juan 6:66, algunos que son llamados discípulos habían seguido a Jesús por curiosidad, pero que no quisieron seguirle más. Jesús dijo que algunos de ellos no creyeron (Jn. 6:64).

Algunos han fallado al no hacer la diferencia entre aquellos que han creído en Cristo Jesús (Verdad A) y aquellos que son discípulos comprometidos de Jesús (Verdad B). Ellos dicen que cada Cristiano es un discípulo y que las condiciones para el discipulado son las condiciones para la salvación eterna, pero esto difícilmente puede ser el caso cuando leemos pasajes como Juan 8:30-31. Aquí, Jesús le habla a aquellos que han creído en Él para vida eterna (v. 30) aun así Él les da una condición para ser un discípulo comprometido: "Dijo entonces Jesús a los judíos que habían creído en él: Si vosotros permaneciereis en mi palabra, seréis verdaderamente mis discípulos'" (v. 31). *Permanecer,* significa *continuar en,* no *creer en.* Un creyente se hace un discípulo y guarda la Palabra de Dios. No todos los creyentes lo hacen.

Es cierto que en Hechos, el término discípulos parece referirse a los Cristianos como un todo sin distinción (Hch. 6:1-2, 7; 14:20, 22, 28; 15:10; 19:10). Pero esto no nos debe sorprender, porque al inicio de la iglesia en Hechos, los Cristianos eran vistos generalmente como aquellos que están ansiosamente creciendo y siguiendo la Palabra de Dios. Aquellos que no lo hacían eran la excepción y eran señalados (como Ananías y Safira en el capítulo 5 y Simón el hechicero en el capítulo 8). En las Epístolas, no se encuentra la palabra *discípulo.* En su lugar encontramos el concepto del discipulado en las exhortaciones del Apóstol Pablo de "imitarlo" o "seguirlo" a él tal como él sigue a Cristo Jesús (1 Co. 4:16; 11:1; Fil. 3:17; 1 Ts. 1:6; 2 Ts. 3:7, 9).

La diferencia entre Verdad A la condición para salvación (creer) y Verdad B la condiciones para el discipulado es crucial. Si interpretamos equivocadamente las condiciones para el discipulado como las condiciones para la salvación, le estamos añadiendo a la gracia gratuita de Dios y así la estamos destruyendo. Considere las trágicas consecuencias de la simple gracia incondicional si estas condiciones del discipulado se hacen condiciones para la salvación:

- Niéguese a sí mismo (diga no a sus deseos para que diga si a la voluntad de Dios). Lc. 9:23

- Tome su cruz cada día (estar dispuesto a sufrir por Cristo). Lc. 9:23

- Siga a Cristo (adopta sus propósitos para tu vida). Lc. 9:23

- Aborrezca a su padre, y madre, y mujer, e hijos, (esto es: ame a Dios más que a ellos). Lc. 14:26

- Permanezca en la Palabra de Dios (continuar adherido y obedeciendo la Palabra de Dios). Jn. 8:31

- Ame a otros. Jn. 13:35

- Dé fruto. Jn. 15:8

A – Salvación	B – Discipulado
Una condición - creer en Cristo como Salvador	Muchas condiciones - comprometerse con Cristo como Señor
Cristo Jesús como Salvador	Cristo Jesús como Señor
Un asunto de justificación	Un asunto de santificación
Absolutamente gratuita	Muy costoso
Un evento instantáneo	Un proceso de toda la vida

La tragedia de interpretar Verdad B acerca del discipulado como Verdad A para salvación resulta en un evangelio falso basado en lo que haga, o en otras palabras, en obras. Esto cancela la gracia. Por lo tanto, cancela cualquier posibilidad de la seguridad de la salvación, ya que la salvación se hace dependiente de nuestro compromiso y fidelidad en lugar de la promesa de Dios. Nuestro compromiso siempre va a variar; la promesa de Dios nunca cambia.

Juicio. Escuchar acerca de un juicio al final de la vida o de los tiempos es muy común. Mucha gente cree que ellos van a enfrentar este juicio para ver si sus obras los hicieron dignos del cielo o del infierno. Sin embargo, esta manera de pensar pasa por alto una gran enseñanza de las Escrituras, especialmente en el Nuevo Testamento. Todas las personas van a ser juzgadas, pero existen diferentes juicios—uno para los incrédulos y uno para los creyentes. Si no hacemos la diferencia entre estos juicios, vamos a tener problemas para mantener un evangelio claro. Existe un juicio de Verdad A y un juicio de Verdad B.

Desafortunadamente, muchos Cristianos suponen que sólo hay un juicio, el del final del reino del milenio llamado el Gran Trono Blanco (Ap. 20:11-15). Este es un juicio para aquellos que no han creído en Cristo Jesús como su Salvador. Las obras del incrédulo serán examinadas y el libro de la vida se verificará para confirmar que sus nombres no estén allí. Ningún creyente será juzgado en el Gran Trono Blanco. Muy a menudo, muchos pasajes que mencionan el juicio venidero se interpretan como un juicio para los incrédulos, pero algunas veces el juicio mencionado se está refiriendo claramente a aquellos que ya son creyentes.

Lo que muchos no ven es que el Nuevo Testamento habla de otro juicio llamado el Tribunal de Cristo. Este juicio es sólo para creyentes. El propósito de este juicio no es determinar si alguien es salvo o no, sino para determinar si una persona que es salva es digna de las recompensas. Queda claro que este juicio es sólo para Cristianos cuando el Apóstol Pablo escribe: "Porque todos compareceremos ante el tribunal de Cristo" y "cada uno de nosotros dará a Dios cuenta de sí" (Ro. 14:10; 12). Primero, Pablo está escribiendo a Cristianos y se incluye a sí mismo entre los que enfrentarán este juicio. Segundo, él declara que el propósito es dar cuentas de nuestra vida ante Dios, no ver si somos salvos o no. Después en 1 Corintios 3:11-15, él describe cómo algunos van a ser recompensados en ese juicio mientras que las obras indignas de otros serán quemadas, o en otras palabras, no recibirán recompensa. El hecho de que sólo habló de la perdida de la recompensa (no de la pérdida de la salvación está claro en el verso 15: "Si la obra de alguno se quemare, él sufrirá pérdida, si bien él mismo será salvo, aunque así como por fuego"). El fuego habla del juicio discernidor de Dios, no del infierno. Un Cristiano puede ser salvado del infierno, pero entrar al cielo sin recompensa.

El juicio para la salvación de los creyentes ya ha sido decidido. En Juan 5:24 Jesús dice: "De cierto, de cierto os digo: El que oye mi palabra, y cree al que me envió, tiene vida eterna; y no vendrá a condenación, mas ha pasado de muerte a vida". En Romanos 8:33-34, el Apóstol Pablo argumenta que los Cristianos no van a enfrentar la condenación gracias a Cristo:

> [33] *"¿Quién acusará a los escogidos de Dios? Dios es el que justifica. ¿Quién es el que condenará? Cristo es el que murió; más aun, el que también resucitó, el que además está a la diestra de Dios, el que también intercede por nosotros".*

Claramente, el Cristiano no enfrenta un juicio para salvación, porque el juicio ya fue resuelto cuando creímos en Cristo Jesús quien pagó el precio por el pecado en la cruz y se levantó de entre los muertos para mostrar que Dios aceptó Su sacrificio. Ahora Jesús vive a la mano derecha de Dios para interceder por nosotros cuando enfrentamos alguna acusación o intento de condenación. Nuestra salvación está resuelta y asegurada.

A – Juicio del Gran Trono Blanco	B – El Tribunal de Cristo
Para los incrédulos	Para los creyentes
Al final de la era del reino	Antes o durante la era del reino
Por la falta de fe en Cristo	Basado en nuestra fidelidad a Cristo
Resulta en una eternidad en el lago de fuego	Resulta en las recompensas eternas que se ganaron o se perdieron

La muy a menudo pasada por alto Verdad B, es que los Cristianos son juzgados por sus obras y su fidelidad en el Tribunal de Cristo. Si este juicio se confunde con el juicio del Gran Trono Blanco que es Verdad A, en donde las obras de los incrédulos también son juzgadas, entonces, las obras invaden al evangelio de la gracia. ¡Es importante mantener estos dos juicios claros!

Fuego o las llamas. Existe una inclinación natural entre los que leen la Biblia de asociar la mención del fuego o las llamas con el fuego eterno del infierno que quema a los incrédulos en el Lago de Fuego. El fuego eterno del juicio de Dios *se* menciona en la historia de Jesús del hombre rico y Lázaro (Lc. 16:19-31) y en el pasaje del Juicio del Gran Trono Blanco (Ap. 20:11-15).

Sin embargo, existen muchos usos para el fuego y la imagen del fuego ardiendo que los creyentes tienen en mente. Esto no significa que el creyente va a perder la salvación y es castigado eternamente con fuego. Se refiere al fuego disciplinario de Dios. Que Dios disciplina a Sus hijos cuando estos se desvían es un principio escritural básico, porque Él los ama.

> *...Hijo mío, no menosprecies la disciplina del Señor, Ni desmayes cuando eres reprendido por él; Porque el Señor al que ama, disciplina, Y azota a todo el que recibe por hijo... (Hebreos 12:5-7).*

El fuego se usa para describir la llama disciplinaria de Dios quemando las obras indignas del creyente (1 Co. 3:14-15). También se usa en una analogía que muestra a los creyentes infructuosos que son como ramas y espinos que son quemados porque ellos no son de utilidad (Jn. 15:6). El libro de Hebreos menciona el fuego como la disciplina de Dios sobre los lectores quienes eran creyentes que se regresaron al judaísmo. De hecho, no dice que serán quemados, pero el fuego figurativo se usa en varios lugares. En Hebreos 6:7-8, se usa en una analogía muy parecida a la de 1 Corintios 3 y Juan 15. Parece que se refiere a la acción disciplinaria sobre los creyentes inútiles o infieles. En Hebreos 10:27, sólo habla de "una horrenda expectación", que es como decir "enojo ardiente". Pero en el contexto, el enojo es hacia Su gente (Heb. 10:30). La última referencia está en Hebreos 12:29 que declara simplemente, "porque nuestro Dios es fuego consumidor". Pero el autor escribe como creyente, acerca del carácter de Dios. Dios puede ser un juez feroz con los creyentes que le desobedecen. Cómo se demuestra este fuego no está especificado, pero en ningún lado habla del fuego eterno del infierno.

A – Fuego del Infierno	B –Fuego para Disciplina
Eterno	Temporal
Para incrédulos nada más	Para creyentes e incrédulos
Quema al incrédulo	Quema las obras indignas del creyente

Si suponemos que todas las referencias al fuego y las llamas son Verdad A, esto quiere decir eterna maldición, entonces debemos concluir que los Cristianos pueden perder su salvación ya que algunos pasajes del Nuevo Testamento que mencionan fuego y llamas son para los Cristianos. Además, tendremos que concluir que las obras son la base de la salvación o su pérdida, lo que es contrario al evangelio de la gracia. Esta es la razón por la que es importante entender que hay una categoría Verdad B bíblica de la disciplina de Dios para el creyente. Los creyentes nunca son quemados, sólo sus obras, o ellos también pueden ser castigados por un feroz y enojado Dios.

Maldito o descalificado. Otra suposición hecha demasiado rápida por muchos lectores de la Biblia es que la mención de una maldición o descalificación es una sentencia al infierno. Otra vez, el problema que presenta esta opinión es que ya que los términos son usados para los creyentes algunas veces, tendremos que concluir que se pierde la salvación. Pero veremos que estos términos no son necesariamente Verdad A y no demandan condenación eterna.

La palabra *maldito* es usualmente una traducción de *anatema*, que significa "bajo la maldición de Dios". El Apóstol Pablo la usa en Gálatas 1:8-9 para referirse a los que predican un evangelio falso. La NVI interpreta la frase como una amenaza del infierno: "¡que Dios lo condene!" Pablo les está escribiendo a los Cristianos, pero él también pudo estar dirigiéndose a los falsos maestros incrédulos de Galacia, o a los creyentes que habían adoptado y propagado sus enseñanzas. Suponiendo que es la seguridad eterna, entonces si se aplica a los creyentes, esto no puede significar que pierden su salvación. Pablo incluso se incluye a sí mismo y a los ángeles en este ejemplo hipotético de alguien que puede enseñar un falso evangelio. Esta maldición también parece aplicar a los Cristianos que no amen al Señor Jesús (1 Corintios 16:22). Cómo se experimenta la maldición de Dios es algo que no se especifica en estos pasajes, pero esto ciertamente implica una severa y desagradable consecuencia.

De la misma manera, la palabra *descalificado* (*adokimos*) no necesariamente significa que alguien está condenado al infierno. La palabra simplemente expresa la idea de desaprobación, esto es, desaprobado con relación a una recompensa. El Apóstol Pablo lo usa en 1 Corintios 9:27 para referirse a un destino que pudiera ser el suyo si no disciplina su cuerpo. Él no está diciendo que va a perder su salvación, pero que va a ser descalificado para recibir una recompensa. El contexto usa una metáfora atlética de un corredor y un luchador quienes deben disciplinar sus cuerpos o si no van a perder las recompensas por ganar.

Los Cristianos no estamos en peligro de una maldición eterna, porque esa maldición fue puesta en Cristo Jesús en la cruz (Ro. 8:34; Ga. 3:13; Col. 2:14). Ni tampoco nos pueden descalificar de la vida eterna. La comprensión de la Verdad B en las palabras *maldito* y *descalificado* sostienen serias verdades acerca de perder las bendiciones de Dios o perder Sus recompensas.

Conociendo a Dios. La palabra *conocer* se puede usar como Verdad A o Verdad B. Esta es usada por Jesús como Verdad A en el sentido de que Él conoce aquellos que pertenecen o no pertenecen a Él (vea Mt. 7:23 y Jn. 10:27).

Sin embargo, muy comúnmente se usa para alguien que entra en una relación con Dios y tiene el privilegio de conocerlo íntimamente. Juan 17:3 describe tener vida eterna como conociendo a Dios y a Cristo Jesús. La Salvación establece una relación con Dios que ofrece intimidad.

El conocimiento íntimo de Dios no está disponible para el mundo incrédulo; este es el tipo de intimidad que disfruta Jesús con Su Padre (Jn. 17:25). El Apóstol Pablo era salvo, pero deseaba una mayor intimidad con Dios, y esta es la razón de su deseo de "conocerle" (Fil. 3:10).

Otro uso del conocimiento de Dios Verdad B, está en 1 Juan. El término se usa aquí para describir la intimidad de la comunión con Dios, que es el tema de la epístola (1 Juan 1:3-4). El conocimiento de Dios en una manera íntima es demostrado por los que siguen Sus mandamientos (1 Juan 2:3-5).

Si el conocimiento de Dios se asigna sólo a la Verdad A, entonces esos ejemplos enseñan que Pablo estaba buscando ser salvo, y aquellos que no guardan los mandamientos de Dios no pueden ser Cristianos. Entendiendo que algunos usos de *conocer* se pueden interpretar como Verdad B evita las trampas que destruyen el Evangelio de la gracia gratuita de Dios.

DOS
Aplicando Verdad A Verdad B a Pasajes Importantes de la Biblia

EL PROPÓSITO DE esta sección es mostrar cómo el enfoque de la Verdad A Verdad B nos ayuda a interpretar los pasajes que a menudo se malinterpretan y se malentienden. Sin duda usted reconocerá muchos de estos como pasajes con los que ha luchado o que ha ayudado a otros a entender. De hecho, muchos de estos provienen de mi propia y extensa experiencia de contestar mis preguntas y las de algunos otros acerca de pasajes que no parecen "encajar" en mi o su comprensión acerca de la salvación o de la vida Cristiana.

Esta lista no es exhaustiva; siempre van a haber otros pasajes que levanten preguntas. Pero estos son la mayoría de los pasajes que han engañado a muchos acerca de la naturaleza de la salvación y su diferencia con los asuntos de la vida del Cristiano. Yo espero lograr dos cosas. Primero, que usted vea que usar el enfoque de Verdad A Verdad B provee una buena interpretación que es bíblicamente consistente. Segundo, que usted vea cómo aplicar el enfoque de Verdad A Verdad B a otros pasajes "problemáticos" en su estudio o enseñanza de la Biblia.

Me enfoco en el Nuevo Testamento porque allí es donde está la mayor confusión y en donde encontramos muy claramente el trato acerca de la salvación eterna y la vida del Cristiano. Además, el Antiguo Testamento no fue escrito específicamente para la iglesia, sino para la nación de Israel. Yo veo una diferencia entre Israel y la iglesia. Yo entiendo que la iglesia empezó en Hechos 2:1-4 (cf. Hch. 11:15 y 1 Co. 12:13).

Los pasajes están organizados generalmente agrupando los libros que son similares en el Nuevo Testamento y su secuencia en el libro en particular. Pude haber organizado los pasajes por temas (pasajes que parecen que enseñan que podemos perder la salvación, pasajes que hablan de las recompensas, pasajes que hablan de juicio, etc.), esto tiene su mérito, pero me di cuenta que si hacía eso, yo tendría que volver a establecer el contexto de los pasajes o volver a explicar los términos. El resultado hubiera sido redundante. Un beneficio de hacerlo en esta secuencia es que hay una continuidad en relación con el contexto. Otro beneficio es que se puede encontrar más fácilmente la explicación de algún pasaje, y por lo tanto, hace este libro más útil como una herramienta de referencia.

Los Evangelios de Mateo, Marcos, Lucas

5

STOS TRES PRIMEROS libros del Nuevo Testamento se llaman Evangelios Sinópticos. *Sinóptico* significa *ver las cosas juntas,* y se usa el término para Mateo, Marcos, y Lucas porque comparten mucho del material de la vida de Cristo Jesús. Ya que hay una coincidencia o una repetición de las historias, los dichos, las parábolas, etc., voy a hablar de los pasajes en múltiples Evangelios sólo una vez, y algunas veces los organizo por tema.

Es esencial que recordemos que los Evangelios comunican eventos y mensajes de la vida de Jesucristo, quien estaba hablando usualmente con judíos o con multitudes acerca de los asuntos judíos bajo el Viejo Pacto Mosaico. Algunas de las enseñanzas de Jesús y Juan el Bautista pudieran aplicar entonces, pero no ahora porque ya no estamos bajo la Ley Mosaica. Conocer este contexto histórico, cultural, y teológico nos va a ayudar en la interpretación. Además del marco original, los autores de los tres Evangelios también tenían en mente a una audiencia diferente mientras escribían, lo cual es una de las razones por la que las historias pueden describirse o comunicarse en diferente forma.

Pasajes del Sermón del Monte

Un número de pasajes del Sermón del Monte son malentendidos cuando se ignora el enfoque de Verdad A Verdad B. Cuando vemos al Sermón, observamos que llega en un momento en el que Jesús aún no se ha presentado a Sí mismo como Rey de Israel, por lo tanto Israel todavía no le rechaza. Él vino a enseñar a la nación acerca de la naturaleza del reino de Dios. Una clave para entender el Sermón es comprender el antecedente de la controversia entre los Escribas y Fariseos (los líderes de Israel), y su opinión equivocada de cómo estar bien con Dios. A través de Su ministerio, Jesús criticó a estos líderes judíos por su religión hipócrita. Sus acciones fueron fastidiosas, pero sus corazones eran malvados (Mt. 23:1-28; Mc 7:1-9). El mensaje de Jesús para Israel fue que el estándar de la justicia del reino es más alto que lo que los Escribas y los Fariseos decían: "Porque os digo que si vuestra justicia no fuere mayor que la de los Escribas y Fariseos, no entraréis en el reino de los cielos" (Mt. 5:20). El Sermón del Monte expone la justicia del reino para los israelitas como una guía para la conducta presente, pero también los prepara para el Único que puede lograr semejante estándar, Cristo Jesús.

Existen razones obvia por las que el Sermón no es una presentación del evangelio de salvación. Primero, a la audiencia principal se les habla como a creyentes. Ellos tienen "persecución por causa de la justicia", ellos son "la sal de la tierra" y "la luz del mundo" (Mt. 5:10-12; 13-14). Jesús les instruye cómo orar, dar, y ayunar (Mt. 6:16-18). Ellos tienen un Padre en los cielos (Mt. 6:9; 7:11). Él no les explica el evangelio. Segundo, si hay un mensaje evangelístico, entonces debe ser un evangelio de obras, en efecto un evangelio de obras que requiere que uno exceda la justicia ética de los líderes religiosos judíos (Mt. 5:20) e iguale la perfección de Dios el Padre (Mt. 5:48). Tercero, vemos una gran diferencia entre el Evangelio de Juan que fue escrito con un propósito evangelístico (Jn. 20:31). Juan muestra a Jesús presentando el evangelio como un regalo gratuito al inicio de Su ministerio (Jn. 3:1-21; 4:1-26) aún antes de que Juan el Bautista fuera encarcelado (Jn. 3:23-24; 4:1). Para cuando Jesús hace público su ministerio, Juan ya estaba en la cárcel (Mt. 4:12-17; Mc. 1:14-15; Lc. 3:20), y los discípulos ya habían escuchado la presentación del evangelio de Jesús como un regalo gratuito. Es inconcebible que ellos hubieran entendido el Sermón del Monte como un sistema ético para ganar la salvación.

Dicho lo anterior, observamos que además de los discípulos, en primera fila de la audiencia, también hay una multitud presente (Mt. 5:1). Aunque no es una presentación del evangelio para no-salvos, el Sermón tiene un aspecto pre-evangelístico. Mientras explica la justa conducta apropiada de aquellos discípulos quienes anticipaban la venida del reino, aquellos que aún no son salvos ni son Sus discípulos todavía van a ver los altos estándares que les debe confrontar con sus errores y desear la justicia del reino de Dios. Casi al final del Sermón, Jesús confronta a la audiencia con una opción entre al camino estrecho que lleva a la vida y el camino ancho que lleva a la destrucción

(Mt. 7:13-14). Él también les reta a construir sus vidas en el cimiento sólido de Sus enseñanzas en lugar de la arena inestable (Mt. 7:24-27). Esas opciones llaman a los discípulos a llevar una vida recta, así como a que los no-salvos encuentren y vivan en el camino estrecho que lleva a una vida estable.

Con este contexto en mente, podemos examinar algunas secciones del Sermón en donde muy a menudo se confunden la Verdad A y la Verdad B.

Las Bienaventuranzas. Mateo 5:3-12 (cf. Marcos 1:16-20)

³ *Bienaventurados los pobres en espíritu,*
   Porque de ellos es el reino de los cielos.
⁴ *Bienaventurados los que lloran,*
   Porque ellos recibirán consolación.
⁵ *Bienaventurados los mansos,*
   Porque ellos recibirán la tierra por heredad.
⁶ *Bienaventurados los que tienen hambre y sed de justicia,*
   Porque ellos serán saciados.
⁷ *Bienaventurados los misericordiosos,*
   Porque ellos alcanzarán misericordia.
⁸ *Bienaventurados los de limpio corazón,*
   Porque ellos verán a Dios.
⁹ *Bienaventurados los pacificadores,*
   Porque ellos serán llamados hijos de Dios.
¹⁰ *Bienaventurados los que padecen persecución por causa de la justicia,*
   Porque de ellos es el reino de los cielos.
¹¹ *Bienaventurados sois cuando por mi causa os vituperen y os persigan,*
   *y digan toda clase de mal contra vosotros, mintiendo.*¹² *Gozaos y*
   alegraos, porque vuestro galardón es grande en los cielos; porque así
   persiguieron a los profetas que fueron antes de vosotros.

Interpretación Verdad A: Estas virtudes describen los rasgos que uno debe tener para ser Cristiano.

Interpretación Verdad B: Estas virtudes describen los rasgos que son característicos de la justicia del reino.

La primera parte del Sermón del Monte popularmente se llama Las Bienaventuranzas (de la idea de feliz, bendecido, afortunado), y que se le puso ese nombre por las supremas bendiciones incluidas en cada enunciado.

Cada una de estas ocho virtudes tiene una consecuencia correspondiente. Algunos han tomado las bienaventuranzas como un requisito para ser salvo describiendo algún aspecto de la salvación en cada una (Verdad A).

Entender el contexto nos ayuda a discernir si es que es Verdad A o Verdad B. Jesús primero les estaba hablando a Sus discípulos (el antecedente cercano del verso 2 es "les" refiriéndose a Sus discípulos del verso 1, a menos que "les" se refiera a ambos la multitud y Sus discípulos). Pudiéramos decir que Jesús les hablo a todos los que vinieron y escucharon, pero Sus discípulos estaban en primera fila (Mt. 4:25-5:2). Si entendemos que Él está contrastando estas virtudes del reino con la justicia hipócrita que presentan los líderes religiosos de Israel, entenderemos que las Bienaventuranzas son Verdad B porque ellas describen un estilo de vida consistente con el reino de Dios. Ellas no son una presentación del evangelio. De hecho, en vista del reino que viene, ellas suponen el estado de alguien que es eternamente salvo, alguien que quiere vivir anticipándose al reino.

La palabra "Bienaventurados" (de *makarios*) no significa *salvos*. Denota el estado de gozo y la felicidad de aquellos que viven las virtudes mencionadas. Ellos están bendecidos porque el reino futuro tiene bendiciones especiales para ellos. Note que las consecuencias son futuras, excepto la primera y la última (Mt. 5:3, 10). Si estas fueran de un aspecto evangelístico, *todas* las bendiciones estarían en presente o en tiempo perfecto (una acción en el pasado con resultados continuos). El tiempo presente en los versos 3 y 10 asegura que de "los pobres en espíritu" y que "cuando por mi causa os vituperen y os persigan" "de ellos es el reino de los cielos". Esta frase, junto con los versos 11-12, parece ser una garantía de que la persecución no puede causar que el creyente humilde y perseverante pierda la seguridad de su destino en el reino que ellos ya poseen y que producirá recompensas adicionales por resistir la persecución.

Mientras esperamos el reino, debemos apropiarnos de las virtudes de la Bienaventuranzas como nuestras porque ellas son virtudes del reino. Mientras lo hacemos, podemos disfrutar la bendición de la seguridad de nuestro destino en el reino y una promesa de nuestras recompensas en el reino.

Sacarse el ojo. Mateo 5:29-30

[29] *Por tanto, si tu ojo derecho te es ocasión de caer, sácalo, y échalo de ti; pues mejor te es que se pierda uno de tus miembros, y no que todo tu cuerpo sea echado al infierno.* [30] *Y si tu mano derecha te es ocasión*

de caer, córtala, y échala de ti; pues mejor te es que se pierda uno de tus miembros, y no que todo tu cuerpo sea echado al infierno.

Interpretación Verdad A: Una persona que no hace lo necesario para dejar de pecar será echada en el infierno.

Interpretación Verdad B: Es mejor ser un creyente que sufre una pérdida para dejar de pecar que ser un creyente completo que es echado en el infierno.

Recordemos que Jesús está hablando con sus discípulos y que la multitud está escuchando. Él no les está diciendo a Sus discípulos que si continúan pecando ellos van a perder su salvación. Él ciertamente no está sugiriendo que si la gente deja de pecar va a evitar el infierno. Él les está diciendo a Sus discípulos que la conducta del reino demanda esfuerzos radicales para evitar caer en un pecado serio como el adulterio que Él menciona (vv. 27-28). Por supuesto, sacarse el ojo y cortarse la mano son metáforas de un compromiso radical para no pecar. Mientras que el discípulo tendrá que sufrir severamente para negar sus deseos pecaminosos, él está mejor que una persona no salva que está dada al pecado, que no hace ningún intento por dejar de pecar, y permanece completo (con todas las partes de su cuerpo), pero es echado al infierno. Mientras que cortarse partes del cuerpo es simbólico, la realidad detrás de esta metáfora puede involucrar cosas como sufrir pérdida financiera para evitar el pecado, sufrir severamente en una relación, o sufrir reubicarse para evitar la tentación. La pérdida es real y puede ser dolorosa, pero esta no es nada comparada con aquellos que rechazan tratar con su pecado y terminan en el infierno.

Marcos 9:43-48 usa las mismas metáforas (pero incluye cortarse un pie) y las mismas consecuencias. En este contexto, Jesús les está enseñando a Sus discípulos una lección acerca de la grandeza en el reino anticipado (Mc. 9:33-35). La grandeza se encuentra en los discípulos que valoran, aceptan, y sirven a los que son jóvenes, débiles, y que están menos comprometidos con Cristo (los hijos de Marcos 9:36-37 y el que no está siguiendo a Cristo como un discípulo comprometido, vv. 38-41). Juntos, estos son "estos pequeñitos" o los creyentes jóvenes e inmaduros del verso 42. Es una ofensa seria para el Señor causar que uno de esos cometan pecado, y por lo tanto destruir su frágil fe, como se muestra en la referencia de colgar una piedra de molino al cuello del que causó el pecado y arrojarlo al mar.

En el verso 43, existe un dramático cambio en la plática acerca del que causa el pecado a hablar directamente acerca de la posibilidad de pecar que tienen Sus discípulos. Esto probablemente es porque un discípulo que peca también guía a los creyentes menos maduros a pecar. Como discípulos, sufrir una pérdida temporal (si continuamos con la metáfora, todas las partes del cuerpo se van a restaurar en la eternidad) y entrar a la vida es un mejor destino que ser un incrédulo que no sufre ninguna pérdida pero que disfruta del pecado y se va al infierno con todas las partes de su cuerpo, la persona completa (vv. 43-48). Los discípulos no deberían lamentarse acerca de las pérdidas en esta vida cuando sacrifican sus deseos por el bien de otros, porque soportar semejante pérdida temporal no es nada comparado con el destino del incrédulo. Aun peor, el pecado de un incrédulo complaciente puede causar a uno de los pequeñitos a pecar, trayendo el castigo representado por la piedra de molino y el destino marino.

Como seguidores de Cristo, tenemos una responsabilidad del reino de tomar medidas drásticas para evitar el pecado. El pecado no representa al Señor, desprecia Su gracia, y puede causar que los creyentes inmaduros también pequen, lastimando su caminar con el Señor. El Señor toma el pecado seriamente, y nosotros lo deberíamos hacer también.

Perdonar para ser perdonado. Mateo 6:14-15 (cf. Marcos 11:25-26)

> [14] *Porque si perdonáis a los hombres sus ofensas, os perdonará también a vosotros vuestro Padre celestial;* [15] *mas si no perdonáis a los hombres sus ofensas, tampoco vuestro Padre os perdonará vuestras ofensas.*

Interpretación Verdad A: Si una persona no perdona a otra que pecó contra ella, no puede ser salvo, o perderá su salvación.

Interpretación Verdad B: Si un creyente no perdona a otros que pecaron contra él, la calidad de su comunión con Dios se dañara´.

La declaración en Mateo es una enseñanza clara: Si alguien no perdona a otros, entonces Dios no le perdonara´ a él. Si este perdón de Dios se refiere al perdón que recibimos al momento de la salvación (Ef. 1:7; Col. 2:13-14), entonces, esto hace que la salvación esté condicionada a nuestra voluntad de perdonar a otros. Como una declaración de Verdad A, esto podría hablar del aspecto posicional de la salvación: A los ojos de Dios nosotros fuimos perdonados una vez y para siempre en base al pago por nuestros pecados de Cristo Jesús al morir en la cruz.

Pero aquí hay otro tipo de perdón. De hecho, el contexto lo demanda porque aquí, Jesús les está enseñando a Sus seguidores como orar (Mt. 6:5-13). Este perdón no es un perdón posicional, sino un perdón de compañerismo porque les dice cómo mantenerse caminando cerca de Él a los que ya conocen a Dios. Jesús les enseñó está verdad a Pedro y a los discípulos en el Aposento Alto. Cuando Él intentó lavar los pies de Pedro, Pedro se negó. Entonces Jesús le explicó, "El que está lavado, no necesita sino lavarse los pies, pues está todo limpio; y vosotros limpios estáis, aunque no todos". Entonces, para los que ya son salvos, existe una necesidad diaria de confesar nuestro pecado y reclamar una nueva experiencia del perdón de compañerismo en base a lo que proveyó Cristo (Su muerte en la cruz) y nuestra posición presente (un hijo de Dios). Primera de Juan 1:9 nos muestra que confesar el pecado y recibir el perdón de Dios es necesario para caminar en la luz y mantener un compañerismo con Dios (1 Jn. 1:3-8).

En el campo de la Verdad B, el perdón es muy importante para los Cristianos no sólo para mantener un compañerismo con Dios, sino también para mantener la armonía con otras personas. Por eso, somos exhortados a perdonar a otros de la manera en la que Cristo Jesús nos perdonó (Ef. 4:32; Col. 3:13). Si albergamos falta de perdón hacia otros, no vamos a disfrutar la intimidad que Dios desea tener con nosotros. Si albergamos falta de perdón hacia otros, no sólo vamos a desobedecer el mandamiento de Dios de perdonar, sino que además la barrera de nuestro corazón endurecido va a evitar que disfrutemos el completo compañerismo de Dios.

Entender esta verdad acerca del perdón de compañerismo, evita que impongamos otra condición en el evangelio además de la fe sola. La invitación del evangelio no es, "Cree y perdona a otros", sino simplemente "Cree".

Fruto y los falsos profetas. Mateo 7:15-20

> [15] *Guardaos de los falsos profetas, que vienen a vosotros con vestidos de ovejas, pero por dentro son lobos rapaces.* [16] *Por sus frutos los conoceréis. ¿Acaso se recogen uvas de los espinos, o higos de los abrojos?* [17] *Así, todo buen árbol da buenos frutos, pero el árbol malo da frutos malos.* [18] *No puede el buen árbol dar malos frutos, ni el árbol*

malo dar frutos buenos. [19] *Todo árbol que no da buen fruto, es cortado y echado en el fuego.* [20] *Así que, por sus frutos los conoceréis.*

Interpretación Verdad A: Una persona prueba que no es salva al dar mal fruto y no buen fruto, lo que se refiere a la conducta.

Interpretación Verdad B: Un falso profeta da evidencia de que no es genuino al dar mal fruto, o no buen fruto, lo que se refiere a sus enseñanzas.

Es muy común ver que este pasaje se interprete como Verdad A: Se dice, que si una persona no lleva buen fruto, entonces esa persona no es salva. El fruto visible es necesario para probar que la salvación es genuina.

Por supuesto que hay problemas con esta posición desde el inicio: ¿Qué es buen fruto, cómo se mide, quién lo mide, y cuánto fruto es necesario para probar la salvación? Usted puede ver que estas preguntas no se pueden responder fácilmente y con objetividad. Algo que parece como buen fruto puede tener un motivo egoísta o vil. ¿Cómo puede alguien saber definitivamente? Puede que dos personas no se pongan de acuerdo en la definición de lo que compone el buen fruto y cuánto se necesita para probar la salvación de alguien.

Una observación cuidadosa nos ayuda a entender este pasaje. Este está explicando cómo identificar falsos profetas y Cristianos no profesantes en general. Lo que se discierne no es su salvación, sino si ellos representan a Dios como verdaderos profetas. El examen no es si es que tienen frutos, sino si tienen malos frutos (v. 17). Evidentemente, los falsos profetas tienen frutos que parecen buenos porque ellos pueden presentarse exteriormente a sí mismos como ovejas (v. 15), pero la mala naturaleza de sus frutos los traiciona eventualmente (v. 16). Ya que los frutos se pueden referir a palabras (Mt. 12:33-37) u obras (Mt. 3:8; 13:23; Jn. 15:2-8), es mejor que nos enfoquemos principalmente en las palabras del pasaje. El examen principal no es cómo actúan, sino lo que enseñan. Que era el examen con el que los judíos estaban familiarizados en el Antiguo Testamento (Dt. 13:1-6; 18:20-22). En otros pasajes del Nuevo Testamento, las palabras y las obras se combinan para identificar a los falsos profetas (2 Pe. 2:1-3, 10, 12-15; Jud. 4, 8-11, 16).

Hacer a las buenas obras el examen para la salvación contradice el evangelio de la gracia. Mientras que reconocemos que la salvación debe resultar en buenas obras y que Dios desea y nos manda hacerlas, estas no pueden ser el principal examen para la salvación porque no existe un estándar objetivo de lo que abarcan las buenas obras, qué las motiva, y cuántas se necesitan. Las obras pueden reflejar la verdadera naturaleza de una persona, pero al final no pueden determinar si esa persona es salva o no. En este pasaje, se entiende mejor el uso de las palabras y las obras como la mejor manera de probar a los falsos profetas. Las palabras en general son relevantes en el campo de la Verdad B, que se preocupa de los creyentes ya que el propósito de Dios (no la garantía) es que todos los creyentes hagan buenas obras (Ef. 2:10). Como Cristianos, debemos hacer buenas obras, pero nos aseguramos que sean por buenos motivos y por buenas enseñanzas.

Falsos profesantes. Mateo 7:21-23

> [21] *No todo el que me dice: Señor, Señor, entrará en el reino de los cielos, sino el que hace la voluntad de mi Padre que está en los cielos.* [22] *Muchos me dirán en aquel día: Señor, Señor, ¿no profetizamos en tu nombre, y en tu nombre echamos fuera demonios, y en tu nombre hicimos muchos milagros?* [23] *Y entonces les declararé: Nunca os conocí; apartaos de mí, hacedores de maldad.*

Interpretación Verdad A: Muchos que profesan ser Cristianos realmente no son salvos porque practican el pecado.

Segunda Interpretación Verdad A: Muchos que profesan ser Cristianos no son realmente salvos, porque ellos no conocen a Jesús como su Salvador.

Este pasaje comúnmente se usa para argumentar que no todos los que profesan conocer a Cristo Jesús como su Salvador son verdaderamente salvos porque ellos no tienen buenas obras que lo corroboren. Las obras, por lo tanto, son una evidencia de la salvación. Mientras es cierto que no todos los que *profesan* salvación *poseen* la salvación, de este pasaje no tomamos que las obras son el examen para determinarlo. Si acaso, este pasaje prueba lo contrario—que las obras no pueden probar la salvación de uno.

Si consideramos el contexto, veremos que este pasaje está relacionado con el estudio de los falsos profetas en 7:15-20 (vea v. 22— "profetizamos"). Mientras que 7:21-23 pudiera seguramente incluir a los falsos profetas, Jesús parece ampliar la aplicación a "todo" (v. 21) el que pretende ser espiritual. Él se enfoca primero en los Cristianos profesantes que son falsos *profetas*, después en los incrédulos que son falsos *profesantes*. Como los falsos profetas, ellos tienen la apariencia exterior de verdaderas ovejas. Pero estos también tienen obras milagrosas y alguna teología correcta, reconocen que Jesús es el Señor. Pero finalmente, Cristo Jesús los rechaza con el veredicto de que *nunca* los conoció. Ellos no son creyentes genuinos.

El criterio de Jesús para rechazar a estos profesantes de la salvación es que no están haciendo "la voluntad de mi Padre que está en los cielos". La voluntad del Padre no puedo simplemente ser buenas obras porque ellos las tienen. Si ellos pudieran lograr la justicia del reino por medio de las buenas obras, eso no sería salvación por gracia. Si las obras fueran el estándar para la entrada al cielo o al reino, entonces, ellas deberían de hacerse de acuerdo con el estándar de Dios, que es perfección (Mt. 5:48). Pero esto es un estándar imposible que aun los fastidiosos Escribas y Fariseos no pudieron alcanzar (Mt. 5:20). Entonces ¿Cuál es la voluntad del Padre? Es creer en el Único que pudo cumplir perfectamente los mandamientos en lugar nuestro, Cristo Jesús (Jn. 6:28-29).

El contexto nos lleva a la conclusión de que confiar en la perfecta justicia de Jesucristo es el único camino a la salvación. En 7:13-15, Jesús habló de una puerta estrecha que lleva a la vida (cf. Jn. 10:9). Lc. 13:24-30 también menciona la puerta estrecha como el camino a la salvación en una parábola con un lenguaje similar. Allí, Jesús responde a la pregunta anónima, "Señor, ¿son pocos los que se salvan?" Jesús habla de entrar por la puerta angosta y de los que van a ser descartados al encontrar la puerta cerrada. Él explica que los falsos profesantes son excluidos del camino de la salvación, y ellos se van a lamentar grandemente cuando se den cuenta de su exclusión del reino de Dios (Lc. 13:28).

La Verdad A de Mateo 7:21-23 es que la fe en Cristo Jesús debe ser nuestra única esperanza para la vida eterna. Hacer buenas obras no es parte del mensaje de salvación. Buena teología, obras impresionantes, y sumisión a Cristo como Señor, no nos salva. Este grupo de profesantes tiene estas cosas, pero ellos no son salvos. Todo lo que tienen es su propia justicia en lugar de la justicia de Cristo.

El triste resultado de confiar en la teología, buenas obras, o sumisión a Cristo como Señor sin confiar en Cristo para Su justicia es que muchos que piensan que son salvos nunca han sido realmente salvos. Esto es tan cierto ahora como entonces.

Pasajes de Discipulado

¿Los discípulos nacen o se hacen? En otras palabras, ¿Cada Cristiano es un discípulo o sólo aquellos que tienen ciertas condiciones? Ya sea que veamos las condiciones para el discipulado como Verdad A o Verdad B esta es una de las diferencias más importantes que podemos hacer al entender el evangelio y la vida del Cristiano.

Pescando y siguiendo. Mateo 4:18-22 (cf. Marcos 1:16-20; Lucas 5:1-11)

> [18] *Andando Jesús junto al mar de Galilea, vio a dos hermanos, Simón, llamado Pedro, y Andrés su hermano, que echaban la red en el mar; porque eran pescadores.* [19] *Y les dijo: Venid en pos de mí, y os haré pescadores de hombres. 20 Ellos entonces, dejando al instante las redes, le siguieron.* [21] *Pasando de allí, vio a otros dos hermanos, Jacobo hijo de Zebedeo, y Juan su hermano, en la barca con Zebedeo su padre, que remendaban sus redes; y los llamó.* [22] *Y ellos, dejando al instante la barca y a su padre, le siguieron.*

Interpretación Verdad A: El llamado de Jesús para seguirle es un llamado para la salvación.

Interpretación Verdad B: El llamado de Jesús para seguirle es un llamado para convertirse en un discípulo.

Ya que en los Sinópticos este encuentro con los primeros discípulos en el mar de Galilea es el primero que se registra, algunos suponen que Jesús está invitando a Andrés, Pedro, Santiago, y Juan a ser salvos. En esta opinión, la suposición es que la salvación se obtiene al seguir a Jesús, ya que es Su invitación en Mateo y Marcos. ¿Es la llamada de Jesús para seguirle una invitación de Verdad A o Verdad B?

Según las apariencias, podemos fácilmente negar que sea una invitación para ser salvos, porque Jesús hace la aclaración "os haré pescadores de hombres". Esto obviamente habla de evangelismo que lleva otros a Cristo Jesús. Si esto es Verdad A, aquí es a donde nos lleva la lógica: Somos salvos al seguir a Cristo siempre que llevemos a otros a Cristo. Esto puede ser una condición única para la salvación— ¡sólo los ganadores de almas van a ser

.salvos! Esto podría hacer que muchos Cristianos que no han guiado a nadie a Cristo duden de su salvación.

Pero no hay razón para suponer que este sea el primer encuentro de Jesús con los discípulos. De hecho, Juan 1:35-42 es una buena evidencia de que por lo menos Andrés y Pedro habían encontrado a Jesús antes, ya que esa es la primera vez que Pedro conoce al Señor. En Juan, ellos encuentran a Jesús "al otro lado del Jordán" en donde Juan el Bautista estaba bautizando, no en el mar de Galilea (Jn. 1:28, 43). Cuando comparamos la escena y las circunstancias, vemos dos historias diferentes. Por la misma razón, Lucas 5:1-11 es una historia diferente a la de Mateo y Marcos. Aunque la escena del mar es similar, no encontramos a la multitud estrujando a Jesús; Él está solo. También Él está caminando, y no detenido como en la historia de Mateo y Marcos, y los pescadores están en las barcas, no en la orilla lavando las redes, y Lucas es el único que menciona la pesca milagrosa. Ya que todos estos hombres eran pescadores en Galilea, ellos seguramente se habían encontrado con Jesús y Sus enseñanzas más de una vez.

Al observar estos detalles, vemos que la llamada de Jesús para seguirle es una Verdad B. Jesús está invitando a estos hombres, quienes ya le evidentemente ya son salvos (vea Jn. 2:11) para poder ser Sus discípulos. Esto significa que ellos tienen que comprometerse a dejar su trabajo, su fuente de ingresos, y aún a su familia, lo cual hicieron. La salvación es gratuita, pero el discipulado es costoso.

Aceptar esta invitación al discipulado le da un propósito a cada Cristiano en este mundo. Estamos para ayudar a otros a que vengan a Cristo Jesús como su Salvador. Para los que temen compartir su fe con otros, existe un consuelo en la promesa de Jesús de que *Él* nos va a hacer pescadores de hombres. Esta es Su promesa; todo lo que debemos de hacer es seguirle.

Aborreciendo a tu familia. Mateo 10:37; Lucas 14:26

> *"El que ama a padre o madre más que a mí, no es digno de mí; el que ama a hijo o hija más que a mí, no es digno de mí" (Mateo 10:37).*

> *"Si alguno viene a mí, y no aborrece a su padre, y madre, y mujer, e hijos, y hermanos, y hermanas, y aun también su propia vida, no puede ser mi discípulo" (Lucas 14:26).*

Interpretación Verdad A: Si una persona ama a cualquiera, aun a un miembro de la familia, más que a Jesús, esa persona no es digna de la salvación y por lo tanto no puede ser salva.

Interpretación Verdad B: Si un creyente ama a alguien, aún a un miembro de la familia, más que a Jesús, esa persona no es digna del reconocimiento favorable de Jesús como Su discípulo.

Jesús nunca pudiera ser partidario de que odiemos a los miembros de nuestra familia, como las palabras de Lucas pudieran sugerir. Mateo nos ayuda a clarificar lo que significa la versión de Lucas. "Aborrecer" se usa como un lenguaje figurativo familiar en el primer siglo que significa "amar menos que"; en otras palabras, Jesús está diciendo que para ser Su discípulo, uno debe de amarle a Él más que a cualquier otra persona. Cuando comparamos las dos historias, ser digno de Cristo en Mateo es el equivalente a ser un discípulo en las palabras de Lucas, o digno de ser llamado un discípulo de Cristo. El ser digno a que se refieren no es en relación a la justicia de Cristo, pero denota Su reconocimiento favorable de uno que es Su discípulo. La condición para ser un discípulo digno es que uno debe estar dedicado a Cristo Jesús por encima de cualquier otra relación con otro ser humano, incluyendo miembros de la familia.

Otra vez, el contexto de la historia de Mateo nos ayuda porque Jesús está preparando a Sus discípulos para una respuesta mixta a su mensaje mientras Él los manda a predicar (Mt. 10:5-7). Mientras que algunos respondieron favorablemente al evangelio, esto los va a poner en desacuerdo aún con miembros de su familia. Escoger el lado de Jesús es invitar los conflictos familiares (Mt. 10:34-36).

Si entendemos esto como una condición para el discipulado, entonces es una Verdad B. Para que sea una Verdad A, un incrédulo debería tener que conocer lo suficiente de Cristo Jesús para desear amarle a Él por encima de todos los otros, entonces podría ser salvo. Pero revierte el orden bíblico: "Nosotros le amamos a él, porque él nos amó primero" (1 Jn. 4:19). Sin experimentar el amor de Cristo Jesús en la experiencia de la salvación, ¿Cómo podemos esperar que un incrédulo responda con total devoción y amor?

No tanto en los Estados Unidos, pero en otros países, yo he visto hermosos ejemplos de aquellos que se han identificado con Cristo Jesús aunque saben que los miembros de su familia los van a expulsar o rechazarlos. Una vez tuve un miembro de la iglesia, un amiga Cristiana, que me ignoró en público porque ella estaba con su mamá quien no aprobaba su fe en Cristo. Ella no puso su relación con Cristo por encima de su relación con su mamá. ¿Esto significa que ella no era salva? No—hasta donde yo sé, yo pienso que ella era salva— ¡pero ella no era una gran discípula!

Nosotros que conocemos a Jesús como nuestro Salvador y Señor debemos de dedicarnos a Él por encima de cualquiera en este mundo. ¿Cómo podemos hacer menos que eso después de que Él dio su propia vida por nosotros? La hermosa verdad es que mientras más amamos a Cristo Jesús, más vamos a amar a los miembros de nuestra familia y a otras personas. Después de todo, ¡Jesús también los ama y murió por ellos!

Tomando Su yugo y aprendiendo. Mateo 11:28-30.

[28] *Venid a mí todos los que estáis trabajados y cargados, y yo os haré descansar.* [29] *Llevad mi yugo sobre vosotros, y aprended de mí, que soy manso y humilde de corazón; y hallaréis descanso para vuestras almas;* [30] *porque mi yugo es fácil, y ligera mi carga.*

Interpretación Verdad A: La invitación de venir a Jesús, tomar Su yugo, y aprender de Él son invitaciones a convertirse en un Cristiano.

Interpretación Verdad B: La invitación de venir a Jesús es una invitación para la salvación, pero la invitación de tomar Su yugo y aprender de Él son invitaciones para el discipulado.

Este pasaje definitivamente nos enseña una verdad para discipulado en su invitación a tomar el yugo de Cristo y a aprender de Él. Después de todo, *discípulo* esencialmente significa *aprendiz*. Pero observamos una progresión en esta invitación: Ven... Toma… Aprende. Antes de que uno pueda "tomar" y "aprender", uno debe "venir". La invitación a "venir a" Jesús se usa en cualquier otro lado como una invitación a venir a Él como Salvador, en otras palabras, es una invitación de Verdad A (Jn. 5:40; 6:35. 37, 44, 65; 7:37) y es diferente de "seguir en pos", lo que es una invitación de Verdad B (vamos a hablar de "seguir en pos" en el siguiente pasaje).

Jesús habla estas palabras después de que Él reconoce que las ciudades de Israel le han rechazado (Mt. 11:20-24). En general, la nación estaba bajo la influencia de los Fariseos y su rígida interpretación de la Ley de Moisés. Eso hizo la salvación imposible, como lo hace cualquier sistema de desempeño. El Apóstol Pedro afirma esto cuando defiende la salvación por gracia contra aquellos que dicen que la Ley se debe de observar:

> [10] *Ahora, pues, ¿por qué tentáis a Dios, poniendo sobre la cerviz de los discípulos un yugo que ni nuestros padres ni nosotros hemos podido llevar?* [11] *Antes creemos que por la gracia del Señor Jesús seremos salvos, de igual modo que ellos (Hch. 15:10-11).*

La invitación de Jesús reconoce el rechazo de la nación, pero invita a los judíos dentro de la nación a venir a Él individualmente para salvación. Solo en la salvación por Su gracia ellos pueden encontrar el descanso para sus almas que ellos nunca van a encontrar en la Ley Farisaica.

Después de venir a Cristo para salvación, el individuo es invitado a tomar el yugo de Jesús, que evoca la imagen de un yugo que une a un buey al arado. Esto evidente hace un contraste con el yugo imposible de la Ley Mosaica y sus interpretaciones rabínicas, que los Escribas y los Fariseos impusieron a sus seguidores. Después de que uno viene a Cristo para la salvación uno puede aprender a caminar en el amor y la gracia de Cristo Jesús. Aunque las demandas del discipulado son rigurosas, ellas son al mismo tiempo "fácil" y "ligera" porque la vida en Cristo Jesús es más simple que la vida bajo las interpretaciones de la Ley de los Fariseos. Y la gracia de Dios, la cual provee salvación, también nos da poder para vivir piadosamente a través del Espíritu Santo que mora en nosotros (cf. Ro. 8:3-4). Unido a Jesús, la carga parece ligera.

Si bien es cierto que tenemos que hacer una diferencia entra la salvación y el discipulado por el bien de la claridad del evangelio, también debemos reconocer que Jesús quiere ambos y que a veces invita a las personas a la experiencia completa, pero siempre en su secuencia correcta como en este pasaje. Cuando compartimos el evangelio con las personas, es bueno decirles que Jesús no sólo les ofrece un nuevo nacimiento, pero también una nueva vida. ¡Existe tanto que aprender de Él después de que somos salvos!

Siguiendo a Jesús. Mateo 10:38; 16:24 (cf. Marcos 8:34; Lucas 9:23; 14:27)

> *"y el que no toma su cruz y sigue en pos de mí, no es digno de mí"* *(Mateo 10:38).*

"Entonces Jesús dijo a sus discípulos: Si alguno quiere venir en pos de mí, niéguese a sí mismo, y tome su cruz, y sígame" (Mateo 16:24).

Interpretación Verdad A: "seguir en pos" o "seguir a" Jesús se refiere a convertirse en Cristiano.

Interpretación Verdad B: "seguir en pos" o "seguir a" Jesús se refiere a convertirse en un discípulo.

Ya que estas declaraciones de Jesús acerca de convertirse en un discípulo son similares, las vamos a ver juntas. Notamos que mientras Jesús estaba hablando con la multitud, los discípulos siempre estaban presentes (exclusivamente los discípulos en Mt. 10:1-11:1). Ya que los discípulos en este punto ya eran creyentes (Jn. 2:11), y probablemente muchos otros de la multitud también, debemos sospechar que esas condiciones hablan del compromiso de un discípulo, no de la condición para la salvación.

La invitación de Jesús es "seguir en pos de Mí", no "ven a Mí" como en Mateo 11:28 (vea el punto anterior). *Venir en pos* o *seguir* a Jesús es el lenguaje del discipulado. Habla de una vida de compromiso hacia Él. Es diferente de venir *a* Él para salvación. Que estas condiciones están en la categoría de la Verdad B se vuelve más claro cuando entendemos las implicaciones de cada una de ellas.

La condición mencionada primero en Mateo 16:24 (también en Marcos 8:34 y Lucas 9:23) es que una persona debe "negarse a sí misma". Como siempre, el contexto nos da una clave de lo que esto significa. En ambos, Mateo y Lucas, Jesús acaba de predecir que Él va a sufrir e incluso morir. Nadie quiere morir, ni siquiera Jesús (Lc. 22:42), pero Él va obedientemente a Su muerte porque es la voluntad de Dios para Él. Negarse a sí mismo es decir "no" a nuestros deseos (buenos o malos) para decir "sí" a la voluntad de Dios para nosotros. Es una decisión que hacemos cuando llegamos a entender la voluntad de Dios, algo que una persona incrédula realmente no sabe. Claramente esta es una Verdad B relacionada con la vida del Cristiano.

Una segunda condición mencionada en estos dos pasajes, pero también en Marcos 10:38 y en Lucas 14:27, es que uno debe "tomar su cruz". Otra vez, el contexto en el que Jesús da esta condición tiene, como antecedente, Su propio sufrimiento y muerte. El significado ciertamente no se pierde entre los discípulos y la multitud. Jesús está hablando de disposición de sufrir y morir y Él está invitando a otros a hacer lo mismo para ser Sus discípulos. El impacto emocional de Su declaración palidece ante nuestras sensibilidades modernas. Cuando la multitud escuchó la palabra "cruz" ellos seguramente temblaron ante la idea de ser crucificados en cruces de madera por sus inquilinos romanos expuestos en público a los elementos, o llenando las calles junto con otros malhechores y muriendo de un lenta y humillantemente muerte. En esos días, crucifixión era el tipo de muerte más cruel e incluía estigmas religiosos y sociales (como la maldición de Dios, Dt. 21:23).

Aunque cargar su propia cruz es lo suficientemente estricto como una condición para el discipulado, Lucas 9:23 añade que esto se debe hacer "cada día" lo que sugiere que Jesús está hablando no sólo de la muerte física de alguien, sino también de la disposición diaria de sufrir para identificarse con Cristo Jesús. Ahora vemos claramente por qué esta no puede ser Verdad A. ¿Cómo puede alguien ser salvo si esto requiere un compromiso diario para sufrir y morir por Jesucristo? y ¿Cómo una persona incrédula puede comprender lo que quiere decir sufrir por Cristo? Además, la salvación es posible porque Jesús murió por nosotros, no porque nosotros morimos por Él.

La tercera condición en el pasaje es simplemente "sígame". Otra vez, como con Su llamado a Pedro, Andrés, Santiago, y Juan en el mar de Galilea mientras ellos estaban pescando, Jesús está invitando a las personas a seguirle a Él como discípulos o aprendices. Normalmente, un discípulo judío del primer siglo literalmente iba a seguir a su maestro, vivir con él, comer con él, estudiar con él. Esto significaba renunciar a su propia agenda y objetivos por la de su maestro. Ya que obviamente esto es un proceso, no un sólo evento, no puede ser Verdad A.

Usted puede ver cuán confundidas pueden estar las personas si les decimos que ellos sólo pueden ser salvos si niegan todos sus deseos y adoptan los de Dios, están dispuestos a sufrir o morir cada día por ser un Cristiano, y seguir la agenda de Dios para sus vidas. Si hablamos de eso, nosotros que somos Cristianos, raramente mantenemos esos mandamientos completamente. Para nosotros, estos son objetivos que guían nuestros corazones mientras buscamos cumplirlos a la perfección. Pero hacer semejante criterio una condición para que las personas incrédulas obtengan la salvación sólo va a resultar en duda e inseguridad acerca de dar la medida por un lado, y por el otro lado produce orgullo porque ellos piensan que ya lo lograron. La salvación no es acerca de compromisos y sufrimientos por Cristo; es acerca de Su sufrimiento y Su compromiso con nosotros.

Usted se puede cuestionar por qué a los que son llamados discípulos se les dan condiciones para el discipulado. La respuesta es que este discipulado es un proceso, no un logro; es una jornada no un destino. El objetivo final es ser como Cristo (Mt. 10:25), algo que no se puede lograr completamente en esta vida. Existe el sentido de que cada discípulo es retado a ser más discípulo. A Pedro se le retó a seguir a Cristo muchas veces después de su decisión inicial en el mar de Galilea, demandando más compromiso con cada reto. Por ejemplo, uno de los retos, que Jesús les da después de Su resurrección, fue para Pedro, seguir a Cristo *después* de que le dijeron la manera en la que iba a morir (Jn. 21:19). Para Pedro, esto ciertamente tenía un compromiso específico que él no había tenido antes. Para cada uno de nosotros los Cristianos, Cristo Jesús nos reta a movernos al siguiente nivel de compromiso, algo que es relativo a la posición actual de cada uno. Nosotros siempre podemos ser más discípulos.

Hallando tu vida. Mateo 10:39; 16:25-26 (cf. Marcos 8:35-38; Lucas 9:24-26; Juan 12:25)

> *"El que halla su vida, la perderá; y el que pierde su vida por causa de mí, la hallará"* (Mateo 10:39).

> *Porque todo el que quiera salvar su vida, la perderá; y todo el que pierda su vida por causa de mí, la hallará. Porque ¿qué aprovechará al hombre, si ganare todo el mundo, y perdiere su alma? ¿O qué recompensa dará el hombre por su alma?* (Mateo 16:25-26).

Interpretación Verdad A: Si una persona vive para sí misma, no va a ganar la salvación o va a perder la salvación. Pero si una persona renuncia a sus deseos personales, va a ganar vida eterna.

Interpretación Verdad B: Si un creyente vive para sí mismo, se va a perder la vida abundante que Dios tiene para él. Pero si renuncia a sus deseos personales, él va a encontrar la vida abundante.

Esta declaración explica por qué se debe aceptar la invitación al discipulado que acabamos de presentar. Cualquiera que salva su *vida*, o su *alma*. Inmediatamente, cuando alguien escucha el lenguaje acerca de *salvar* (o *perder*) *su alma* ellos suponen que es una interpretación de Verdad A tomando como referencia la salvación del espíritu de uno del infierno.

Este es un problema creado por la traducción de la Biblia. La palabra *alma* (*psychē*) es la misma palabra que se traduce como *vida* en estos pasajes (que es como algunas versiones de la Biblia lo traducen). Esto se refiere a la esencia de la vida, la parte inmaterial de una persona que consta de la mente, el deseo, y las emociones que forman nuestra identidad. Su vida es quien usted es realmente. La versión de Lucas de esta declaración nos ayuda porque usa la palabra "a sí mismo" en lugar de "vida": "Pues ¿qué aprovecha al hombre, si gana todo el mundo, y se destruye o se pierde a sí mismo?" (Lc. 9:25).

También es importante entender cómo se usa la palabra *salvar* (*sōzō*). Como dijimos anteriormente, no siempre se refiere a salvación eterna. Simplemente significa *liberar, preservar* de algún peligro o pérdida. Normalmente determinamos su significado por el contexto. Aquí, Jesús acaba de hablar de *perder* nuestros propios deseos y someterlos a Sus deseos. Si alguien quiere continuar con sus propios deseos y agenda en este mundo ("salvar su vida") él se va a perder de lo que se trata la vida realmente—experimentar la voluntad de Dios y la llenura de la vida de Dios. Él puede ganar todas las cosas que este mundo ofrece, pero se va a perder la gran experiencia de la vida de Dios ahora y las recompensas en el futuro (v. 27).

Si lo tomamos de esta manera, vemos que la palabra *perder* (*apollumi*) es lo contrario de *salvar*. Esto no significa estar perdido eternamente en el infierno, pero tiene la idea de *ruina* o *pérdida*. Perder la vida es arruinar o perder lo que Dios quiere que esta sea. Alguien puede tener vida eterna y desperdiciar la oportunidad de disfrutar su vida al máximo si vive para Dios ahora.

Si interpretamos esta declaración de Jesús como Verdad A, nos vamos a perder un profundo principio para la vida del Cristiano. Si buscamos las cosas que este mundo tiene que ofrecernos mientras que evitamos las aflicciones que pueden estar relacionadas con el conocimiento de Cristo Jesús, vamos a perder la misma calidad de vida que realmente deseamos. Solo cuando perdemos nuestra vida por causa de Dios es que la recibimos plena y más rica que nunca. *Cuando nuestra vida deja de ser el problema, la vida empieza en realidad.*

Podemos pensar que es muy doloroso renunciar a un hábito que nos consume, o a una relación tóxica, o aun a nuestros planes ambiciosos. Lo que descubriremos es que al perder nuestra vida, vamos a encontrar la vida verdadera—la llenura de la vida abundante de Dios ahora y para siempre.

Avergonzado de confesar. Mateo 10:32-33; Marcos 8:38 (cf. Lucas 9:26; 12:8-9)

> [32] *A cualquiera, pues, que me confiese delante de los hombres, yo también le confesaré delante de mi Padre que está en los cielos.* [33] *Y a cualquiera que me niegue delante de los hombres, yo también le negaré delante de mi Padre que está en los cielos (Mateo 10:32-33).*

> *"Porque el que se avergonzare de mí y de mis palabras en esta generación adúltera y pecadora, el Hijo del Hombre se avergonzará también de él, cuando venga en la gloria de su Padre con los santos ángeles" (Marcos 8:38).*

Interpretación Verdad A: Si una persona no confiesa a Jesús públicamente, a él se le negará la salvación, probará que nunca fue salvo, o si se salvó, perdió la salvación.

Interpretación Verdad B: Si un Cristiano no confiesa públicamente a Jesús o está avergonzado de Él, a esa persona se le va a negar la recompensa que Jesús recomendó a Dios el Padre.

Estos pasajes tienen un tema similar: Si alguien niega al Señor Jesús o está avergonzado de Él, a este lo van a negar delante de Dios el Padre y Jesús se va a avergonzar de Él. Estas son palabras rudas, tan rudas que muchos las interpretan como Verdad A: Jesús le va negar la entrada al cielo y se va a avergonzar de tal forma que implica que la persona no es digna del cielo.

Otra vez, el contexto es la clave. En Mateo 10, Jesús manda a Sus discípulos con instrucciones y advertencias de cómo ellos serían recibidos y cómo ellos no deberían temer a la oposición. La advertencia de los versos 32-33 acerca de confesar (reconocer) a Cristo Jesús se puede aplicar a aquellos que escucharon el mensaje de los discípulos, se puede aplicar a los discípulos mismos, o este puede ser un principio que aplica a ambos. Comparando ambas declaraciones de Jesús en Mateo con Sus declaraciones similares en Lucas 12:8-9, encontramos en ambos un contexto acerca de no temer el hablar a otros de Cristo. Aunque este puede ser un principio general, ciertamente se les dio primero a los discípulos como una advertencia y una motivación.

En ambos Marcos 8:38 y Lucas 9:26, la declaración es una advertencia sin la motivación correspondiente. Pero esto también se les dice a los discípulos después de que Jesús les dice que se nieguen a sí mismos, tomen su cruz, y le sigan a Él para poder "salvar" sus vidas. Como vimos antes, estas son Verdades B. Jesús les explica que los creyentes tienen opciones y que esas opciones tienen sus respectivas consecuencias. Uno se puede identificar con el mundo, perder su vida, y ganarse la vergüenza de Cristo, o puede identificarse con Cristo. Aunque las historias en Marcos y Lucas no mencionan otra recompensa además de que uno va a salvar su vida, la versión de Mateo continúa hablando de las recompensas en 10:41-42. El paralelismo en la historia en Mateo 16:24-27 termina con la promesa de que cuando Cristo Jesús regrese, "pagará a cada uno conforme a sus obras". La confesión o la negación de Jesús y estar avergonzados de Jesús son asuntos relacionados con las recompensas reservadas para los creyentes.

La "recompensa" negativa (de *misthos*, que también quiere decir *premio, pago*) para los que nieguen identificarse con Cristo o que están avergonzados de Él es que Jesús no los va a confesar (reconocer) delante del Padre, o similarmente, estará avergonzado de ellos delante del Padre. Ya que esto está en el contexto de la Verdad B, ¿esto qué significa? Ya que la confesión de alguien por Cristo Jesús delante del Padre es un reconocimiento de su fidelidad al identificarse con Él, la negativa es que Jesús no va a reconocer a esa persona. Él estará avergonzado en el sentido de negarse a reconocerle y a elogiarlo delante del Padre.

Tiene sentido que esta es una consecuencia que sólo experimenten los Cristianos. Para un incrédulo que rechaza a Cristo, el que Cristo no le confiese delante del Padre o que se avergüence de él no es una motivación. En base a la decisión de no tener nada que ver con Jesucristo, ¿Qué más le da?

Pero para los que tienen una relación con Cristo Jesús, ganarse una palabra de aprobación o desaprobación, o hacer que Cristo se avergüence debe tener un gran impacto motivacional. El creyente conoce el amor de Dios y el sacrificio que Jesús hizo al morir en la cruz. Desaprobación y vergüenza suponen un grado de relación. Por ejemplo, imagine a un niño comportándose mal en la tienda. Mientras que otros caminan confundidos, la cara de un hombre está enrojecida de vergüenza y su cabeza agachada por la pena. Este es el papá del niño. El hijo ha decepcionado las expectativas del padre.

La aprobación o desaprobación de nuestras conductas y decisiones por nuestro Salvador debe motivarnos a nosotros que somos hijos del Padre Celestial. Al final, esta es la única aprobación que realmente cuenta. Identificarnos públicamente con Cristo Jesús puede que no gane la aprobación de los demás en esta tierra, pero de cualquier manera, el efecto es temporal. La aprobación de Dios es eterna.

El joven rico. Mateo 19:16-21 (cf. Marcos 10:17-27; Lucas 18:18-23)

[16]*Entonces vino uno y le dijo: Maestro bueno, ¿qué bien haré para tener la vida eterna?* [17] *El le dijo: ¿Por qué me llamas bueno? Ninguno hay bueno sino uno: Dios. Mas si quieres entrar en la vida, guarda los mandamientos.* [18] *Le dijo: ¿Cuáles? Y Jesús dijo: No matarás. No adulterarás. No hurtarás. No dirás falso testimonio.* [19] *Honra a tu padre y a tu madre; y, Amarás a tu prójimo como a ti mismo.* [20] *El joven le dijo: Todo esto lo he guardado desde mi juventud. ¿Qué más me falta?* [21] *Jesús le dijo: Si quieres ser perfecto, anda, vende lo que tienes, y dalo a los pobres, y tendrás tesoro en el cielo; y ven y sígueme.*

Interpretación Verdad A: Si una persona está reacia a perder todo por el bien de Jesús y seguirle, esta no puede ser salva.

Segunda Interpretación Verdad A: Si una persona está reacia a perder todo por el bien de Jesús y seguirle, esta debe saber que esta es un descalificación para el discipulado que también prueba que ha fallado al cumplir con la justicia perfecta que es necesaria para la salvación, y por lo tanto que necesita a un Salvador.

Esta historia se usa frecuentemente para enseñar que la salvación viene sólo para los que están dispuestos a comprometer todo a Dios. A primera vista, esto puede parecer así. Sin embargo; si aceptamos esta interpretación, se levantan algunas preguntas pertinentes.

Primero y más importante, si Jesús le está diciendo al hombre rico cómo ser salvo, ¿Por qué no hay ninguna discusión por parte de Jesús acerca del Mesías, Su obra redentora, o creer en Él como su Salvador? Segundo, si Jesús está dando al hombre el camino para la salvación, ¿no es cierto que también está insistiendo en que no solamente guarde la Ley perfectamente, sino que también cumpla sus implicaciones, como darle todo lo que posee a los pobres? Tercero, en esta interpretación, ¿no es la referencia de Jesús a la salvación como "tesoros en el cielo" algo inusual y único como para que se refiera a la salvación? Cuarto, si Jesús está enseñando que la salvación es difícil, ¿no se está contradiciendo a Sí mismo inmediatamente en la siguiente plática con los discípulos cuando dice que la salvación es "imposible" sin la intervención de Dios? Quinto, ¿No es cierto que esta interpretación contradice directamente las claras enseñanzas de la Biblia de que la salvación no es por la Ley o por hacer obras (Ro. 3:20-4:5; Ga. 2:16; Ef. 2:8-9; Tit. 3:5)?

En ningún otro encuentro personal Jesús le dice a alguien que venda todo y se los dé a los pobres para ser salvo. Él sí menciona que un discípulo debe estar dispuesto a perder todo, aun su propia vida (Lc. 14:26, 33), pero como ya hemos visto, esta es una condición para el discipulado, no para la salvación.

El contexto viene al rescate. En las tres historias sinópticas, la historia es precedida por la historia de los niños que son traídos a Jesús, y Sus enseñanzas de que "de los tales es el reino de los cielos" (Mt. 19:14; cf. 18:1-5), o aún son de más ayuda las historias de Marcos y Lucas, "el que no reciba el reino de Dios como un niño, no entrará en él". (Mc. 10:15; Lc. 18:17). Jesús está enseñando que uno sólo puede recibir el reino de Dios (no ganarlo) como un niño—a través de la simple fe que nace de la humildad.

El joven rico no parecía ser arrogante, sino sincero—pero la sinceridad puede engañar. Él pensó inocentemente que había guardado *todos* los mandamientos de la Ley. Él tenía ambos: un orgullo sutil y una falsa interpretación de la Ley. La interpretación de la Ley de Jesús no sólo evalúa la conducta de uno, sino las motivos y pensamientos internos (vea Mt. 5:21-22; 27-28). Ahora Él prueba los motivos del joven al aplicar el mandamiento que él no menciona, pero que probablemente está detrás de otros mandamientos: "No codiciarás". Aunque el joven piensa que también ha guardado este mandamiento, su rechazo a vender todo para dárselo a los pobres muestra que él todavía tiene codicia, "porque tenía muchas posesiones". Es posible que este hombre hubiera adoptado la noción contemporánea judía de que el rico era especialmente favorecido o bendecido por Dios.

Su desengaño tiene tres partes: Primero, él está confiando en su propia justicia ("Todo esto lo he guardado desde mi juventud"); segundo, él posiblemente está confiando en sus riquezas como prueba de la aceptación de Dios; y tercero, él tiene una opinión altamente deficiente de la justicia de Dios. Cuando él le habla a Jesús como "Maestro bueno", Jesús le contesta con una pregunta que expone el concepto de la bondad de Dios. Al responderle "¿Por qué me llamas bueno? Ninguno hay bueno sino uno: Dios", Jesús establece el estándar divino de la aceptación de la bondad perfecta. En este reto, Jesús también puede estar diciendo, "¿Si tú me estás llamando bueno, entonces me estas llamando Dios?" Pero Él también le está diciendo al joven que *él* no es bueno. De cualquier manera, Jesús reta al hombre con la manera en que ha guardado la Ley, que Él le muestra que está lejos de ser perfecta.

La manera en la que finalmente Jesús hace que el hombre se dé cuenta de sus deficiencias es al retarlo con una condición de discipulado y la recompensa de tesoros en el cielo. Jesús no argumenta que si ha guardado la Ley o no, pero por el bien de Su ilustración, supongamos que si Él estuviera diciendo, "Está bien, si tú has guardado la Ley perfectamente, entonces conviértete en Mi discípulo al darle a los pobres todo lo que tienes" (Marcos añade el lenguaje explícito del, "y ven, sígueme, tomando tu cruz" Marcos 10:21; vea también Lucas 18:22). Este hombre no iba a hacer eso, demostrando que él era menos que perfecto. Si él no pudo mantener las implicaciones de la Ley que le llevan a seguir a Jesús como discípulo, entonces tal vez él no era lo suficientemente bueno para el cielo después de todo, mucho menos para las recompensas (En Marcos y Lucas, el hombre pregunta acerca de cómo "heredar la vida eterna" mostrando que no sólo tiene en mente entrar en el cielo, pero también poseer sus recompensas; Marcos 10:17; Lucas 18:18). Cuando el hombre finalmente se da cuenta de esto, se aleja triste, no sólo porque tenía muchas posesiones (¡nadie está triste por eso!), pero porque su propia justicia fue expuesta como insuficiente para entrar en el cielo.

Jesús ha confrontado los tres auto-engaños del hombre, y todos se encontraron deficientes.

Podemos decir que el dialogo de Jesús con el joven rico es pre-evangelístico. En otras palabras, ya que el hombre pensó que él era lo suficientemente bueno para el cielo, él estaba cerrado a su necesidad de otra justicia que no fuera la suya. Él no estaba abierto a la verdad de que sólo el evangelio de Cristo Jesús provee entrada al cielo, y que esto no se puede ganar con la conducta de uno, pero sólo se acepta a través de la fe. Jesús brinca a una plática del discipulado (vendiendo las posesiones y dándoselas a los pobres) que hubiera hecho que reconsiderara su propia justicia. Funcionó. Jesús enseña la Verdad A al recurrir a la Verdad B primero, porque el joven rico hizo una pregunta de Verdad B.

La historia, cuando se entiende adecuadamente, subraya la Verdad A de que *no hay nada* que podamos hacer para ganar la vida eterna. Esto sólo nos muestra nuestra propia justicia engañosamente inflada, especialmente cuando la comparamos con el estándar perfecto de la justicia de Dios. La Biblia dice, "No hay quien haga lo bueno, no hay ni siquiera uno". (Ro. 3:12). Jesús dice, "Ninguno hay bueno, sino sólo uno, Dios". Para entrar al cielo, tenemos que ser tan buenos como Dios. Ya que nunca podremos llegar a ser tan buenos como Dios, Jesús fue bueno en nuestro lugar—Él cumplió los requerimientos de la justicia de Dios. Ahora podemos entrar al cielo por Sus méritos en lugar de por los nuestros, si creemos en Él como nuestro Salvador.

Esta es la respuesta a la pregunta de los discípulos que sigue al encuentro con el joven rico, "¿Quién, pues, podrá ser salvo?" Esto es tan simple como: *nadie* puede, sin la intervención de la justicia de Dios provista en la obra de Jesucristo, o en las palabras de Jesús, "Para los hombres esto es imposible; mas para Dios todo es posible" (Mt. 19:26; también Mc. 10:27; Lc. 18:27).

La insinuación de la pregunta de Pedro explora el reto de Jesús de abandonarlo todo y seguirle (Mt. 19:27; Mc. 10:28; Lc. 18:28). Esta básicamente dice: "Si entrar en el reino sólo es posible a través de la obra de Dios (implícita por la gracia de Dios) y no por nuestro trabajo, o al dejarlo todo y seguir a Jesús, entonces ¿Cuáles son los 'tesoros en el cielo' que Tú le dijiste al joven rico que eran las recompensas por seguirte como discípulo?" (Mt. 19:21; Mc. 10:21; Lc. 18:22). Jesús responde a la pregunta de Verdad B de Pedro con una Verdad B: Aquellos que dejen este mundo para seguirle a Él van a disfrutar la vida eterna de Dios ahora y en el futuro. Ellos tendrán "vida eterna" como una vida abundante en el presente y en posesión futura para disfrutar (como en Marcos 10:30 y Lucas 18:30). Las palabras de Mateo, "heredar la vida eterna", enfatizan las futuras recompensas de los discípulos en el reino que incluyen poseer la vida eterna y reinar con Jesús (Mt. 19:28-30).

La historia del joven rico nos muestra que no podemos ser verdaderos discípulos de Cristo Jesús hasta que reconozcamos que somos pecadores, que estamos lejos de la perfecta bondad de Dios y venimos a Jesús a recibir esa justicia. Debemos experimentar la Verdad A antes de que podamos experimentar la Verdad B. Entonces, y sólo entonces, podemos hacer sacrificios como de un discípulo que se gana sus recompensas en esta vida y la venidera. Saber que nuestros sacrificios y dejar nuestros deseos van a traer abundantes recompensas de Dios es una gran motivación. Así como con Pedro, también con nosotros—verdaderamente, ¡vale la pena!

Otros Pasajes y Parábolas con Serias Consecuencias

Además de las condiciones para el discipulado, existen muchos otros pasajes, incluyendo las parábolas, que a veces son difíciles de entender porque ellos involucran serias consecuencias. El intérprete de la Biblia debe determinar si estas consecuencias son para el incrédulo o para el creyente—Verdad A o Verdad B.

Algunos han interpretado estas parábolas exclusivamente en relación a Israel ya que la iglesia aun no empezaba. Sin embargo, sabemos que Jesús ya había predicho la iglesia (Mt. 16:18) y dado instrucciones para ella (Mt. 18:17). Estas parábolas son proféticas, entonces no debemos sorprendernos que incluyan verdades para la iglesia (futura en aquel tiempo) y también para Israel.

El pecado imperdonable. Mateo 12:31-32 (cf. Marcos 3:28-30)

[31] *Por tanto os digo: Todo pecado y blasfemia será perdonado a los hombres; mas la blasfemia contra el Espíritu no les será perdonada.* [32] *A cualquiera que dijere alguna palabra contra el Hijo del Hombre, le será perdonado; pero al que hable contra el Espíritu Santo, no le será perdonado, ni en este siglo ni en el venidero.*

Interpretación Verdad A: Una persona que comete este pecado hace la salvación imposible, o si es salva le va a causar perder la salvación.

Segunda Interpretación Verdad A: Una persona que comete este pecado muestra que su corazón está endurecido al trabajo convincente del Espíritu Santo que trae a la persona a la salvación.

Es desafortunado que incrédulos y creyentes hayan vivido bajo el temor de cometer este pecado y pensar que ellos han sido descalificados de la salvación. Esta es una clara Verdad A por la manera como la está diciendo Jesús. La audiencia son Fariseos incrédulos y Escribas que acusan a Jesús de ser un aliado de Satanás (Mt. 12:24-30; Mc. 3:22-27). Sus acusaciones verbales llevan a la respuesta de Jesús acerca del pecado que no va a ser perdonado. La salvación eterna está en juego porque este pecado nunca se va a perdonar y trae condenación eterna (Mt. 12:32; Mc. 3:29).

Jesús no está hablando del rechazo de la nación de Israel hacia Él, porque Él dice "cualquiera", lo que denota algo individual. También, la advertencia es acerca de un pecado más específico que no creer en Jesús como Salvador. Tampoco parece ser el pecado específico de acusar a Cristo de tener una alianza satánica, aunque esto suene terrible. Jesús dice que las blasfemias se pueden perdonar (Mt. 12:31; Mc. 3:28). Solo existe una blasfemia que no será perdonada, y no es específicamente una blasfemia en contra de Cristo, sino en contra del Espíritu Santo. Algunos interpretan esto como un pecado que sólo pueden cometer los incrédulos cuando Cristo está presente haciendo milagros ya sea en Su vida terrenal o en el reino futuro. Parece que el problema es, sin embargo, la actitud del corazón y no el periodo de tiempo.

Lo que tiene más sentido en esta difícil declaración es que Jesús habla de un deliberado e infamante rechazo del testimonio del Espíritu Santo acerca de Cristo. Este pecado se muestra en la perversa acusación de que Jesús está aliado con el diablo. El Padre da testimonio del Hijo a través de la profecía y de Su aprobación verbal en el bautizo de Cristo. El Hijo da testimonio a través de Sus propias obras y palabras, estos testimonios son externos; pero el Espíritu Santo da testimonio a través de Su ministerio de convicción interna (Jn. 16:7-11). Cuando el Espíritu convence al incrédulo de quién es Jesucristo, y esa persona aun así lo acusa a Él de ser satánico, éste ha cometido la blasfemia en contra del Espíritu Santo. La discusión en Mateo que sigue a la advertencia enfatiza como las palabras de uno revelan la condición del corazón porque "por tus palabras serás condenado" (Mt. 12:33-37). La acusación de que Jesús es del diablo revela la ceguera moral de una persona que puede llamar luz a las tinieblas; muestra a un corazón endurecido más allá de la esperanza del perdón, porque no hay nada más con lo que se pueda llamar a la conciencia cuando el testimonio del Espíritu Santo se ha rechazado y calumniado. Cualquier creyente que blasfeme en contra del Espíritu Santo demuestra una condición espiritual que impide una actitud receptiva del evangelio.

De acuerdo con esta interpretación, alguien que consciente y maliciosamente rechaza y calumnia al ministerio convincente del Espíritu Santo acerca de la persona de Cristo puede cometer ese pecado ahora. Sería muy difícil saber cuándo alguien conscientemente rechaza el testimonio del Espíritu Santo y no lo está haciendo por ignorancia, pero Dios lo sabe.

Si es que esta advertencia presenta una Verdad B, es sólo por implicación. Si usted es un creyente, entonces usted ya ha respondido positivamente al testimonio del Espíritu Santo acerca de Cristo. Esto debe traer seguridad absoluta de que usted no puede cometer este pecado y que su salvación no está en riesgo. Si un creyente se preocupa acerca de cometer este pecado, este es un testimonio de que aún no ha respondido positivamente al testimonio del Espíritu Santo. También, como creyentes, tenemos la seguridad de que la gracia de Dios nos cubre de todo pecado (Ro. 5:20; Col. 2:13). Pero para un incrédulo, si se preocupa acerca de cometer este pecado, también es un testimonio de que está cerca de responder positivamente al testimonio del Espíritu Santo acerca de Cristo. Podemos decir enfáticamente: Aquellos que creen en Jesús como Salvador son salvos y tienen todos sus pecados perdonados.

Aquel que persevere hasta el fin. Mateo 24:13; (cf. Mateo 10:22; Marcos 13:13; Lucas 21:19)

Mas el que persevere hasta el fin, éste será salvo.

Interpretación Verdad A: Solo alguien que continúa en buenas obras y fe hasta el fin de su vida recibirá la salvación o probará que fue salvo.

Interpretación Verdad B: Solo aquellos de Israel que estén en la Tribulación que resisten la persecución hasta el tiempo del regreso de Cristo van a ser liberados de las naciones hostiles.

Esta frase de Mateo y Marcos se usa para enseñar que el Cristiano profesante debe perseverar en buenas obras y fe para poder probar que su salvación es genuina, lo que es una interpretación de Verdad A.

Mientras que aquellos que dicen ser Cristianos profesantes deben perseverar para probar que son genuinamente salvos, ellos no admitirían que la perseverancia es una obra para ganar la salvación. Por supuesto, esto es un razonamiento erróneo, porque si la perseverancia es necesaria para probar la salvación, entonces también es necesaria para la salvación. Esto es en adición a la fe inicial de uno en Cristo Jesús como Salvador. La salvación sería por fe más el modo personal de conducirse, lo cual contradice la naturaleza gratuita de la gracia de Dios. Alguien puede tratar de evitar este cargo al modificar su opinión para decir que la verdadera fe es la fe *que* obra, pero esto no evita el error de hacer a las obras necesarias para la salvación.

La interpretación de la Verdad A entiende "el fin" como el fin de la vida física de uno. Pero esto ignora el orden único y los eventos de los últimos tiempos acerca de los que está hablando Jesús. El contexto indica a qué se refiere "el fin". Es claro que Mateo (y Marcos) están hablando acerca de la condición de la gran Tribulación de Israel (que también parece ser el contexto de un dicho similar en Mt. 10:22). Al contestar a la pregunta de los discípulos acerca de Su regreso (24:3) Jesús responde primero a la pregunta acerca del fin del siglo. Cuando Jesús se refiere "al fin" en los versos 6, 13, y 14, este tiene el mismo significado—el final del siglo que concluye con el periodo de la Tribulación. En ese tiempo de gran dolor, los judíos serán odiados y matados por todas las naciones (24:9), traicionados por sus propios compatriotas (24:10), engañados por falsos profetas (24:11), y experimentarán desenfreno y falta de afecto natural (24:12). Después del verso 13, la profecía de Jesús revela los detalles que describen Su venida (24:14ff). Aunque muchos de Israel serán muertos, aquellos que resistan estos peligros hasta *el final de la Tribulación* (no hasta el final de sus vidas físicas, lo que es interpretación de Verdad A) serán rescatados ("salvos") de sus enemigos, las naciones que los odian. Este "rescate de último minuto" de Israel por Cristo Jesús es una clara profecía bíblica (Zac. 12:2-9; Ro. 11:26). Este es un ejemplo de la palabra *salvar* refiriéndose a la liberación del peligro, no de la liberación del infierno. De hecho, el infierno no se menciona en este pasaje. Esta es obviamente una Verdad B porque resistir hasta el fin no se refiere a salvación eterna sino a liberación temporal del pueblo de Dios. En el verso 22, Jesús dice: "Y si aquellos días no fuesen acortados, nadie sería salvo...". Parece que "nadie" incluye a los Gentiles entre los que son liberados. La parábola de las ovejas y los cabritos en Mateo 25:31-46 muestra que los Gentiles ("naciones") estarán presentes al final de la gran Tribulación.

La historia de Israel es una historia de la gracia de Dios. Ellos fueron escogidos por Él para ser su pueblo especial. Sin importar su pecado constante, Dios los preservó a través de la historia. Él también los preservará en el futuro, no porque ellos se lo merezcan, sino porque Él es fiel a Su promesa de preservarlos. Los que somos salvos por la gracia de Dios continuaremos siendo salvos por gracia, y seremos glorificados última y finalmente por Su gracia, no porque la merezcamos, sino porque es la promesa de Dios para todos los que creen (Jn. 3:16; 5:24; Ro. 8:29).

Parábola del sembrador. Lucas 8:4-8, 11-15 (cf. Mateo 13:1-9; Marcos 4:2-20)

⁴ *Juntándose una gran multitud, y los que de cada ciudad venían a él, les dijo por parábola:* ⁵ *El sembrador salió a sembrar su semilla; y mientras sembraba, una parte cayó junto al camino, y fue hollada, y las aves del cielo la comieron.* ⁶ *Otra parte cayó sobre la piedra; y nacida, se secó, porque no tenía humedad.* ⁷ *Otra parte cayó entre*

espinos, y los espinos que nacieron juntamente con ella, la ahogaron.
[8] *Y otra parte cayó en buena tierra, y nació y llevó fruto a ciento por uno. Hablando estas cosas, decía a gran voz: El que tiene oídos para oír, oiga. [...]* [11] *Esta es, pues, la parábola: La semilla es la palabra de Dios.* [12] *Y los de junto al camino son los que oyen, y luego viene el diablo y quita de su corazón la palabra, para que no crean y se salven.* [13] *Los de sobre la piedra son los que habiendo oído, reciben la palabra con gozo; pero éstos no tienen raíces; creen por algún tiempo, y en el tiempo de la prueba se apartan.* [14] *La que cayó entre espinos, éstos son los que oyen, pero yéndose, son ahogados por los afanes y las riquezas y los placeres de la vida, y no llevan fruto.* [15] *Mas la que cayó en buena tierra, éstos son los que con corazón bueno y recto retienen la palabra oída, y dan fruto con perseverancia.*

Interpretación Verdad A: La parábola nos enseña que hay algunos que profesan a Cristo pero que no son verdaderamente salvos, o que fueron salvos pero perdieron su salvación porque ellos no llegaron a dar fruto.

Interpretación Verdad B: La parábola nos enseña que hay algunos creyentes que no van a producir ningún fruto y algunos que sí.

Esta es la primera parábola de Cristo, y la intención es explicar los propósitos de todas las parábolas y mostrar cómo responden las personas a la verdad de Dios. Jesús usa las parábolas para iluminar a los que están receptivos a la verdad y para oscurecerla de los que no son receptivos a ella. Cristo explica su propósito antes de que Él interprete la parábola a los discípulos (Mt. 13:10-17; Mc. 4:10-12; Lc. 8:9-10). En el gran contexto anterior de los capítulos 11-12 [de Mateo], los líderes de Israel han rechazado las enseñanzas de Cristo y Él los ha condenado. Él ahora habla verdades que ellos no entienden, pero que Sus seguidores si van a entender. Si Jesús se compara con el sembrador, la semilla sembrada es la verdad acerca de Su declaración como Mesías de Israel, que es el problema en el contexto.

No hay desacuerdo de que la primera tierra, la cual le arrebatan la semilla los pájaros que representan al diablo, representa a aquellos que nunca fueron salvos. Lucas nos ayuda en su interpretación al añadir que estos son personas a quienes el diablo les quita la verdad "para que no crean y se salven" (Lc. 8:12). Tampoco hay gran desacuerdo acerca de la cuarta tierra que representa a aquellos que aceptaron la verdad y continuaron en ella para llevar fruto (aunque algunos dirán que no podemos saber si son salvos a menos que ellos produzcan fruto siempre y hasta el final de sus vidas).

Hablando de la primera tierra, Jesús demuestra que la salvación sólo está basada en creer. Solo es en la primera tierra en donde no hay germinación porque no creyeron. Es en la segunda y la tercera tierras en donde las interpretaciones varían, porque esas dos tierras dan vida esto implica que hubo fe. La segunda tierra produce vida, pero se muere rápido porque la tierra son principalmente rocas sin humedad. La tercera tierra también produce vida, pero los espinos que representan las preocupaciones y los placeres de esta vida la ahogan. Esta es "infructuosa" de acuerdo con Mateo y Marcos (Mt. 13:22; Mc. 4:19), pero Luca es más ambiguo al decir que esos representados allí "no dan fruto maduro" (Lc. 8:14 RVR1977). Es posible que hayan llevado fruto, pero que nunca madura. ¿Las segunda y tercera tierras representan personas que simplemente profesaron a Cristo como Salvador, o ellos fueron verdaderamente salvos?

Observamos algunas cosas que nos pueden ayudar en nuestra interpretación. Primero, ambas tierras demostraron la presencia de vida, contrario a la primera tierra que nunca demuestra vida porque el diablo no permite que la verdad alcance sus corazones. Esto puede argumentar que la verdad sí alcanzó los corazones del segundo y tercer grupo y brotó la vida divina. Lucas claramente dice que el segundo grupo "reciben la palabra con gozo [...] creen por algún tiempo" (Lc. 8:13). El problema no es en la sinceridad de su fe, sino en su duración. El tercer grupo también muestra vida, pero esta es ahogada—no por falta de vida, sino por falta de fruto.

La interpretación de Verdad B tiene más sentido porque el problema que ilustra la parábola no es perseverancia para salvación, sino perseverancia para ser fructífero. Algunas personas que creen en Cristo no van a dar mucho fruto. La razón es la naturaleza de sus corazones. Aquellos que van a dar fruto tienen un corazón que sigue siendo sensible a la verdad de Dios, tan sensible que los retos y las distracciones a su fe no previenen su crecimiento para dar fruto maduro.

La parábola revela verdades importantes para los creyentes: Cada uno tiene la oportunidad de responder a la verdad de Dios, y Él desea que cada uno que responde a Su verdad persevere en fe para tener una vida fructífera. La realidad es que, muchos se distraen por los problemas y los retos de su fe, o las distracciones de los placeres de este mundo ahogan el crecimiento.

Esta es una lección para que permanezcamos en la verdad de la Palabra de Dios y para monitorear nuestros corazones para que siempre estemos sensibles a lo que Dios dice.

Parábolas del tesoro escondido y de la perla de gran precio. Mateo 13:44-46

> [44] *Además, el reino de los cielos es semejante a un tesoro escondido en un campo, el cual un hombre halla, y lo esconde de nuevo; y gozoso por ello va y vende todo lo que tiene, y compra aquel campo.* [45] *También el reino de los cielos es semejante a un mercader que busca buenas perlas,* [46] *que habiendo hallado una perla preciosa, fue y vendió todo lo que tenía, y la compró.*

Interpretación Verdad A: Estas dos parábolas nos enseñan que para que una persona entre en el reino de Dios esta debe dejar todo y pagar un gran precio.

Interpretación Verdad B: Estas dos parábolas nos enseñan que un misterio del reino es que va a incluir a ambos pueblos que Dios atesora, Israel y los Gentiles, a quienes Él compró con un gran precio.

La primera interpretación ve a las parábolas enseñando acerca del gran valor del reino y de lo costoso que es entrar en el—un propósito evangelista. Sin embargo, el contexto no apoya esta opinión. El propósito de estas parábolas es esconder la verdad a los incrédulos y revelar la verdad a los creyentes (Mt. 13:10-17; Mc. 4:10-12; Lc. 8:9-10). Es para enseñar "los misterios del reino de los cielos", esto es, una nueva verdad acerca del reino de Dios. Jesús está enseñando acerca de la naturaleza del reino que revela algo nuevo. Si Él sólo estuviera enseñando acerca de cómo entrar en el reino al pagar el precio del discipulado, esto no les enseña nada nuevo a los discípulos porque Jesús habló anteriormente de las condiciones del discipulado (Mt. 10:32-33; 37-39; 11:28-30). Además, Dios no esconde la verdad del evangelio a los incrédulos.

La nueva enseñanza del "misterio" es que aquellos que son judíos y los que son Gentiles estarán juntos en el reino. En la primera parábola, el tesoro en el campo representa a Israel en el mundo. A ellos los esconden por un tiempo porque ellos están dispersados entre las naciones, pero serán reunidos y restaurados por el Único que pagó un gran precio por ellos—Jesucristo. En la segunda parábola, la preciosa perla habla de la iglesia que nunca está escondida, pero que también es comprada por el alto precio—la muerte de Cristo Jesús.

Jesús vino a "buscar y a salvar lo que se había perdido" (Lc. 19:10). Él compró a Israel y a la iglesia a través de Su muerte en la cruz. Un incrédulo no tiene nada de valor para Dios con lo que pudiera comprar el reino de Dios (por cierto, en la primera parábola, no sólo se compra el tesoro, pero también el campo, lo cual se tendría que explicar primero si es que esta es una Verdad A).

La Verdad B nos enseña algo precioso que no se ha revelado previamente, pero que el creyente necesita saber. El pueblo de Dios, Israel, y la gente de Dios, la iglesia, van a estar juntos en el reino. Dios valora tanto a ambos grupos que Él pagó el precio más alto que se podía pagar por ellos—Su propio Hijo. Como Cristianos, podemos maravillarnos de la soberanía, sabiduría, y gracia de Dios que redime a Israel y también levanta a la iglesia entre los Gentiles para estar juntos en un reino.

Parábola del siervo cruel. Mateo 18:21-35

[21] Entonces se le acercó Pedro y le dijo: Señor, ¿cuántas veces perdonaré a mi hermano que peque contra mí? ¿Hasta siete? [22] Jesús le dijo: No te digo hasta siete, sino aun hasta setenta veces siete. [23] Por lo cual el reino de los cielos es semejante a un rey que quiso hacer cuentas con sus siervos. [24] Y comenzando a hacer cuentas, le fue presentado uno que le debía diez mil talentos. [25] A éste, como no pudo pagar, ordenó su señor venderle, y a su mujer e hijos, y todo lo que tenía, para que se le pagase la deuda. [26] Entonces aquel siervo, postrado, le suplicaba, diciendo: Señor, ten paciencia conmigo, y yo te lo pagaré todo. [27] El señor de aquel siervo, movido a misericordia, le soltó y le perdonó la deuda. [28] Pero saliendo aquel siervo, halló a uno de sus consiervos, que le debía cien denarios; y asiendo de él, le ahogaba, diciendo: Págame lo que me debes. [29] Entonces su consiervo, postrándose a sus pies, le rogaba diciendo: Ten paciencia conmigo, y yo te lo pagaré todo. [30] Mas él no quiso, sino fue y le echó en la cárcel, hasta que pagase la deuda. [31] Viendo sus consiervos lo que pasaba, se entristecieron mucho, y fueron y refirieron a su señor todo lo que había pasado. [32]

Entonces, llamándole su señor, le dijo: Siervo malvado, toda aquella deuda te perdoné, porque me rogaste. ³³ ¿No debías tú también tener misericordia de tu consiervo, como yo tuve misericordia de ti? ³⁴ Entonces su señor, enojado, le entregó a los verdugos, hasta que pagase todo lo que le debía. ³⁵ Así también mi Padre celestial hará con vosotros si no perdonáis de todo corazón cada uno a su hermano sus ofensas.

Interpretación Verdad A: El siervo al que se le perdonó una gran deuda pero rehúsa perdonar a sus deudores representa a alguien que realmente nunca fue salvo, o a alguien que fue salvo y perdió su salvación, y fue torturado en el infierno.

Interpretación Verdad B: El siervo al que se le perdona una gran deuda y rehúsa perdonar a sus deudores representa a alguien que es salvo pero que va a recibir poca misericordia del Padre Celestial en el reino.

Lo que probablemente causa que las personas vean al infierno en este pasaje es el verso 34 que habla de un siervo cruel que fue entregado a "los verdugos". Una severa consecuencia es innegable. Sin embargo, observamos cuidadosamente que esto no dice que el siervo cruel fue torturado de verdad. La tortura podrá estar implícita, pero aun así, nosotros también observamos que su castigo se termina cuando le paga a su maestro toda la deuda, haciendo que tal vez no sea una referencia al infierno. El principio aquí se resume en el verso 35 al notar que aquellos que no perdonen a otros no serán perdonados por Dios. Este es el mismo principio que vimos antes en Mateo 6:14-15 (también Mc. 11:25-26), entonces aquí no necesito explicar más excepto que esto habla del perdón de compañerismo entre Dios y el creyente (Verdad B), y no perdón posicional de justificación (Verdad A). Después de todo, lo que trajo la parábola de Jesús fue la pregunta de Pedro acerca de cuantas veces debemos de perdonar a un "hermano" (Mt. 18:21).

Como siempre, cuando interpretamos una parábola, es importante entender el punto principal y considerar el lenguaje figurativo o las analogías que se usan para hacer el punto. Debemos ser cuidadosos al investigar los detalles con un entendimiento literal. En esta parábola, ciertamente los verdugos representan una consecuencia severa, pero el punto parece ser que el siervo cruel va a enfrentar severas consecuencias, no que va a ser torturado literalmente.

No sólo preferimos esta como una interpretación Verdad B, pero la corroboración para esta conclusión viene de Santiago 2:13 escrito a los "hermanos" (Stg. 2:1). Nosotros que somos creyentes, que seremos juzgados por la Ley de la libertad, vamos a recibir juicio sin misericordia si no hemos mostrado misericordia a otros (Stg. 2:12-13). El único juicio que van a enfrentar los creyentes es el Tribunal de Cristo (cf. Stg. 3:1 usado para los maestros de la Palabra de Dios).

Como Cristianos que tenemos todos nuestros pecados perdonados en Cristo, es incongruente y muestra una ingratitud si nosotros no perdonamos a los que pecan en contra de nosotros. Dios va a tomar esto en consideración en el reino y va a tratar severamente con los que fueron crueles.

Parábola de la fiesta de bodas. Mateo 22:1-14

¹ *Respondiendo Jesús, les volvió a hablar en parábolas, diciendo:* ² *El reino de los cielos es semejante a un rey que hizo fiesta de bodas a su hijo;* ³ *y envió a sus siervos a llamar a los convidados a las bodas; mas éstos no quisieron venir.* ⁴ *Volvió a enviar otros siervos, diciendo: Decid a los convidados: He aquí, he preparado mi comida; mis toros y animales engordados han sido muertos, y todo está dispuesto; venid a las bodas.* ⁵ *Mas ellos, sin hacer caso, se fueron, uno a su labranza, y otro a sus negocios;* ⁶ *y otros, tomando a los siervos, los afrentaron y los mataron.* ⁷ *Al oírlo el rey, se enojó; y enviando sus ejércitos, destruyó a aquellos homicidas, y quemó su ciudad.* ⁸ *Entonces dijo a sus siervos: Las bodas a la verdad están preparadas; mas los que fueron convidados no eran dignos.* ⁹ *Id, pues, a las salidas de los caminos, y llamad a las bodas a cuantos halléis.* ¹⁰ *Y saliendo los siervos por los caminos, juntaron a todos los que hallaron, juntamente malos y buenos; y las bodas fueron llenas de convidados.* ¹¹ *Y entró el rey para ver a los convidados, y vio allí a un hombre que no estaba vestido de boda.* ¹² *Y le dijo: Amigo, ¿cómo entraste aquí, sin estar vestido de boda? Mas él enmudeció.* ¹³ *Entonces el rey dijo a los que servían: Atadle de pies y manos, y echadle en las tinieblas de afuera; allí será el lloro y el crujir de dientes.* ¹⁴ *Porque muchos son llamados, y pocos escogidos.*

Interpretación Verdad A: El hombre que está en la fiesta de bodas sin la ropa adecuada no es salvo entonces él es echado al infierno, lo que se refiere a las tinieblas de afuera.

Interpretación Verdad B: El hombre que está en la fiesta de bodas que no tiene la ropa adecuada es salvo pero no merece un privilegio especial en el reino.

Esta parábola reta nuestros poderes de observación y nuestras tradiciones teológicas. También nos reta a interpretar las parábolas adecuadamente.

Cuando interpretamos una parábola, debemos resistir la tentación de hacer un punto de cada detalle. Usualmente una parábola tiene uno o dos puntos principales que son los detalles que apoyan la historia. En el caso de esta parábola, lo que necesitamos saber es simple y claro. Existe un rey que invita personas a la boda de su hijo, pero ellos rehúsan asistir. El rey entonces invita a otros que no pertenecen a ese grupo y hay una gran respuesta. Muchos asisten a las bodas pero un hombre asiste sin las ropas adecuadas. Él es excluido del banquete de la celebración.

Para ser breves y no llegar rápido a la declaración controversial al final de la parábola, vamos a decir lo que es obvio. La parábola muestra que los Fariseos y los líderes judíos son invitados al reino primero, pero ellos rechazan la invitación y aún matan a los siervos del rey (22:1-6). Jesús acaba de decir que el reino será quitado de los líderes judíos y será dado a otros (Mt. 21:43), entonces ese pensamiento prepara esta parábola. La respuesta del rey al matar a los asesinos y quemar la ciudad (22:7), probablemente es una profecía en relación a la destrucción de Jerusalén por los romanos en el año 70 D.C. (vea Mt. 24:2). La invitación entonces se hizo para todos además de los líderes corruptos de Israel ("juntamente malos y buenos"), y la respuesta es grande; el salón de bodas está lleno de invitados (22:8-10). Esto muestra a todos los que creyeron en Cristo Jesús como su Salvador durante la época de la iglesia, un tiempo predicho por Cristo en Mateo 16:18. Estos entran en el reino.

Ahora el enfoque es en un invitado entre todos. Ciertamente en la historia él representa a un tipo de creyente en el reino. El rey nota a este hombre y lo llama a cuentas por no haberse vestido adecuadamente para las bodas. Esto nos recuerda al juicio del Tribunal de Cristo en donde las obras del creyente van a ponerse bajo escrutinio y su preparación o la falta de esta es traída a cuentas. El hombre es atado y echado a las "tinieblas de afuera".

Existen algunos que interpretan el punto central de esta parábola como uno que no llegó al cielo. Desde esta perspectiva de Verdad A, ellos sostienen que la inadecuada vestimenta del hombre no tiene la justicia imputada de Cristo y por lo tanto es echado al infierno. Algunos argumentan que no es simplemente responder a la invitación del evangelio; las buenas obras deben acompañar la verdadera salvación. Pero esto muestra un enorme problema en la parábola— ¿Cómo un hombre no salvo llegó a las bodas, esto es, al reino? Y si es salvo, echarlo fuera debe significar que perdió su salvación. Ambas opciones son inaceptables.

Algunos otros detalles hacen esa interpretación insostenible. Primero, el hombre *sí* respondió a la invitación, no como los otros que la rechazaron. Segundo, él también está en la fiesta de bodas (22:4) dentro de la boda, pero él es excluido sólo de eso. Tercero, el rey le llama "amigo", un término de cariño. De estos detalles podemos concluir que este hombre representa a los creyentes que, aunque son salvos en el reino, no participan en la celebración completa con el Rey y Su Hijo, Cristo Jesús. Contrario a la interpretación de las ropas de boda como la justicia imputada de Cristo, es mejor entender a la ropa como la describe Apocalipsis 19:7-8 - las acciones justas de los santos. Note que el anfitrión no está dando las ropas de boda. Es la responsabilidad de cada invitado. Sin embargo, este hombre descuidado no se preparó para un evento tan importante. Note también que este hombre no puede hablar para defenderse (22:12). Él sabía bien; que no se preparó; él era culpable.

Esto armoniza perfectamente con las expectativas del Tribunal de Cristo. Aunque todo creyente va a estar en el reino, algunos van a prepararse con una vida de buenas obras mientras que otros van a ser hallados mal preparados. Usando la imagen del Tribunal de Cristo de 1 Corintios 3:11-15, algunos van a aparecer con adornos de oro, plata, y piedras preciosas, mientras que otros van a vestir ropa de madera, heno, y hojarasca. Los creyentes han sido advertidos (Ro. 14:10-12; 2 Co. 5:10) y no van a tener excusa si no están preparados.

Lo que fuerza a muchos a una interpretación de Verdad A es la imagen del invitado mal preparado siendo "echado" fuera en "las tinieblas" en donde "será el lloro y el crujir de dientes". Esto usualmente se interpreta como una referencia al infierno. Pero debemos de admitir que la historia está llena de simbolismos que no se deben tomar literalmente. Ciertamente la comida, el ejército del rey, los siervos, los caminos, la ropa de bodas, la imagen de la boda misma, y también la atadura, son expresiones figurativas de verdades espirituales y no físicas.

Una conclusión de la Verdad A viene de imponer la teología personal e ir más allá de los límites de los mismos términos. Por ejemplo, el verbo "echar" (*ekballō*) en 22:13 no necesariamente representa un rechazo violento, pero puede simplemente significar *mandar o guiar* (vea Mc. 1:12, 43; 9:38). También, si la teología del intérprete no tiene una categoría para el juicio de las obras del creyente en el Tribunal de Cristo, entonces el infierno es la única opción. Entonces las tinieblas de afuera se convierte en el infierno y el llorar y crujir de dientes el tormento de los que están en el infierno. Pero el tormento, el fuego, y los gusanos del infierno no se mencionan en el destino de amigo, aunque él tiene un gran remordimiento.

Si utilizamos la enseñanza bíblica acerca del Tribunal de Cristo, entonces vamos a saber que todos los creyentes van a estar en el reino, pero no todos van a disfrutar de los mismos privilegios. Nosotros también sabemos que allí habrá expresiones de remordimiento (1 Jn. 2:28), porque las malas obras del creyente van a ser juzgadas junto con las buenas (2 Co. 5:10), y allí va a ver pérdida de recompensas (1 Co. 3:15). No se nos dice cuánto tiempo dura el remordimiento, pero es posible que no sea breve.

La imagen de la parábola de las bodas está de acuerdo con la responsabilidad del creyente de Verdad B en el futuro Tribunal de Cristo. Las ataduras probablemente hablan de la inhabilidad de participar en la actividad del Rey, Cristo Jesús. Las tinieblas de afuera hablan de exclusión del banquete de la fiesta en la boda. Las bodas hebreas usualmente se extendían hasta la noche, entonces el banquete central de la celebración necesitaba ser alumbrado. Estar en las tinieblas de afuera de la luz no excluye al creyente de la boda (el reino), pero de participar en las festividades centrales. Tinieblas de *afuera* no significa *total* tinieblas. Además, esta experiencia se puede entender mejor no en términos del espacio, sino en términos de experiencia espiritual como la pérdida de la participación en algunos de los beneficios del gobierno de Cristo. Mateo usa esta frase "tinieblas de afuera" dos veces. Se puede argumentar que ambas veces aplica a los creyentes, o por lo menos a aquellos que son herederos legales del reino (llamados "hijos del reino" en Mt. 8:12; cf. 13:38; y un "siervo" del maestro en 25:30). Todos los creyentes estarán en el reino, pero sólo los fieles tendrán roles centrales como juzgando con Cristo Jesús.

De la misma manera, el lloro y crujir de dientes es tradicionalmente sobre-interpretado como el tormento del infierno cuando es simplemente un lenguaje figurado que significa un remordimiento profundo. A diferencia del mundo occidental, es muy común para las personas del Medio Oriente (ambos antes y ahora) mostrar gran emoción y llorar cuando están afligidos. Vemos esto a través del libro de Lamentaciones. Es verdad que los que estén en el infierno experimentarán sufrimiento, pero este es normalmente asociado con fuego y destrucción (ej., Lc. 16:22-24; 2 Ts. 1:9; Ap. 20:14). La asociación de remordimientos con emoción intensa y el crujir de dientes técnicamente no es un término para tormento eterno. La causa de esta respuesta es determinada por el contexto en donde ocurre.

La lección central de esta parábola se dice al final: "muchos son llamados, y pocos escogidos". (22:14). De entre la multitud de gente "invitada" al reino de Dios, algunos aceptaron la invitación y creyeron en Cristo como su Salvador, pero sólo algunos de esos probaron ser lo suficientemente fieles para recibir como recompensa el privilegio de gobernar con Cristo en Su reino. Esta enseñanza es similar a las enseñanzas de Jesús acerca de las recompensas en Mateo 20:16 (de acuerdo con el Texto Bizantino). Esto se refleja en 2 Pedro 1:1-11 en donde se les dice a los lectores que añadan varias virtudes (1:5-10) a la fe que los salvó (1:1-4) para que ellos no sólo entren en el reino, sino que tengan una entrada *generosa* (1:11). Pedro se refiere al "llamado" antes que a la "elección" tal como lo hace Jesús, tratando la idea de elegir ("elección") para recompensas no salvación (1:10-11). No debemos igualar las enseñanzas de Pedro y de Jesús acerca de las recompensas con las enseñanzas de Pablo acerca del orden de predestinación antes del llamado para salvación (Ro. 8:30).

Usted ha creído en Cristo— ¡bienvenido a las bodas del reino futuro! Pero ¿está vestido con las ropas de una vida justa para que también se siente con Cristo en Su banquete del reino? Entrar en el reino es un regalo gratuito, pero reinar con Cristo en Su reino como un compañero cercano es un privilegio que se gana con la fidelidad y las obras justas. Esta Verdad B es un hermoso prospecto para los creyentes.

Parábola del siervo malvado. Mateo 24:45-51 (cf. Lucas 12:42-48)

[45] *¿Quién es, pues, el siervo fiel y prudente, al cual puso su señor sobre su casa para que les dé el alimento a tiempo?* [46] *Bienaventurado aquel siervo al cual, cuando su señor venga, le halle haciendo así.* [47] *De cierto os digo que sobre todos sus bienes le pondrá.* [48] *Pero si aquel siervo malo dijere en su corazón: Mi señor tarda en venir;* [49] *y comenzare a golpear a sus consiervos, y aun a comer y a beber con los borrachos,* [50] *vendrá el señor de aquel siervo en día que éste no espera,*

y a la hora que no sabe, [51] *y lo castigará duramente, y pondrá su parte con los hipócritas; allí será el lloro y el crujir de dientes.*

Interpretación Verdad A: Aquellos creyentes que no estén preparados para la venida de Cristo Jesús no entrarán en el reino de los cielos.

Interpretación Verdad B: Aquellos creyentes que no estén preparados para la venida de Cristo Jesús serán juzgados severamente en el Tribunal de Cristo.

El antecedente de esta parábola es la inminente venida del Señor Cristo Jesús. Jesús les acaba de decir a Sus discípulos que nadie sabe el tiempo de Su regreso, por eso ellos deben siempre estar preparados para ese evento (Mt. 24:42-44). Este evento sólo puede hablar del Rapto de la iglesia inmediatamente antes de los siete años de Tribulación, el tiempo de la Segunda Venida se puede calcular a partir del inicio de la Tribulación y el punto medio de la abominación desoladora, y por lo tanto se conoce (Dan. 9:27; Mt. 24:15; Ap. 12:4-6). Jesús predice una época para Su iglesia, pero el final de la época y el tiempo del Rapto de la iglesia no se conoce (Mt. 16:18; 1 Ts. 4:13-5:6).

El problema en esta parábola es "¿Quién es, pues, el siervo fiel y prudente?" Ambas virtudes, así como la designación de "siervo", aplican más naturalmente a los creyentes en Cristo haciendo esta parábola una Verdad B. El siervo, después de todo, cree en el regreso de su maestro; quien en la historia representa a Cristo. Él también le ha dado responsabilidades en la casa del maestro. Aquí se ve sólo a un siervo con dos opciones hipotéticas ("aquel siervo" en vv. 46 y 48 es el mismo siervo que en v. 45). Si el siervo hace el bien en anticipación a la llegada de su maestro, es bendecido con más responsabilidades, pero si él siervo hace el mal porque piensa que su maestro tardará, es castigado. Describir al siervo como "malo" parece una descripción impropia para un Cristiano, pero la Biblia y las experiencias de la vida están llenas de creyentes que escogen hacer el mal.

Otra dificultad al ver a este siervo como creyente en Cristo es su destino. Él es cortado en dos y una porción es puesta con los hipócritas en donde será el llanto y el crujir de dientes (Mt. 24:51 RVA). Otra vez, encontramos un lenguaje figurado porque ni siquiera los incrédulos serán cortados en dos. La metáfora habla de un juicio severo e intenso. La base de la hipocresía de este siervo no es que dice ser un creyente cuando no lo es, al contrario, él dice ser un siervo del Maestro cuando en realidad no lo es – él está sirviendo a sus propios deseos y propósitos. En lugar de "hipócritas", la versión de Lucas usa la palabra *apistos*, que la versión NVI traduce como "incrédulos", pero la RVR1960 traduce como "infieles", que se ajusta mejor al contexto de la pregunta inicial que hace el Señor (Mt. 24:45; Lc. 12:42). Ya hemos visto en nuestro estudio de Mateo 22:1-14 que "el lloro y el crujir de dientes" es una expresión metafórica de remordimiento intenso, que puede durar poco tiempo. Lucas añade la interesante información de que el siervo malo "recibirá muchos azotes" mientras que el siervo que no entendió completamente la voluntad del maestro "será azotado poco" (Lc. 12:47-48). Esta pudiera ser una manera extraña de definir el castigo de los incrédulos en el infierno, pero encaja confortablemente con las experiencias relacionadas con el Tribunal de Cristo.

Una importante aplicación de esta parábola de la Verdad B es que no podemos ignorar las consecuencias negativas de los creyentes infieles y que no se prepararon para el Tribunal de Cristo. Allá, la Palabra de Dios será como una espada que penetra dolorosamente hasta discernir los pensamientos y las motivaciones más profundas (Heb. 4:12; 1 Co. 4:5). Allí también, ellos van a experimentar la vergüenza (1 Jn. 2:28) tendrán una ardiente experiencia mientras sus obras indignas son quemadas (1 Co. 3:11-15). Hay una pérdida total evidente de la futura experiencia del reino para el siervo infiel mientras comparte el destino con otros hipócritas quienes no se prepararon para la venida del Señor.

El Señor puede regresar en cualquier momento. Debemos estar listos, preparados para Su venida al perseverar en las buenas obras. No podemos hacernos flojos mientras que Él retarda Su venida de lo contrario enfrentaremos un severo juicio en el Tribunal de Cristo.

Parábola de las diez vírgenes. Mateo 25:1-13

> [1]*Entonces el reino de los cielos será semejante a diez vírgenes que tomando sus lámparas, salieron a recibir al esposo.* [2]*Cinco de ellas eran prudentes y cinco insensatas.* [3]*Las insensatas, tomando sus lámparas, no tomaron consigo aceite;* [4]*mas las prudentes tomaron aceite en sus vasijas, juntamente con sus lámparas.* [5]*Y tardándose el esposo, cabecearon todas y se durmieron.* [6]*Y a la medianoche se oyó un clamor: ¡Aquí viene el esposo; salid a recibirle!* [7]*Entonces todas aquellas vírgenes se levantaron, y arreglaron sus lámparas.* [8]*Y las*

insensatas dijeron a las prudentes: Dadnos de vuestro aceite; porque nuestras lámparas se apagan. ⁹Mas las prudentes respondieron diciendo: Para que no nos falte a nosotras y a vosotras, id más bien a los que venden, y comprad para vosotras mismas. ¹⁰Pero mientras ellas iban a comprar, vino el esposo; y las que estaban preparadas entraron con él a las bodas; y se cerró la puerta. ¹¹Después vinieron también las otras vírgenes, diciendo: ¡Señor, señor, ábrenos! ¹²Mas él, respondiendo, dijo: De cierto os digo, que no os conozco. ¹³ Velad, pues, porque no sabéis el día ni la hora en que el Hijo del Hombre ha de venir.

Interpretación Verdad A: Aquellos que no estén preparados (a través de la fe en Cristo) para el regreso del Señor serán dejados afuera de la vida eterna.

Interpretación Verdad B: Aquellos creyentes que no estén preparados (a través de su fidelidad a Cristo) para el regreso del Señor serán dejados sin honor en la venida del Señor.

Esta parábola representa un reto para los intérpretes. Es aquí en donde nos recordamos a nosotros mismos que la interpretación de parábolas debe buscar el punto principal y después interpretar los detalles a la luz de este. El significado de muchos de los detalles de esta parábola son menos claros, pero los podemos entender lo suficiente a la luz de la manera en que contribuyen al punto central, lo cual es esencial, como en la parábola anterior del siervo malvado—la preparación para el regreso del Señor (bien claro en Mt. 25:13).

Sin embargo, la división crucial en la interpretación es si es Verdad A o Verdad B. De las diez vírgenes, ¿Las cinco que no están preparadas son salvas o no? ¿Esta es una advertencia para los incrédulos o para los discípulos?

Recordemos que Jesús está hablando en privado con Sus discípulos (Mt. 24:3) quienes son salvos, con la excepción de Judas. Pero ciertamente, Jesús no está haciendo está lección sólo para Judas como una advertencia para que se salve. Esta idea se tendría que aplicar a todas las enseñanzas de Cristo (excepto parte del Discurso del Aposento Alto después de Juan 13:30 cuando se va Judas). Esto nos lleva a entender esta parábola como Verdad B para discípulos.

La escatología, o el entendimiento de uno acerca de los últimos tiempos, también tienen una influencia en la interpretación. Algunos interpretan a las vírgenes como los creyentes judíos en la Tribulación quienes se reúnen con el Señor en Su segunda venida. Las insensatas son excluidas del gobierno de Cristo en el Reino. Sin embargo, el hecho de que el tiempo de Su llegada y la lección acerca de estar preparados parecen indicar el mismo evento como en la parábola anterior del siervo malvado –el evento del Rapto que da inicio a la Tribulación. Algunos que creen que este es el Rapto interpretan a las vírgenes insensatas como Cristianos profesantes que realmente no conocen a Cristo como Salvador. En el Rapto, ellos son dejados fuera del cielo y del reino completamente. La primera palabra de la parábola, "Entonces" (*tote*), puede ser importante ya que sólo se encuentra aquí en la secuencia de cuatro parábolas y puede indicar eventos que suceden después del Rapto, que es el enfoque de la parábola anterior.

¿Quiénes son las vírgenes? En las bodas de aquellos tiempos, una novia tendría una fiesta de boda con mujeres jóvenes. Ella y las jóvenes se encontrarían con el novio quien viene por su esposa para llevarla a su casa. Esto normalmente pasaba de noche, y por eso las lámparas. El acercamiento del novio se anunciaba con un grito, y después de una bienvenida festiva, la celebración formal de la boda podía empezar. La iglesia es comparada con la novia de Cristo en el Nuevo Testamento (2 Co. 11:2; Ef. 5:25-27). Es interesante que la novia misma no se menciona, pero tiene sentido que la iglesia, sea representada como diez vírgenes para hacer la diferencia entre los que componen la iglesia. Entonces lo mejor es que las vírgenes representen a la iglesia. Varias observaciones apoyan la idea de que estos sean creyentes genuinos. Primero, ellos son parte de la novia y el cortejo nupcial (cf. 2 Co. 11:2). Segundo, ellas son llamadas "vírgenes" lo que al menos sugiere que ellas son puras en el sentido de haber sido lavadas y apartadas para Cristo. Tercero, ellas están esperando el arribo del novio. Cuarto, a ellas se les dice que "compren" aceite, lo que implica que deben pagar un costo, algo característico del discipulado, y no el regalo gratuito de la salvación.

Lo que diferencia a las cinco vírgenes con aceite y a las cinco sin aceite es el punto central de la parábola --preparación. Mientras comúnmente se entiende que a las cinco vírgenes que no se prepararon se les acabó el aceite, de hecho Jesús dice que ellas tomaron las lámparas pero que "no tomaron consigo aceite" (Mt. 25:3). Entonces, las lámparas no se usaron durante la jornada de día, pero cuando vino la noche y el novio llegó, ellas encendieron las mechas de las lámparas sólo para darse cuenta de que no tenía aceite para mantener la llama. Es posible que ellas tuvieran un poco de aceite en las lámparas si su jornada fue en la noche, pero no había suficiente y no llevaron aceite extra. De cualquier manera, el punto principal es que ellas no estaban preparadas adecuadamente. Las otras cinco vírgenes, sin embargo, estaban bien preparadas (cf. Ap. 19:7-8 en donde la preparación de la Esposa se relaciona con los actos justos de los santos). Aunque podemos especular en el simbolismo y el significado del aceite, todos podemos decir con certeza que representa la preparación la cual, en la parábola anterior y en la que sigue representan fidelidad y buena administración.

La llegada del novio tiene varios aspectos que apuntan hacia el Rapto de la iglesia. Primero, es inesperado (no como el tiempo de la segunda venida de Cristo, la cual se puede saber por la profecía una vez que inicie la Tribulación). Segundo, es anunciada con un grito, lo cual acompaña al Rapto (1 Ts. 4:16). Tercero, une al novio y a la novia al final de la época de la iglesia. Cuarto, es muy tarde para demostrar fidelidad al momento del Rapto (comprar aceite). Una observación interesante es que el Rapto pasa tan rápido que no hay tiempo para que alguien crea y sea salvo (1 Co. 15:52), mientras que en la segunda venida de Cristo existen judíos que le ven a Él y creen (Zac. 12:10).

Una pregunta interpretativa crucial se hace en relación con las puertas que se cierran en el verso 10 y el pronunciamiento del novio "De cierto os digo, que no os conozco" en el verso 12. Ambas acciones suceden después de la aparición del novio, esto no parece representar una exclusión de las cinco vírgenes insensatas del Rapto. Lo más difícil es el significado de "no os conozco", entonces sería mejor entender esto primero. Esto nos recuerda las palabras del Señor a los incrédulos profesantes en Mateo 7:23, pero aquí existe una gran diferencia. Allá, Jesús dice, "Nunca os conocí; apartaos de mí", aquí, Él no manda lejos a las vírgenes, y no usa la palabra "nunca". También, en Mateo 7:23, Jesús usa las palabra *ginōskō* para *conocí*, pero aquí Él usa la palabra *oida*. La primera puede denotar un conocimiento íntimo de alguien, mientras que la última es un conocimiento cognitivo. De hecho, *oida* puede tener el significado de *reconocimiento, respeto,* u *honor* (cf. 1 Ts. 5:12-13). Este significado encaja bien ya que Jesús está enseñando consistentemente que los que le honren serán honrados por Él delante del Padre (Mt. 10:32-33).

Al unir todas estas observaciones, parece que Jesús está excluyendo a las vírgenes insensatas de la celebración de la boda. "Después" (v. 11) puede significar después de la boda o después de que se cerrara la puerta. Era la costumbre judía de ese tiempo celebrar después del servicio formal de la boda con un banquete y festividades. Ese privilegio especial no sería extendido a las vírgenes insensatas (así como también excluyeron al invitado de la boda que no preparó sus ropas en Mt. 22:11-13).

En resumen, esta parábola es Verdad B que se refiere a la fidelidad del creyente en la época de la iglesia. Todos estaremos presentes en el Rapto y vamos a entrar en el reino, pero no todos van a poder participar de los privilegios especiales allá. Ellos no fueron fieles al no prepararse para el regreso del Señor. Este énfasis es consistente con las dos parábolas que le rodean.

Como creyentes, tenemos la exhortación de estar alertas para el regreso del Señor y siempre estar preparados (1 Ts. 5:1-11). Esta postura nos ayuda a ser fieles, activos en las buenas obras, y a vivir una vida piadosa (1 Jn. 3:3). El Señor tiene privilegios especiales esperando para los que probaron que fueron fieles seguidores, privilegios que no van a disfrutar los que se encuentren mal preparados.

Parábola de los talentos. Mateo 25:14-30 (cf. Lucas 19:11-27)

[14] *Porque el reino de los cielos es como un hombre que yéndose lejos, llamó a sus siervos y les entregó sus bienes.* [15] *A uno dio cinco talentos, y a otro dos, y a otro uno, a cada uno conforme a su capacidad; y luego se fue lejos.* [16] *Y el que había recibido cinco talentos fue y negoció con ellos, y ganó otros cinco talentos.* [17] *Asimismo el que había recibido dos, ganó también otros dos.* [18] *Pero el que había recibido uno fue y cavó en la tierra, y escondió el dinero de su señor.* [19] *Después de mucho tiempo vino el señor de aquellos siervos, y arregló cuentas con ellos.* [20] *Y llegando el que había recibido cinco talentos, trajo otros cinco talentos, diciendo: Señor, cinco talentos me entregaste; aquí tienes, he ganado otros cinco talentos sobre ellos.* [21] *Y su señor le dijo: Bien, buen siervo y fiel; sobre poco has sido fiel, sobre mucho te pondré; entra en el gozo de tu señor.* [22] *Llegando también el que había recibido dos talentos, dijo: Señor, dos talentos me entregaste; aquí tienes, he ganado otros dos talentos sobre ellos.* [23] *Su señor le dijo: Bien, buen siervo y fiel; sobre poco has sido fiel, sobre mucho te pondré; entra en el gozo de tu señor.* [24] *Pero llegando también el que había recibido un talento, dijo: Señor, te conocía que eres hombre duro, que siegas donde no sembraste y recoges donde no esparciste;* [25] *por lo cual tuve miedo, y fui y escondí tu talento en la tierra; aquí tienes lo que es tuyo.* [26] *Respondiendo su señor, le dijo: Siervo malo y negligente, sabías que siego donde no sembré, y que recojo donde no esparcí.* [27] *Por tanto,*

debías haber dado mi dinero a los banqueros, y al venir yo, hubiera recibido lo que es mío con los intereses. ²⁸ Quitadle, pues, el talento, y dadlo al que tiene diez talentos. ²⁹ Porque al que tiene, le será dado, y tendrá más; y al que no tiene, aun lo que tiene le será quitado. ³⁰ Y al siervo inútil echadle en las tinieblas de afuera; allí será el lloro y el crujir de dientes.

Interpretación Verdad A: Cuando Cristo regrese, aquellas personas que no son administradores fieles prueban que ellos no son salvos y no van a entrar en el reino, mientras que los administradores fieles son salvos y van a ser recompensados en el reino.

Interpretación Verdad B: Cuando Cristo regrese, aquellos creyentes que no son administradores fieles van a ser excluidos de las recompensas del reino, mientras que los administradores fieles van a ser recompensados en el reino.

Esta parábola continúa el tema de la anticipación al regreso del Señor como una respuesta a la pregunta de los discípulos en Mateo 24:3. Esto enfatiza la virtud de la mayordomía fiel en vista del regreso de Cristo.

El maestro quien se va y regresa obviamente representa a Jesucristo. Como en las parábolas anteriores se involucran a los siervos, hay una buena razón para ver a esos siervos como creyentes. Ellos pertenecen al maestro, a ellos se les confía algún dinero, "a cada uno conforme a su capacidad", y a ellos se les hace responsables de su fidelidad. El asunto *no es* su fe en quién es el maestro. Jesús está hablando esta Verdad B en privado con Sus discípulos acerca de un asunto de la vida del Cristiano—fidelidad y mayordomía.

Los siervos que reciben cinco talentos y dos talentos los invierten sabiamente y no sólo son elogiados como "buen siervo y fiel", pero también se les promete compartir el gobierno en el reino (vv. 21, 23). La recompensa no es la entrada en el reino. Esto condicionaría la entrada, a la forma de actuar; lo que es contrario a la salvación por gracia incondicional. La recompensa es cogobernar con Cristo y el gozo que lo acompaña. Esta recompensa para los creyentes fieles no es desconocida para los estudiantes de la Biblia (vea Ro. 8:17; 2 Tm. 2:12; Ap. 2:26-27). Vale la pena notar que la recompensa es la misma para los dos siervos aunque ellos recibieron diferente cantidad para invertir. A cada uno se le hizo responsable de lo que había recibido.

Lo que influencia la interpretación de muchos son las palabras del maestro hacia el siervo infiel, llamándole "malo y negligente" (v. 26) y lo echa en "las tinieblas de afuera" en donde será "el lloro y crujir de dientes" (v. 30). Admitámoslo, este es un lenguaje severo para dirigirse a un Cristiano, pero no sin precedentes. Vimos esto con el siervo que no perdonó (Mt. 18:21-35), con el invitado que no estaba vestido adecuadamente (Mt. 22:1-14), con el siervo malo (Mt. 24:45-51), y las cinco vírgenes que no se prepararon (Mt. 25:1-13). En esos estudios, argumentamos que los Cristianos pueden ser no perdonadores, ser infieles, hacer mal, y no estar preparados para el regreso del Señor. De la misma manera, hemos dicho que "las tinieblas de afuera" habla de una exclusión de las bendiciones del reino, y que "el lloro y crujir de dientes" es una metáfora de un remordimiento profundo en el Tribunal de Cristo.

Las declaraciones adicionales que tal vez nos den una pausa están en los versos 28-29. ¿Qué es lo que se le quita al siervo infiel? La salvación no encaja en el contexto de ninguna manera— ¿Será que Jesús le quitará la salvación al creyente o le confiará algo a un incrédulo? Lo que se le quita es el talento que le había confiado al siervo flojo quien no produce una ganancia para el maestro. El maestro lo toma y se lo da al que hizo más ganancia de los diez talentos. ¡El mismo maestro es, después de todo, un buen administrador! Como una imagen de la relación entre un creyente y, el Maestro en Su ausencia, le ha confiado muchas cosas a cada creyente: una vida nueva, dones espirituales, habilidades, oportunidades, recursos, etc. Cuando Jesús regrese, a cada creyente se le va hacer responsable de cómo usó esas cosas "cada uno conforme a su capacidad" (v. 15) mientras esperaba al Señor. En el reino habrá recompensas, para aquellos que las usaron fielmente y una exclusión de las recompensas, para los que no las usaron.

Podemos notar la similitudes y las diferencias que esta parábola de los talentos tiene con la parábola de las minas en Lucas 19:11-27. Ambas parábolas hablan del asunto o del tiempo de la venida del reino. Otras similitudes incluyen al maestro que se va, confía riquezas a los tres siervos, y después regresa para hacerlos responsables de cómo las usaron. También, ambas parábolas muestran las recompensas en el reino para los dos siervos que fueron fieles y la perdida en el reino para el tercer siervo infiel. Ambos siervos infieles le dieron la misma excusa al maestro, ambos son llamados "mal siervo", y a ambos se les quita el dinero y se le da a un siervo fiel. Podemos hacer las mismas inferencias, que el maestro representa al Señor Jesús, y que los siervos representan a los creyentes.

Las diferencias entre las parábolas incluyen la cantidad que el maestro les da a cada siervo—una mina era substancialmente más dinero que un talento. Mientras que en la parábola de los talentos, a los siervos se les dan diferentes cantidades, en la parábola de las minas, a los siervos se les dan la misma cantidad. Sin embargo, los dos que fueron fieles con las diferentes cantidades de talentos reciben la misma recompensa y los dos que fueron fieles con la misma cantidad (una mina) reciben diferentes recompensas de acuerdo a la ganancia (diez ciudades y cinco ciudades; Lc. 19:16-19). Existe una pequeña diferencia en cómo se declara el destino de los siervos infieles, porque el siervo en la parábola de las minas en Lucas no es amenazado con "las tinieblas de afuera". Una adición importante en la parábola de las minas es el contraste entre los tres siervos y aquellos que son llamados "enemigos" del maestro quienes no quieren que reine sobre ellos. El maestro ordena que sean decapitados (Lc. 19:27). Este contraste muestra la diferencia entre los creyentes (los tres siervos) y los incrédulos.

El mensaje de Verdad B de estas dos parábolas es similar: Los creyentes deben ser fieles en cómo usan sus vidas mientras el Señor no está aquí, porque cuando Él regrese, habrá consecuencias, buenas y malas en el reino. Sin embargo, parece que hay un énfasis diferente en cada una. La parábola de los talentos nos enseña que los creyentes deben ser fieles y usar cualquier recurso que se les dé a cada uno, mientras que la parábola de las minas nos enseña que los creyentes deben ser fieles y usar la misma oportunidad dada a cada uno.

El Apóstol Pablo le escribió esta relevante Verdad B a la iglesia de Corinto:

> *Así, pues, téngannos los hombres por servidores de Cristo, y administradores de los misterios de Dios. Ahora bien, se requiere de los administradores, que cada uno sea hallado fiel. (1 Co. 4:1-2).*

Como creyentes esperando el regreso de Cristo, debemos ser siervos y administradores fieles para invertir nuestras vidas para Su ganancia. Eso le da un propósito en la vida de cada Cristiano. El Señor no va a aceptar ninguna excusa para no invertir nuestras vidas para Su gloria. A cada Cristiano se le va a hacer responsable de lo que Dios le confió.

El juicio de las ovejas y los cabritos. Mateo 25:31-36

> [31] *Cuando el Hijo del Hombre venga en su gloria, y todos los santos ángeles con él, entonces se sentará en su trono de gloria, [32] y serán*

reunidas delante de él todas las naciones; y apartará los unos de los otros, como aparta el pastor las ovejas de los cabritos. [33] *Y pondrá las ovejas a su derecha, y los cabritos a su izquierda.* [34] *Entonces el Rey dirá a los de su derecha: Venid, benditos de mi Padre, heredad el reino preparado para vosotros desde la fundación del mundo.* [35] *Porque tuve hambre, y me disteis de comer; tuve sed, y me disteis de beber; fui forastero, y me recogisteis;* [36] *estuve desnudo, y me cubristeis; enfermo, y me visitasteis; en la cárcel, y vinisteis a mí.*

Interpretación Verdad A: Aquellas personas que ayudan al necesitado entrarán en el reino, pero los que no ayudan al necesitado irán al infierno.

Segunda Interpretación Verdad A: Aquellos Gentiles que ayuden a los judíos en la Tribulación son fieles creyentes que entrarán en el reino, mientras que aquellos Gentiles que no ayuden a los judíos en la Tribulación son incrédulos que irán al infierno.

Interpretación Verdad B: Los Gentiles son juzgados para determinar si son salvos o no, entonces cada grupo es recompensado o castigado respectivamente de acuerdo a su conducta hacia los judíos en la Tribulación.

Es muy común escuchar que esta parábola citada como evidencia de que las obras son una evidencia necesaria que determina la salvación o la condenación de uno. Más específicamente, muchos bien-intencionados protectores de los pobres usan las declaraciones de Jesús acerca de ayudar a los desamparados como una marca distintiva de Cristianos genuinos y verdadera Cristiandad.

Es muy importante observar el contexto y el tiempo de este evento. Ya que Jesús está enseñado las cuatro parábolas de Mateo 24-25 con una secuencia cronológica en mente, este juicio pasa después del Tribunal de Cristo y la entrega de las recompensas del reino al inicio o durante el periodo de la Tribulación, como se ve en las parábolas anteriores. El juicio de Mateo 25:31-46 evidentemente es al final de la Tribulación porque refleja los eventos y la secuencia de las enseñanzas de Mateo 24:5-31. Allí aprendemos que habrá una gran persecución de los judíos por el Anticristo. Apocalipsis 12-13 añade más información acerca de la terrible situación de los judíos y los creyentes. Durante este periodo, la bestia prohibirá comprar y vender a aquellos que no le sigan (Ap. 13:16-17). Jesús dice que los judíos que soporten la persecución hasta el final de la Tribulación serán liberados de sus enemigos (aunque reconocemos que algunos judíos y Gentiles van a morir en la persecución; vea Ap. 20:4-5 y el estudio anterior de Mt. 24:13). El tiempo es tan terrible, que si no se acortara, "nadie" sobreviviría (esto incluye a los Gentiles; Mt. 24:22). Este juicio evidentemente no es el Gran Trono Blanco de Apocalipsis 20:11-15 porque este es sólo para los incrédulos de las épocas pasadas y del milenio. Este es un juicio especial específicamente para los Gentiles al final de la Tribulación cuando Jesús regresa a la tierra en Su segunda venida.

En esta parábola, observamos a tres grupos. Ya que el término "naciones" (*ethnē*) se refiere a todos los Gentiles, son ellos los que son separados en ovejas y cabritos. Jesús nombra al tercer grupo como "mis hermanos, [v 40]" una obvia referencia a los judíos, tal vez los 144,000 judíos que están esparciendo el evangelio activamente (Mt. 24:14; Ap. 7:3-8; 12:17; 14:1-7). El juicio de los Gentiles es determinado por la manera en que trataron a los judíos en la Tribulación. ¿Esto significa que las obras determinan su salvación?

Una clave importante para interpretar este juicio se encuentra en la revelación que Jesús da un poco antes: Algunos de los judíos y Gentiles van a vivir hasta el final de la Tribulación y serán liberados de sus enemigos (Mt. 24:13, 22). La mención de las buenas obras para la salvación de los Gentiles (las ovejas) se refiere a la forma en que ellos ayudaron a los judíos a soportar la Tribulación. La fe de esos Gentiles se demuestra por la ayuda dada a los refugiados judíos que hayan sido desplazados y estén con gran necesidad de comida, ropa, atención médica, y ser visitados en las cárceles (vv. 35-36). Tal vez Jesús enfatiza las obras de los Gentiles creyentes porque Él describe su futuro como entrando "a la vida eterna" (v. 46) y también heredando un lugar en el reino que fue preparado para ellos (v. 34). La idea de entrar y heredar puede enfatizar su transformación de mortal a inmortal, para que ellos puedan entrar y poseer su gozo en el reino de Dios (Mt. 25:21, 23; 1 Co. 15:50).

Cuando observamos el contexto, debemos ver que este pasaje no describe simplemente un juicio para determinar la salvación de las personas en base a cómo trataron a la gente necesitada como lo ve la primera interpretación de la Verdad A. La salvación nunca es por obras, ni las obras pueden probar definitivamente la salvación de uno (vea el estudio de Mt. 7:15-23). La segunda interpretación de la Verdad A pudiera decir que las obras no determinan o prueban que los Gentiles son salvos o no, sino que las obras son una evidencia de su condición. Mientras esta opinión sostiene que quita las obras de la ecuación de la salvación, puede que no lo haga convincentemente. Si sólo hay dos juicios, uno para las ovejas y otro para los cabritos, y el único criterio que parece hacer la diferencia es cómo trató cada grupo a los judíos, entonces parece que las obras determinan la salvación,

La interpretación de la Verdad B pudiera explicar este juicio diferente. Esta opinión propone que hay tres juicios en juego. El primer juicio es la separación de todos los Gentiles en ovejas (creyentes) y cabritos (incrédulos) antes de que se mencionen las obras. Hemos argumentado previamente que la única base para distinguir a los creyentes de los incrédulos es la fe en Cristo Jesús como Salvador. Es esta separación la que determina a donde pasará la eternidad cada grupo. Sin embargo, cuando se mencionan las obras el énfasis es en las consecuencias de la conducta de cada grupo hacia los judíos. El segundo juicio es para las ovejas (los creyentes), aquellos que Jesús llama "benditos de mi Padre". A ellos se les invita a "heredad el reino" (v. 34). La palabra "reino" no tiene ningún modificador como "de Dios" o "del cielo" entonces se puede referir al aspecto general del reinado de Cristo. Entonces la invitación es para que disfruten la recompensa de participar en el gobierno del reino con Cristo, un tema de la parábola anterior (cf. Mt. 25:21, 23) y una enseñanza que se encuentra en otros pasajes (ej. Lc. 22:27-30; Ro. 8:17; y 2 Tm. 2:10-13 que estudiaremos después). Como también hemos visto, el término "vida eterna" (usado en el v. 46 para el bien de los "justos") se debe de considerar en términos de calidad de la experiencia, no sólo la cantidad de tiempo (vea el estudio de Ga. 6:7-8 y 1 Tm. 6:17-19). El tercer juicio es en relación con las consecuencias de aquellos Gentiles incrédulos (los cabritos) que ignoraron a los judíos. Ellos experimentarán el "fuego eterno" (v. 41) y "castigo eterno" (v. 46).

Aunque el lago de fuego es la habitación final del incrédulo, la mención adicional del "castigo" implica más que una habitación. Esto implica que la divina retribución o el grado del castigo es determinado por su conducta anterior, tal y como pasa en el Gran Trono Blanco que viene después (Ap. 20:12-13; vea también Mt. 23:14/Mc. 12:38-40/Lc. 20:46-47).

Esta interpretación de Verdad B se puede elogiar y mantiene las obras fuera de la determinación de quién es salvo (ovejas) y quién no es salvo (cabritos). Una objeción con esta opinión puede ser que el pasaje no distingue explícitamente los niveles de fidelidad de las ovejas o el nivel de debilidad en los cabritos –esto sólo se puede implicar. En respuesta, se puede argumentar que Jesús estaba hablando en generalidades acerca de qué caracteriza a cada grupo. Sabemos que allá habrá diferentes niveles de fidelidad cuando los creyentes sean juzgados en el Tribunal de Cristo (Mt. 25:20-23), especialmente aquellos que soportaron la persecución (Mt. 5:19). Este juicio será similar. Como se apuntó en el párrafo anterior, también existen diferentes grados de castigo para los incrédulos.

La segunda interpretación de Verdad A ve las obras Mencionanadas no como una condición para la salvación de los Gentiles, sino como una demostración de su fe que supone su salvación. La interpretación de Verdad B hace un lado cualquier papel de las obras para determinar la salvación, pero sugiere que ellas determinan el grado de las recompensas de los creyentes o el castigo para los incrédulos. En cualquier opinión, existe una importante aplicación para nosotros que somos creyentes: Dios se preocupa de cómo tratamos a Su gente, a los judíos. Ellos son cruciales para el plan que Él tiene para el mundo, por lo tanto Su promesa para Abraham y sus descendientes sigue vigente: "Bendeciré a los que te bendijeren, y a los que te maldijeren maldeciré" (Gn. 12:3[a]).

Parábola del hijo pródigo. Lucas 15:11-32.

[11] *También dijo: Un hombre tenía dos hijos;* [12] *y el menor de ellos dijo a su padre: Padre, dame la parte de los bienes que me corresponde; y les repartió los bienes.* [13] *No muchos días después, juntándolo todo el hijo menor, se fue lejos a una provincia apartada; y allí desperdició sus bienes viviendo perdidamente.* [14] *Y cuando todo lo hubo malgastado, vino una gran hambre en aquella provincia, y comenzó a faltarle.* [15] *Y fue y se arrimó a uno de los ciudadanos de aquella tierra, el cual le envió a su hacienda para que apacentase cerdos.* [16] *Y deseaba llenar su vientre de las algarrobas que comían los cerdos, pero nadie le daba.* [17] *Y volviendo en sí, dijo: ¡Cuántos jornaleros en casa de mi padre tienen abundancia de pan, y yo aquí perezco de hambre!* [18] *Me levantaré e iré a mi padre, y le diré: Padre, he pecado contra el cielo y contra ti.* [19] *Ya no soy digno de ser llamado tu hijo; hazme como a uno de tus jornaleros.* [20] *Y levantándose, vino a su padre. Y cuando aún estaba lejos, lo vio su padre, y fue movido a misericordia, y corrió, y se echó sobre su cuello, y le besó.* [21] *Y el hijo le dijo: Padre, he pecado contra el cielo y contra ti, y ya no soy digno de ser llamado tu hijo.* [22] *Pero el padre dijo a sus siervos: Sacad el mejor vestido, y vestidle;*

y poned un anillo en su mano, y calzado en sus pies. [23] *Y traed el becerro gordo y matadlo, y comamos y hagamos fiesta;* [24] *porque este mi hijo muerto era, y ha revivido; se había perdido, y es hallado. Y comenzaron a regocijarse.* [25] *Y su hijo mayor estaba en el campo; y cuando vino, y llegó cerca de la casa, oyó la música y las danzas;* [26] *y llamando a uno de los criados, le preguntó qué era aquello.* [27] *El le dijo: Tu hermano ha venido; y tu padre ha hecho matar el becerro gordo, por haberle recibido bueno y sano.* [28] *Entonces se enojó, y no quería entrar. Salió por tanto su padre, y le rogaba que entrase.* [29] *Mas él, respondiendo, dijo al padre: He aquí, tantos años te sirvo, no habiéndote desobedecido jamás, y nunca me has dado ni un cabrito para gozarme con mis amigos.* [30] *Pero cuando vino este tu hijo, que ha consumido tus bienes con rameras, has hecho matar para él el becerro gordo.* [31] *El entonces le dijo: Hijo, tú siempre estás conmigo, y todas mis cosas son tuyas.* [32] *Mas era necesario hacer fiesta y regocijarnos, porque este tu hermano era muerto, y ha revivido; se había perdido, y es hallado.*

Interpretación Verdad A: El hijo es salvado cuando él se arrepiente de sus pecados y regresa a su padre.

Interpretación Verdad B: El hijo puede representar a alguien que es salvo o no, pero el énfasis es que la gracia de un padre perdona y recibe a los pecadores que se arrepienten.

Un aspecto de esta historia se puede debatir— ¿el hijo pródigo representa a un creyente o a un incrédulo? Uno puede argumentar que él representa a un creyente porque, después de todo, él es un hijo. Alguien más puede argumentar que él primero no podía ser salvo ya que vivió en pecado y tuvo que arrepentirse de sus pecados para ser salvo.

La interpretación de la Verdad A pudiera decir que el hijo no es salvo pero que recibe salvación. Él se arrepiente de sus pecado y regresa a su padre. Esto enseña que el pecador se debe arrepentir de sus pecados cuando viene a Dios para salvación. Muy a menudo el énfasis es que uno sólo puede ser salvo cuando nos alejamos del pecado, porque en esta opinión, el arrepentimiento no sólo es el cambio de mente, sino también es el cambio de la dirección de la conducta de uno.

La interpretación de la Verdad B puede argumentar que el hijo ya está en la familia, pero que ha pecado y ha roto la comunión con su padre. Su arrepentimiento sucede cuando "volviendo en sí" (Lc. 15:17) cambia su mente acerca de ser digno de ser llamado un hijo. Su regreso a su padre es un resultado de su arrepentimiento. Como lo estudiamos anteriormente, esto separa el aspecto interno del arrepentimiento de la conducta externa, haciendo las obras una consecuencia y no una condición del evangelio. Aunque parece ser principalmente una Verdad B, allí hay una aplicación para los incrédulos.

Parece que el énfasis principal de la historia es que este padre, quien representa a Dios, gozosamente recibe a su hijo quien viene a él. Ya sea que el hijo es salvo o no esto no es crucial en el punto. Él estuvo perdido antes, pero ahora se ha encontrado—así como la oveja pérdida o la moneda que se encontró en las parábolas que preceden (Lc. 15:4-10). La parábola se les dice a los Fariseos y los Escribas en el contexto del rechazo de Israel al Mesías. Para ellos el mensaje sería que Dios recibe otra vez a una nación rebelde y a los individuos rebeldes también. También notamos que la historia sólo se encuentra en Lucas quien se dice que le escribió a una audiencia predominantemente Gentil. Cualquier Gentil también podría ver cuál es la actitud de Dios hacia él. Cada pecador, ya sea que pertenece a Dios o no, necesita saber que Dios le ama y le recibe.

La lección principal es que Dios el Padre ama a los pecadores, los perdona, se goza en gran manera cuando ellos se arrepienten y vienen a Él, y los restaura. En Lucas 5:32, Jesús dice, "No he venido a llamar a justos, sino a pecadores al arrepentimiento". Esta parábola es parte de la respuesta de Jesús a los Fariseos y Escribas quienes le criticaron por comer con los pecadores (Lc. 15:1-3). Las tres historias que dice Jesús en Lucas 15 muestran el valor que cada pecador tiene para Dios. No debemos olvidar el prominente papel que juega el hermano mayor en la historia. Él crítica la gracia del padre hacia su hermano pródigo, así como los Escribas y los Fariseos criticaron la actitud de Jesús hacia los pecadores.

Es difícil aislar la interpretación de esta parábola a sólo un creyente o a un incrédulo. Parece que existen elementos de ambos Verdad A y Verdad B. El punto es, Dios se goza cuando un pecador es salvo o cuando un hijo es restaurado.

Mientras que nosotros no podemos comprender el gozo de Dios cuando fuimos salvos, ahora podemos entender cuánto se goza Él cuando nos comportamos como hijos errantes que se arrepienten de su vida pecaminosa y regresan a Él.

Pasajes acerca del Bautismo

La importancia del bautismo en la Biblia sigue siendo una controversia, especialmente en la interpretación de algunos pasajes específicos en los Evangelios sinópticos. Existen quienes dicen que el bautismo es una condición necesaria para la salvación, o que necesariamente es un fruto necesario de la salvación. En cualquier caso, ellos creen que el bautismo tiene una importancia de Verdad A. Aquí, vamos a examinar un par de pasajes claves en el bautismo en los primeros tres Evangelios.

El bautismo de Juan para arrepentimiento. Mateo 3:1-12 (cf. Lucas 3:3-14)

¹ En aquellos días vino Juan el Bautista predicando en el desierto de Judea, ² y diciendo: Arrepentíos, porque el reino de los cielos se ha acercado. ³ Pues éste es aquel de quien habló el profeta Isaías, cuando dijo: Voz del que clama en el desierto: Preparad el camino del Señor, ⁴ Y Juan estaba vestido de pelo de camello, y tenía un cinto de cuero alrededor de sus lomos; y su comida era langostas y miel silvestre. ⁵ Y salía a él Jerusalén, y toda Judea, y toda la provincia de alrededor del Jordán, ⁶ y eran bautizados por él en el Jordán, confesando sus pecados. ⁷ Al ver él que muchos de los fariseos y de los saduceos venían a su bautismo, les decía: ¡Generación de víboras! ¿Quién os enseñó a huir de la ira venidera? ⁸ Haced, pues, frutos dignos de arrepentimiento, ⁹ y no penséis decir dentro de vosotros mismos: A Abraham tenemos por padre; porque yo os digo que Dios puede levantar hijos a Abraham aun de estas piedras. ¹⁰ Y ya también el hacha está puesta a la raíz de los árboles; por tanto, todo árbol que no da buen fruto es cortado y echado en el fuego. ¹¹ Yo a la verdad os bautizo en agua para arrepentimiento; pero el que viene tras mí, cuyo calzado yo no soy digno de llevar, es más poderoso que yo; él os bautizará en Espíritu Santo y fuego. ¹² Su aventador está en su mano, y limpiará su era; y recogerá su trigo en el granero, y quemará la paja en fuego que nunca se apagará.

Interpretación Verdad A: Juan el Bautista bautizó incrédulos que se arrepintieron de sus pecados y cambiaron su conducta para que pudieran ser salvos.

Interpretación Verdad B: Juan el Bautista bautizó judíos quienes querían mostrar su arrepentimiento bajo el Pacto Mosaico, separarse del pecaminoso Israel, y prepararse para la venida del Mesías.

Este es un pasaje en donde es importante entender el escenario y el contexto. Juan el Bautista tiene un mensaje para la nación de Israel acerca del arrepentimiento y el bautismo. Pero ¿también les está diciendo a las personas hoy cómo ser salvos?

En el tiempo en que Juan estaba predicando, la nación de Israel todavía estaba bajo el Pacto Mosaico. Para la gente del pacto de Dios, la manera de ser restaurados por alejarse de Dios era el arrepentimiento—cambiar sus mentes o actitudes acerca de su pecado (Dt. 30:2, 10; 2 Cr. 7:14). En este punto, ellos se están preparando para recibir al Mesías que Juan les va a presentar. Su bautismo era un testimonio de su arrepentimiento y anticipación al Mesías. Las obras que él les dice que hagan a los Fariseos, Saduceos, y a otros (Mt. 3:7-9; Lc. 3:7-14) son obras que son consistentes con el verdadero arrepentimiento, no obras que los van a salvar. Este pasaje claramente hace una diferencia entre el arrepentimiento como una actitud interna y "frutos dignos de arrepentimiento" que es la conducta externa (v. 8).

Esto nos ayuda a ver lo que dice el Apóstol Pablo acerca del bautismo de Juan en Hch. 19:4. Hablando a los Efesios quienes habían recibido el bautismo de Juan, pero que no habían creído en Cristo Jesús, él dice, "Juan bautizó con bautismo de arrepentimiento, diciendo al pueblo que creyesen en aquel que vendría después de él, esto es, en Jesús el Cristo". Aquellos que han recibido el bautismo de Juan eran los judíos creyentes que necesitaban hacerse Cristianos a través de la fe en Jesucristo. Ellos estaban en el periodo de transición entre la época de la Ley y la época de la gracia.

Como leemos en Hch. 13:24, Pablo dice en Antioquía de Pisidia que antes de que Cristo se presentara oficialmente a Sí mismo a Israel como el Mesías, Juan predicaba "el bautismo de arrepentimiento a todo el pueblo de Israel". Si entendemos la audiencia judía y el antecedente del pacto de la predicación del bautismo y el arrepentimiento, no deberíamos hacer de esto un patrón para predicar el evangelio en la época de la iglesia. Primero, esto no habla del bautismo del Cristiano. Segundo, el arrepentimiento no salva a nadie por sí mismo, pero el cambio de corazón que este refleja está bien preparado para creer en el Salvador. Aunque esto es para el pueblo de Dios bajo Su pacto, aprendemos de esto como una Verdad B general que enseña que el camino de regreso a Dios empieza con un cambio de mente y corazón.

Aquel que sea bautizado será salvo. Marcos 16:16

"El que creyere y fuere bautizado, será salvo; mas el que no creyere, será condenado".

Interpretación Verdad A: La salvación requiere creer en Cristo Jesús más el bautismo en agua.

Interpretación Verdad B: La salvación requiere creer en Cristo Jesús con el bautismo en agua como un testigo de esa fe.

(Aunque Marcos 16:9-20 no está incluido en un par de los primeros manuscritos del Nuevo Testamento, se encuentra en casi todos los manuscritos de Marcos, por eso lo vamos a estudiar aquí).

La declaración parece ser directa, "El que creyere y fuere bautizado, será salvo". Sin embargo, es tan directa y clara en la declaración que le sigue: "mas el que no creyere, será condenado". Uno puede esperar que el bautismo sea una condición para la salvación en la primera declaración, la falta de bautismo pudiera ser la razón de la condenación. Sin embargo no se menciona ninguna conexión entre el bautismo y la condenación.

Esta es una buena y sólida indicación de que el bautismo no es una condición para la salvación. La cercana conexión entre creer y el bautismo se debió a la cercana conexión que tenían estas dos cosas en los primeros convertidos. Cuando uno creía, era bautizado. Ese es el patrón que se ve claramente en Hechos (Hch. 2:41; 8:35-37; 10:44-48; 16:14-15).

Pero esta también es una situación en donde debemos comparar las Escrituras que son claras con las que no son tan claras. Esta declaración que parece hacer del bautismo un hecho salvador contradice las contundentes enseñanzas en el Nuevo Testamento de que la salvación es sólo por fe en Cristo Jesús. El Evangelio de Juan, escrito para decirles a los incrédulos cómo ser salvos (Jn. 20:31), hace a la fe la única condición para la salvación y nunca añade al bautismo. También, el Apóstol Pablo no pudo ser más claro de lo que es en Romanos 3:24-4:5, que somos justificados a través de la fe, no por obras. Además, él dice que el bautismo no fue parte de la predicación de su evangelio (1 Co. 1:14-17).

La correcta Verdad A en Marcos 16:16 es que los que creen serán salvos y los que no creen serán condenados. La Verdad B es que los que creen y son salvos deberían automáticamente testificar de esa fe a través del bautismo en agua. Mientras que no creemos que el bautismo salve, tampoco disminuimos la importancia del bautismo que testifica de nuestra salvación.

El Evangelio de Juan

6

A L EVANGELIO DE Juan es diferente de los Evangelios Sinópticos en su singular contexto y propósito. Su contenido raramente comparte lo mismo que los otros Evangelios—sólo diez por ciento se repite entre ellos. También, su propósito está claramente establecido para nosotros en Juan 20:30-31:

> ³⁰ *Hizo además Jesús muchas otras señales en presencia de sus discípulos, las cuales no están escritas en este libro.* ³¹ *Pero éstas se han escrito para que creáis que Jesús es el Cristo, el Hijo de Dios, y para que creyendo, tengáis vida en su nombre.*

Juan escribió para llevar a las personas a la fe en Cristo Jesús. Este probablemente también fue un propósito implícito y parcial de los Evangelios Sinópticos, pero Juan lo declara singular y enfáticamente. La elección de las historias, las metáforas de Cristo Jesús, el énfasis en Su deidad, el hecho de que Juan usa la palabra "creer" casi cien veces (siempre en una forma de verbo, nunca como un sustantivo) usualmente con el propósito de mostrarla como la condición para la vida eterna. Juan también usa analogías acerca de creer para enfatizar cómo apropiarse del regalo gratuito de la vida eterna. Él compara creyendo con viendo (Jn. 3:14-15), preguntando (Jn. 4:10), comiendo y bebiendo (Jn. 6:47-58), y entrando (Jn. 10:9), todas estas son simples actividades que evitan cualquier apariencia de mérito u obras.

Debido al énfasis en la vida eterna, podemos estar tentados a decir que el Evangelio de Juan es un libro de Verdad A, pero también contiene algunos pasajes de Verdad B muy claros, verdades para la vida Cristiana y el discipulado. Los capítulos 13-17, conocidos como el Sermón del Aposento Alto, son una conversación íntima entre Jesús y Sus discípulos mayormente acerca de la vida Cristiana. Esta también es consistente con el propósito declarado en Juan 20:31, el cual termina "para que creyendo, tengáis vida en su nombre". El tiempo presente de "creyendo" muestra que la fe santificadora debe continuar después de la fe inicial justificadora para poder *experimentar* la nueva vida que hemos recibido. Este propósito temático también se ve al inicio del libro en Juan 1:4: "En él estaba la vida, y la vida era la luz de los hombres". La vida que se obtiene se convierte en la vida que le da luz al creyente para poder vivir. La vida eterna no es algo que sólo se posee, sino que es algo que se experimenta, porque es la vida de Dios.

Jesús no confía en algunas personas. Juan 2:23-25

> [23] *Estando en Jerusalén en la fiesta de la pascua, muchos creyeron en su nombre, viendo las señales que hacía.* [24] *Pero Jesús mismo no se fiaba de ellos, porque conocía a todos,* [25] *y no tenía necesidad de que nadie le diese testimonio del hombre, pues él sabía lo que había en el hombre.*

Interpretación Verdad A: Jesús no se confió a Sí mismo a algunos judíos ni les dio vida eterna porque Él sabía quiénes realmente no creyeron en Él.

Interpretación Verdad B: Jesús no se confió a Sí mismo a algunos judíos que habían recibido la vida eterna y ni les dio una comunión más profunda porque Él sabía que sus corazones no estaban listos.

Casi todos los comentarios están a favor de una interpretación de Verdad A. Ellos no creen que estos judíos fueron salvos, aun cuando dice que ellos habían creído en Cristo. Ellos dicen que es una fe falsa porque 1) Ellos sólo creyeron en el nombre de Jesús y no en Su persona, 2) Ellos sólo creyeron por las señales que Jesús hizo, y 3) Jesús rechazó confiarse a Sí mismo a ellos.

Sus argumentos suenan convincentes—hasta que empezamos a comparar otras Escrituras. Por ejemplo, en relación con el primer argumento de que los judíos sólo creyeron en el nombre de Jesús, ese mismo lenguaje se usa para la salvación en el prólogo como una condición para ser hecho hijo de Dios (Jn. 1:12). De la misma manera, el propósito del libro dice que tenemos "vida en su nombre" (Jn. 20:31). No creer en Su nombre es causa para condenación (Jn. 3:18). Increíblemente, el mismo comentarista que dice que creer en el nombre de Jesús no es suficiente para ser salvo, normalmente asegura que una persona debe "creer en Él" para ser salvo, pero aun así niegan ese mismo significado en Juan 2:23. Lo que ellos no pueden entender es que creer en el *nombre* de Jesús significa creer en todo lo que Jesús es y representa—en la Biblia muy a menudo se le adjunta la importancia al *nombre*.

El segundo argumento—que la fe inducida por las señales no es adecuada para la salvación—también se queda corta contra la evidencia. La señales no son el objeto de la fe de cualquier manera—Cristo Jesús lo es. Las señales sólo llevan a las personas a Jesús. Además, la fe que nació de las obras se ve en cualquier lugar en Juan (Jn. 1:47-49; 2:11; 4:52-53; 10:41-42; 11:42, 45; 20:26-29) y Jesús mismo motiva la fe basada en las señales (Jn. 1:50-51; 10:37-38; 14:11). El Apóstol Juan espera que las señales hagan brotar la fe (12:37), e inclusive lo dice en la declaración del propósito del Evangelio (20:30-31).

Parece que la única razón por la que la gente interpreta que la fe de los judíos era falsa es porque Jesús no se confió a ellos. Entonces, ¿Por qué Jesús no se confió a estos nuevos creyentes?

Primero, debemos reconocer que aquí hay un juego de palabras, porque la palabra traducida como *fiaba* es la misma palabra que se traduce como *creer (pisteuō)* usada acerca de los judíos, pero en esta referencia a Jesús no es usada en un sentido soteriológico. Podemos decir que aunque los judíos creyeron en Él, Jesús aún no había creído en ellos porque sabía lo que había en ellos. Ellos eran nuevos creyentes que aún no habían sido probados y que por alguna razón que sólo Jesús sabía, no estaban listos para que Él compartiera más de Sí mismo con ellos. Este es un principio que vemos que se enseña después en Juan de que aquellos que respondieron bien a la verdad se les da más verdad (Jn. 14:21; 15:14-15). El rechazo de Jesús de confiarse a Sí mismo no dice absolutamente nada acerca de qué tan genuina era la fe de estos judíos y su salvación. La declaración clara es que ellos creyeron, lo cual en Juan se puede demostrar que siempre termina en vida eterna.

Al interpretar este pasaje como Verdad A, muchos han perdido la maravillosa Verdad B relacionada con la vida del Cristiano y el discipulado, de que la obediencia nos lleva a una comunión más profunda e íntima con Cristo Jesús en la cual Él se manifiesta y nos hace saber más y más de Él. Pero Cristo sólo nos va a dar de su conocimiento cuando probemos que estamos listos para esto.

Nacido de agua y del Espíritu. Juan 3:5

"Respondió Jesús: De cierto, de cierto te digo, que el que no naciere de agua y del Espíritu, no puede entrar en el reino de Dios".

Interpretación Verdad A: Una persona debe de ser bautizada para poder recibir el Espíritu Santo y volver a nacer.

Segunda interpretación Verdad A: Una persona que recibe la promesa del Espíritu Santo ha nacido de nuevo.

Si el contexto significa algo (y por supuesto, ¡significa todo!), entonces el nuevo nacimiento que vemos en Juan 3:1-16 viene a través de la fe en Jesús como Salvador, no por el bautismo. La mayoría están familiarizados con creer como la condición para salvación de Juan 3:16. Pero la necesidad de creer se menciona desde el inicio como en 1:12. Esto también se amplifica en 3:14 al referirse al incidente de Números 21 con las serpientes en el desierto bajo Moisés. Es el simple acto de ver la provisión de Dios lo que salvó a los Israelitas de la muerte, así de simple es la fe que mira a Cristo Jesús como la provisión de Dios para la salvación eterna hoy. Ni hay nada más que se requiera y ciertamente, no se hace mención del bautismo.

Entonces ¿a qué se refiere con "naciere del agua y del Espíritu", en el verso 5? Hay un número de interpretaciones que ofrecen los comentaristas. Algunos dicen que el agua se refiere al bautismo de Juan el Bautista que prepara a las personas para la fe en Cristo por medio del cual ellos reciben al Espíritu Santo, pero no se menciona el bautismo en Juan. Otros piensan que es una referencia al bautismo Cristiano, pero esto es ciertamente prematuro, ya que no vemos el bautismo en el nombre de Jesús hasta Hechos. Algunos creen que el agua se refiere a la Palabra de Dios, por el "lavamiento del agua por la palabra" que se menciona en Efesios 5:26, pero esto es ir demasiado lejos del contexto. Una interpretación más contextual es que el agua se refiere al nacimiento físico, porque Jesús se refiere a "Lo que es nacido de la carne" y Nicodemo, también ofrece una pregunta equivocada, acerca de qué tan posible es que una persona vuelva a entrar al vientre de su madre para nacer una segunda vez. Por lo menos esta interpretación viene del contexto.

Sin embargo, otra interpretación apoyada por el contexto es que el agua se refiere al Espíritu Santo. El énfasis, después de todo, es un nacimiento espiritual. Jesús esencialmente reprendió a Nicodemo de que como *el* maestro de Israel, él debería saber esta verdad acerca del nuevo nacimiento.

¿Cómo podría Nicodemo saber acerca del nuevo nacimiento? Tuvo que haber sido del Antiguo Testamento, y el pasaje que probablemente pudiera ser más familiar es el Nuevo Pacto prometido en Ezequiel 36:25-27:

> [25] *Esparciré sobre vosotros agua limpia, y seréis limpiados de todas vuestras inmundicias; y de todos vuestros ídolos os limpiaré.* [26] *Os daré corazón nuevo, y pondré espíritu nuevo dentro de vosotros; y quitaré de vuestra carne el corazón de piedra, y os daré un corazón de carne.* [27] *Y pondré dentro de vosotros mi Espíritu, y haré que andéis en mis estatutos, y guardéis mis preceptos, y los pongáis por obra.*

Entonces Nicodemo debía saber que el reino requería el perdón de pecados y un nuevo ministerio del Espíritu Santo en cada persona que cree en el Mesías. Juan 3:5 se puede traducir como "agua, aun el Espíritu" o "agua, esto es, el Espíritu", como algunas veces se traduce la conjunción "y" (*kai*). Los aspectos espirituales de las promesas del Nuevo Pacto a Israel, alineados con el ministerio del Espíritu Santo, fueron compartidos con los Gentiles que creyeron en Jesucristo.

Se puede decir mucho más, pero hemos establecido que el bautismo en agua no encaja en este contexto. La historia y el comentario que siguen, (Jn. 3:1-18) hacen bastante claro que el nuevo nacimiento, la entrada el reino, y la vida eterna son todas en base a creer en Cristo Jesús como Salvador y nada más.

Cree y obedece. Juan 3:36

> "*El que cree en el Hijo tiene vida eterna; pero el que rehúsa creer en el Hijo no verá la vida, sino que la ira de Dios está sobre él*".

Interpretación Verdad A: Una persona es salva si cree en Cristo y le obedece.

Segunda Interpretación Verdad A: Una persona es salva si obedece el mandamiento de creer en Cristo.

La versión RVR1960 citada arriba no parece presentar ningún problema, porque sus traductores entendieron la palabra griega *peithō* en "el que rehúsa creer en el Hijo" como un equivalente a *creer*. Sin embargo, la NTV y TLA traducen *peithō* como *obedecer* ("el que no obedece al Hijo no tiene la vida eterna" TLA), lo que trae la primera interpretación de Verdad A. Porque el lenguaje del verso 36 asocia *creer* y *obedecer*, algunos insisten que sólo la fe que salva es la fe que obedece a Dios, esto es, una fe que garantiza obediencia.

Nos ayuda si vemos un pasaje similar en el contexto, verso 18, en donde no creer es la razón por la presencia de la condenación: "pero el que no cree, ya ha sido condenado". Esto, comparado con la declaración del verso 36: "la ira de Dios está sobre él". Cuando consideramos esto y el hecho de que la presentación del Evangelio de Juan es abrumadoramente presentada en términos de creer para vida eterna y no creer para condenación, la traducción de la RVR1960 tiene mucho sentido. Todo lo que Juan está haciendo en el contexto es presentar a Cristo Jesús como uno al que se le ha dado la autoridad de Dios el Padre y por lo tanto se le debe obedecer como tal. La primera y más importante obediencia que Dios requiere es creer en Jesucristo a quien Él envió.

Aquellos que igualan la fe con obediencia o dicen que la fe garantiza la obediencia hacen que las obras de obediencia sean una condición esencial para la salvación al hacer las obras algo esencial para la fe. Esto está en contra de todas las enseñanzas en el Nuevo Testamento de que la salvación es por gracia a través de la fe y no por obras, sin mencionar el claro énfasis del Evangelio de Juan en la suficiencia de la fe sola como la condición para la vida eterna.

Dos resurrecciones. Juan 5:28-29

> [28] *No os maravilléis de esto; porque vendrá hora cuando todos los que están en los sepulcros oirán su voz;* [29] *y los que hicieron lo bueno, saldrán a resurrección de vida; mas los que hicieron lo malo, a resurrección de condenación.*

Primera Interpretación Verdad A: Aquellos que han hecho buenas obras van a experimentar la resurrección para vida mientras que aquellos que han hecho malas obras van a ser condenados.

Segunda Interpretación Verdad A: Aquellos que han hecho buenas obras como evidencia de su fe van a experimentar la resurrección para la vida mientras que aquellos que han hecho malas obras como evidencia de su incredulidad serán condenados.

Tercera Interpretación Verdad A: En la resurrección, aquellos que han hecho bien—creyeron en Cristo Jesús—van a experimentar su vida eterna mientras que los que han hecho el mal—rechazaron a Jesús—van a experimentar su condenación.

A primera vista este pasaje parece indicar un juicio que va a tener lugar en la resurrección de todas las personas donde sus obras van a ser examinadas para determinar si ellos recibirán la resurrección para la vida o la resurrección para la condenación. La primera interpretación de Verdad A supone que la salvación de uno está basada en la conducta de uno en esta vida. Sin embargo, rápidamente nos damos cuenta de que esto es contrario al énfasis del Evangelio de Juan de la salvación a través de sólo creer. En Juan, creer resulta en vida eterna mientras que *no* creer condena (Jn. 3:18, 36). Este es un caso en el que un pasaje no claro se debe interpretar a la luz de otros pasajes que son más claros.

Aquellos que sostienen la segunda interpretación de Verdad A dirán que las obras no son la base de la salvación, pero que ellas son la base para el juicio. Un examen de las obras de una persona afirma o niega si esta ha creído verdaderamente en Jesucristo como Salvador. Como en una corte de ley, la evidencia absolverá o condenara´. Hemos argumentado antes que esta no separa adecuadamente las obras de la salvación. Al final, con esta interpretación son las obras lo que determinan el destino de uno. ¿Pero es a esto, a lo que el contexto nos está guiando, con lo que enseña el pasaje?

En el contexto que precede los versos 28-29, Jesús les explica a los judíos que están tratando de matarlo (5:16-18) que Él tiene la autoridad del Padre para juzgar y para dar vida (5:19-22). Él contrasta dos diferentes grupos de personas—aquellos que honran al Hijo y al Padre, y aquellos que no (5:23). Entonces Jesús describe en una forma enfática ("de cierto, de cierto" de *amēn amēn*) el grupo que le honra a Él y al Padre: este es el que "oye mi palabra, y cree al que me envió". Este grupo "tiene vida eterna; y no vendrá a condenación, mas ha pasado de muerte a vida" (5:24). Esta es una clara declaración de que aquellos que creen en Cristo Jesús tienen vida eterna en el presente y no van a ser juzgados en el futuro.

Jesús entonces habla de dos resurrecciones futuras que esperan a los humanos. Aunque Jesús hace la diferencia en cuanto al tiempo, vemos en Apocalipsis 20:4-15 que estas resurrecciones están separadas por mil años. Esto es suficiente para darnos cuenta de que estas resurrecciones no son el momento en el que se determina la salvación de uno, pero sólo son el tiempo de entregar el destino de cada uno. El prefacio de Jesús a la mención de las resurrecciones es que Él tiene "vida en sí mismo" implicando que aquellos que tienen vida eterna están a salvo en Él porque Él es la Vida (5:25-26). Las resurrecciones son un paralelo a las consecuencias de los creyentes y los incrédulos en 5:24. La resurrección para vida es un paralelo de la vida eterna que se le da a todo aquel que cree. La resurrección para condenación es un paralelo del juicio mencionado en 5:24 como algo de lo que el creyente escapa ("no vendrá a condenación").

Cuando Jesús se refiere a "los que hicieron lo bueno" (literalmente, "las cosas buenas"; *ta agatha*), el contexto nos lleva a entender esto a la luz de los versos 23-34. Este grupo honra al Hijo, oye (escucha) Su palabra, y cree en Él. A la inversa, "los que hicieron lo malo" (literalmente, "las cosas malas"; *ta phaula*) es el grupo que no honra al Hijo, no oye (escucha) Su palabra, y no cree en Él. El destino de cada grupo es determinado por sus respuestas anteriores. Su destino no se *decide* al momento de la resurrección; su destino sólo es *entregado* al momento de su resurrección. En el contraste de estos grupos, vemos la costumbre de Juan de describir las cosas en contrastes absolutos. Vemos el mismo contraste con expresiones similares en Juan 3:18-21. Aquí, el destino de una persona también es sellado de acuerdo a su respuesta: "El que en él cree, no es condenado; pero el que no cree, ya ha sido condenado" (v. 18a).

Contextualmente, la tercera interpretación de Verdad A tiene más apoyo que la segunda interpretación que considera el hacer bien o mal como una evidencia de creer o no. En Juan 3:21, el que se escapa de la condenación es descrito como "el que practica la verdad" y en 6:29 creer en Cristo Jesús se dice que es hacer el bien o hacer "la obra de Dios" (vea el estudio de Mt. 7:21-23 y el estudio siguiente). En otras palabras, creer en Cristo Jesús es hacer lo correcto, y esto resulta en la experiencia de la vida eterna ahora y también en la resurrección de vida en el futuro. Por el otro lado, hacer el mal puede ser el rechazo de Cristo Jesús como Salvador (cf. Jn. 3:20). ¡Nadie puede *hacer* algo mejor que creer en Cristo Jesús como Salvador!

La obra de Dios. Juan 6:28-29

[28] *Entonces le dijeron: ¿Qué debemos hacer para poner en práctica las obras de Dios?* [29] *Respondió Jesús y les dijo: Esta es la obra de Dios, que creáis en el que él ha enviado.*

Interpretación Verdad A: Creer en Jesucristo para salvación requiere una fe que trabaja.

Segunda Interpretación Verdad A: Creer en Cristo Jesús para salvación requiere simplemente fe.

Este pasaje ha sido usado para argumentar que la fe es obediencia u obra, porque cuando los judíos le preguntaron a Jesús qué debían hacer "¿Qué debemos hacer para poner en práctica las obras de Dios?" Jesús contesta, "Esta es la obra de Dios, que creáis en el que él ha enviado".

La pregunta refleja un típico estado mental judío de aquel tiempo en el que se suponía que se tenía que hacer algo para poder ganar la salvación. Ellos tenían la Ley Mosaica como punto de referencia, pero porque había muchos mandamientos (613) la discusión muy a menudo se centraba en cuáles eran los más importantes para que al obedecerlos se mantuvieran justos delante de Dios (cf. Mt. 22:34-36). Cada Rabino tenía una respuesta diferente acerca de lo que Dios requería. Jesús, visto en el papel de otro Rabino, fue puesto a prueba: "Rabino Jesús, sabemos de las listas de los otros Rabinos, así que ¿Cuál es tu lista de las cosas que debemos hacer para ser justos delante de Dios?"

Jesús respondió simplemente, "Esta es la obra de Dios…" Jesús no les concede su petición de una lista de obras, pero para seguirles el juego de que querían "obras" Él usa la palabra singular "obra" como algo que se debe hacer. En otras palabras, Él responde, "Si ustedes quieren saber los que tienen que *hacer* para ser aceptos delante de Dios, simplemente crean en el Mí que Él envió". Jesús no les da nada más que "hacer" sino creer; esto es todo lo que manda Dios y todo lo que Dios requiere (cf. 1 Jn. 3:23).

En un mundo lleno de religiones que todas tienen una lista diferente de cosas que se deben hacer para conocer a Dios, ir al cielo, o encontrar la salvación, cuan refrescante es que Jesús nos enseña que sólo y simplemente, debemos creer que Él fue enviado por Dios, para ser nuestro Salvador del pecado. Si la Cristiandad bíblica pierde está clara enseñanza, seremos como todas las otras religiones del mundo que enseñan que debemos trabajar para ganar nuestra salvación eterna.

Come el cuerpo y bebe la sangre de Jesús. Juan 6:48-58

[48] *Yo soy el pan de vida.* [49] *Vuestros padres comieron el maná en el desierto, y murieron.* [50] *Este es el pan que desciende del cielo, para*

que el que de él come, no muera. [51] Yo soy el pan vivo que descendió del cielo; si alguno comiere de este pan, vivirá para siempre; y el pan que yo daré es mi carne, la cual yo daré por la vida del mundo. [52] Entonces los judíos contendían entre sí, diciendo: ¿Cómo puede éste darnos a comer su carne? [53] Jesús les dijo: De cierto, de cierto os digo: Si no coméis la carne del Hijo del Hombre, y bebéis su sangre, no tenéis vida en vosotros. [54] El que come mi carne y bebe mi sangre, tiene vida eterna; y yo le resucitaré en el día postrero. [55] Porque mi carne es verdadera comida, y mi sangre es verdadera bebida. [56] El que come mi carne y bebe mi sangre, en mí permanece, y yo en él. [57] Como me envió el Padre viviente, y yo vivo por el Padre, asimismo el que me come, él también vivirá por mí. [58] Este es el pan que descendió del cielo; no como vuestros padres comieron el maná, y murieron; el que come de este pan, vivirá eternamente.

Interpretación Verdad A: Una persona es salva cuando recibe la santa Eucaristía del cuerpo y la sangre de Cristo.

Segunda Interpretación Verdad A: Una persona es salva cuando cree en Cristo, lo que se representa como comer Su cuerpo y beber Su sangre.

Este pasaje del discurso del Pan de Vida de Jesús es una premisa de las enseñanzas de la iglesia Católica Romana acerca de la santa Eucaristía, el ritual de ingerir pan y vino bendecido por un sacerdote, que de hecho se convierte en el cuerpo y la sangre de Cristo Jesús. Aquellos que comen los elementos, o reciben a Cristo, obtienen vida eterna. Existen un número de problemas con esta opinión que no se mencionan en el pasaje mismo. Un problema es que este sólo es uno de los siete sacramentos de la iglesia Católica Romana que se suponen conllevan a la gracia salvadora de Dios, y en su sistema la salvación depende no sólo de cumplir con estos sacramentos, sino también otros. Los Católicos se enfrentan con un dilema que enseña este pasaje (en su opinión) que una persona recibe vida eterna a través de la Eucaristía, pero existen otros sacramentos que también son necesarios. Un segundo problema que arruina esta opinión es que el pan y el vino de hecho se convierten en el cuerpo y la sangre de Cristo Jesús cuando los bendice el sacerdote (llamada *transubstanciación*). Por supuesto, no existe ningún tipo de base bíblica para apoyar esta opinión.

En el contexto anterior a este pasaje, Jesús deja bien claro que la vida eterna es a través de la fe en Él (Jn. 6:29, 35, 40, 47). Estas declaraciones son hechas dentro de Su uso en la historia del Antiguo Testamento del maná en el desierto y la analogía de Sí mismo como el pan de vida. La comparación del pan invita a la analogía entre comer y creer, así como Él usó la historia de las serpientes de Números 21 para hacer la analogía entre ver y creer (Jn. 3:14-15). La analogía de comer y beber enfatiza la recepción o la internalización de la verdad que Cristo enseña acerca de Sí mismo. El resultado de nunca tener hambre o no volver a tener sed enfatiza la vida eterna que uno disfruta.

Como siempre, con Juan, sus analogías de creer son simples actos que no llevan rastro de obras o méritos delante de Dios. Decir que comer y beber (o en otras partes de Juan, recibir, ver, escuchar, entrar) son algo más que simple ilustraciones de lo que significa aceptar la Verdad es forzar la analogía. Nadie considera comer y beber como un trabajo; esto es simplemente cómo se obtiene el sustento. Yo estaba explicando esto una vez a través de un traductor en Ghana, África, que creer significa estar convencido o persuadido de una verdad de tal forma que la persona la recibe o depende de ella. Él me interrumpió diciendo, "Oh, en nuestro lenguaje nosotros tenemos una buena palabra para *creer*—decimos que significa *tomar las palabras de Dios y comerlas*". Cuando una persona cree en Cristo Jesús como Salvador, él se apropia o está dependiendo de la promesa de Jesús de darle vida eterna.

Los discípulos permanecen en la palabra de Jesús. Juan 8:30-32

[30] *Hablando él estas cosas, muchos creyeron en él.* [31]*Dijo entonces Jesús a los judíos que habían creído en él: Si vosotros permaneciereis en mi palabra, seréis verdaderamente mis discípulos;* [32] *y conoceréis la verdad, y la verdad os hará libres.*

Interpretación Verdad A: Solo los que continúen obedeciendo a la palabra de Cristo son verdaderamente salvos.

Interpretación Verdad B: Solo los creyentes que continúen obedeciendo la palabra de Cristo son verdaderamente Sus discípulos.

La interpretación de Verdad A en este pasaje no ve nada más allá que la salvación. Aquellos que profesan ser creyentes de hecho deben obedecer la Palabra de Dios para probar que ellos son genuinamente salvos. En otras palabras, todos los judíos que creyeron tenían una fe superficial que se debía probar al obedecer la Palabra de Dios. Solo los verdaderos creyentes son discípulos y sólo los verdaderos creyentes están "libres" de condenación eterna por sus pecados.

Existen varias razones por las que los comentaristas toman la interpretación de la Verdad A. Sus argumentos dicen algo así como: Jesús después les dice a los judíos "Vosotros sois de vuestro padre el diablo" (v. 44), entonces ellos no pudieron haber sido salvos. También, el verso 31 sólo dice que ellos "le habían creído [RVA]", no que ellos "creyeron *en* Él". Además, los comentaristas dicen, que convertirse en un verdadero creyente y en un discípulo son dos maneras de decir la misma cosa.

Cuando vemos el contexto que rodea a este pasaje, nos encontramos con ciertas dificultades con esta interpretación. Si el diálogo inmediatamente se vuelve a tornar hostil en el verso 33, y continúa hostil hasta el final del capítulo cuando los judíos tratan de matar a Jesús, claramente la mayoría de la audiencia era hostil; incluyendo algunos de los judíos que habían creído en Él. Versos 31-32¿ Jesús está hablando brevemente a la fracción de la multitud que había creído?, un importante reconocimiento que profundiza su diálogo con Sus enemigos, porque Jesús presenta la posibilidad de la libertad.

Debemos ver el verso 30 como una injerencia del comentario de Juan diseñado para ayudar al lector a entender el contexto de los comentarios de Jesús que siguen en los versos 31-32 (Vemos el mismo patrón usado por Juan en vv. 27-29). El diálogo continúa con los judíos hostiles sin volverlos a presentar, porque su oposición había llevado el diálogo desde el verso 13 y continúa hasta el final del capítulo.

La segunda razón por la que muchos dicen que este pasaje es una Verdad A es porque ellos dicen que los judíos sólo "le habían creído [RVA]" lo que indica una fe inadecuada porque ellos no "creyeron *en* Él". Pero anteriormente, Jesús no usó la preposición "en" cuando Él dijo que los que "no creéis que yo soy" van a morir en sus pecados, implicando que van a perecer. Tampoco se usa la preposición en los versos de salvación que son muy claros, Juan 5:24: "De cierto, de cierto os digo: El que oye mi palabra, y cree [en] al que me envió, tiene vida eterna; y no vendrá a condenación, mas ha pasado de muerte a vida" (la preposición "en" no está en el griego). La preposición tampoco se usa en Juan 8:24: "...si no creéis que yo soy, en vuestros pecados moriréis". Más importante, la preposición no se encuentra en la clara oferta de salvación de la declaración del propósito de Juan en 20:31. Debemos concluir que en Juan no hay diferencia entre *creer en* y *creer que*, lo cual es consistente con otro lenguaje similar usado para salvación en otras partes del Nuevo Testamento (No existe la preposición en el lenguaje original de Hch. 16:34; 18:8 [RVA]; Ro. 4:3; Ga. 3:6; 2 Tm. 1:12; Tit. 3:8 [RVA]; y Stg. 2:23, y "Creéis que" que se usa en Mt. 9:28; Ro. 10:9; y 1 Ts. 4:14).

En respuesta al tercer y último argumento, a estas alturas ya debe ser obvio que hay una clara distinción en la Biblia entre la *condición* para la salvación y las *condiciones* para el discipulado. Es claro que los versos 31-32 son para los creyentes (v. 30), y que es una condicional para ellos ("Si vosotros"). También está claro que esta no es una invitación para *entrar* a Su Palabra, sino para *permanecer* en ella. Estos creyentes entraron en la verdad de la Palabra cuando ellos creyeron en Jesús. Pero ellos deben permanecer en ella para ser verdaderos discípulos. Si esta declaración de Jesús es una condición para la salvación, considere las consecuencias: La salvación es por obras porque la palabra "permanecer" (*menō*) significa *adherirse, continuar en, estar en,* e implica obediencia. También, nadie podría estar seguro de que es salvo hasta que muere, porque no sabría si ha continuado obedeciendo a la Palabra de Dios fielmente hasta el fin de su vida.

El aspecto de la Verdad B de este pasaje es ampliado por el resultado de permanecer y hacerse verdaderos discípulos: conocer y ser hecho libre por la verdad. Los verdaderos discípulos están en una posición de conocer más la verdad y de encontrar la libertad en ella. El íntimo conocimiento de Cristo Jesús y de Dios el Padre es un privilegio de aquellos que obedecen la verdad (Jn. 14:15, 21, 23; 15:4, 7, 10, 14). Permanecer en la verdad no sólo libera al discípulo *de* la pena y la culpa del pecado, la esclavitud del legalismo y el error de la falsa doctrina, pero también le libera *para* experimentar amor, gozo, paz, y las otras bendiciones de la vida espiritual.

Nosotros que hemos creído en Cristo Jesús para salvación tenemos una vida llena y rica que nos está esperando cuando permanecemos en (vivimos en obediencia a) la Palabra de Dios. Nosotros tendremos una comunión más íntima con Dios en la cual Él se nos va a manifestar más y más. Nosotros también disfrutaremos la libertad de vivir bajo la gracia y en el poder del Espíritu Santo. Permanecer en la Palabra de Dios ciertamente implica que la escuchamos, la leemos, la estudiamos, y aún la memorizamos, pero más importante, la *obedecemos*.

Las ovejas de Jesús le siguen a Él. Juan 10:27-28

²⁷ Mis ovejas oyen mi voz, y yo las conozco, y me siguen, ²⁸ y yo les doy vida eterna; y no perecerán jamás, ni nadie las arrebatará de mi mano.

Interpretación Verdad A: A aquellos que siguen a Cristo Jesús se les dará vida eterna.

Interpretación Verdad B: Aquellos que escuchan a Cristo Jesús son los que han creído en Él, le siguen y se les ha dado vida eterna.

Algunos que ven la obediencia como una condición para salvación se apoyan en este pasaje. Si las ovejas representan a los creyentes, entonces sólo los que siguen a Cristo en obediencia son los que van a tener vida eterna.

Aquí se necesitan muchas observaciones. Primero, este pasaje se encuentra en un contexto muy grande al usar la metáfora de la oveja y un pastor. Segundo, se describen dos actividades — escuchar y seguir. Tercero, estas dos actividades son descriptivas de las ovejas, no mandamientos o condiciones impuestas en las ovejas.

La metáfora de la oveja y del Pastor, quien es Cristo Jesús, muestran confianza en la voz correcta, que es el problema que se establece anteriormente en la metáfora (10:3-5). Cuando las ovejas reconocen la voz correcta, ellas la siguen. De las dos actividades descritas, escuchando y siguiendo, es claro que escuchar muestra creer (10:3, 5) y que seguir es una respuesta subsiguiente a creer: "las ovejas le siguen, porque conocen su voz" (10:4). ¿De qué otra manera pudieran mostrar las ovejas que confían en el pastor correcto? El que escuchar representa creer es claro cuando comparamos versos 16 y 26-27:

¹⁶ "También tengo otras ovejas que no son de este redil; aquéllas también debo traer, y oirán mi voz; y habrá un rebaño, y un pastor".

²⁶ pero vosotros no creéis, porque no sois de mis ovejas, como os he dicho. ²⁷ Mis ovejas oyen mi voz, y yo las conozco, y me sigue.

La condición para estar en el verdadero rebaño del Pastor es escuchar Su voz, una Verdad A. El resultado natural de escuchar es seguir, una Verdad B. Es importante hacer esta diferencia en el pasaje y mantener la conducta del evangelio de salvación a través de la fe sola. Seguir, u obedecer, es un resultado natural de confiar en alguien, pero no es lo que determina la relación inicial. Escuchar (creer en) el evangelio lo posiciona a uno en el rebaño, mientras que seguir (obedecer) es el resultado práctico que se espera (cf. Lc. 6:47; 8:21). Escuchar se usa en otro lugar en la Biblia para ilustrar la fe en Cristo Jesús para vida eterna, porque escuchar se usa muy a menudo en el sentido de percibir y estar de acuerdo, lo que es esencial para creer (Mt. 10:14; 11:15; 13:23; Lc. 10:16; Jn. 5:24; Hch. 28:27-28; Ro. 10:14-17; Ga. 3:2, 5; 1 Jn. 4:6). En el verso 27, el resultado de escuchar a Cristo, (creer en Él) es que Él conoce a estas personas. Esto implica su salvación y explica su subsiguiente decisión de seguirle a Él. Otra vez, es importante notar que el escuchar y seguir simplemente describen lo que las ovejas están haciendo; estos nunca se mencionan como condiciones imperativas para la vida eterna.

Conocemos a nuestro Buen Pastor, Cristo Jesús, y Él nos conoce cuando escuchamos Su voz, o creemos en Él. ¿Por qué no seguiríamos a Aquel a quien le hemos confiado nuestro destino eterno, quien verdaderamente es el Buen Pastor que se preocupa por nosotros? Desafortunadamente, nosotros no siempre somos *buenas ovejas.* ¡Gracias a Dios que nuestro destino eterno no depende de que le sigamos obedientemente!

Algunos creyeron y no confesaron. Juan 12:42

> *"Con todo eso, aun de los gobernantes, muchos creyeron en él; pero a causa de los fariseos no lo confesaban, para no ser expulsados de la sinagoga".*

Interpretación Verdad A: Aquellos que no confiesan a Cristo Jesús no son verdaderos creyentes.

Interpretación Verdad B: Verdaderos creyentes puede que no confiesen a Jesús por temor.

¿Puede una persona que no confiesa a Cristo públicamente, temer por su vida y futuro, y amar la honra de los hombres más que la honra de Dios, y aun así ser salvo? Esta fue la conducta de los judíos gobernantes en este pasaje, aun así se nos dice que ellos habían creído en Jesucristo. Necesitamos averiguar si esta es un asunto de Verdad A o de Verdad B.

La Verdad A se relaciona con la salvación inicial que sólo viene a través de la fe en Cristo Jesús como nuestro Salvador. Juan nos dice que estos gobernantes habían creído en Cristo. Hasta ahora hemos visto que en Juan, existe una buena razón para entender cada referencia a creer en Jesús como una oferta o recepción genuina de la salvación. Este pasaje no puede ser diferente.

La Verdad B es en relación con las condiciones para el discipulado que vienen a través de seguir a Cristo. La conducta de estos gobernantes no satisface las condiciones para el discipulado que se establecieron en otro lugar de los Evangelios. Ellos no confesaron a públicamente (Mt. 10:32-33), ellos no estaban dispuestos a tomar su cruz o a sufrir por su identificación con Cristo (Lc. 9:23b), y ellos no estaban dispuestos a dejar que los hombres los dejaran de honrar (Lc. 9:23a).

Concluimos que los gobernadores fueron salvos, pero en su nuevo estado de inmadurez ellos no estaban listos para adentrarse en el compromiso necesario para convertirse en discípulos de Cristo Jesús. La fe inmadura de los creyentes no confiables es un motivo sutil en Juan que ya vimos en 2:23-25. La historia de Nicodemo es otro ejemplo. Él pasa de ser un curioso en secreto (Jn. 3:1-4), a ser un débil defensor de Cristo (Jn. 7:47-52), y a identificarse totalmente con Cristo en público (Jn. 19:39-42). Los padres del hombre ciego y José de Arimatea también actuaron discretamente acerca de su fe (Jn. 9:22; 19:38).

Esta Verdad B la deben entender muchos Cristianos alrededor del mundo que experimentan el temor que viene de confesar a Cristo a sus familiares y sus comunidades. En muchas situaciones, sus vidas están en riesgo. Necesitamos tener cuidado de no imponer una interpretación de la sociedad judío-cristiano occidental a este pasaje o a las acciones de otros creyentes que viven en lugares hostiles hacia los Cristianos. Dios salva Cristianos débiles y fuertes. Valor no es una condición para la salvación, pero es una condición para el discipulado. Aquellos que quieren ser verdaderos discípulos van a seguir a Jesús sin importar la persecución y aún su propia muerte.

Pámpanos que no llevan fruto. Juan 15:1-8

> [1]*"Yo soy la vid verdadera, y mi Padre es el labrador.* [2]*Todo pámpano que en mí no lleva fruto, lo quitará; y todo aquel que lleva fruto, lo limpiará, para que lleve más fruto.* [3]*Ya vosotros estáis limpios por la palabra que os he hablado.* [4]*Permaneced en mí, y yo en vosotros. Como*

el pámpano no puede llevar fruto por sí mismo, si no permanece en la vid, así tampoco vosotros, si no permanecéis en mí. [5] *Yo soy la vid, vosotros los pámpanos; el que permanece en mí, y yo en él, éste lleva mucho fruto; porque separados de mí nada podéis hacer.* [6]*El que en mí no permanece, será echado fuera como pámpano, y se secará; y los recogen, y los echan en el fuego, y arden.* [7]*Si permanecéis en mí, y mis palabras permanecen en vosotros, pedid todo lo que queréis, y os será hecho.* [8]*En esto es glorificado mi Padre, en que llevéis mucho fruto, y seáis así mis discípulos".*

Interpretación Verdad A: Aquellos descritos como pámpanos sin frutos no son creyentes y serán echados al infierno.

Interpretación Verdad B: Los creyentes que no den fruto no son de utilidad para el Salvador.

Aquí la pregunta interpretativa decisiva es si Juan se refiere a los pámpanos echados al fuego como creyentes o incrédulos. Si los pámpanos sin fruto se refiere a incrédulos, ellos serán echados al infierno porque su fe fue superficial, y ellos no produjeron fruto, o tuvieron buenas obras que la fe verdadera hubiera producido.

El argumento de la Verdad A está basado en varias suposiciones. Primero, "permanecer" significa *creer*. Segundo, *lo quitará* en el verso 2 se refiere a los incrédulos que son llevados al juicio del lago de fuego, que supuestamente se describe en el verso 6. Tercero, "fruto" se refiere a buenas obras visibles y que se pueden medir. Inevitablemente, en esta opinión, las obras determinan si uno es salvo o no.

Como es de esperarse, conociendo si Jesús se está refiriendo a creyentes o incrédulos es crucial para una correcta interpretación. Algunos pueden argumentar que Jesús se está refiriendo a ambos de tal forma que "Si te queda el saco, póntelo". Universalmente se reconoce que los capítulos 13-17 de Juan forman una unidad diferente normalmente llamada el Sermón del Aposento Alto porque Jesús está retirado con sus discípulos en una habitación de arriba para celebrar la cena de la Pascua. Pero el único incrédulo, Judas Iscariote, se va inmediatamente después de la cena (Jn. 13:30), dejando sólo a los discípulos que eran creyentes. En vista de Su propia ausencia preeminente, Jesús motiva a Sus discípulos a mantener Sus mandamientos de amar y llevar fruto de amor.

Jesús les habla como a salvos—Él les llama pámpanos de la vid verdadera (v. 2), y declara: "Ya vosotros estáis limpios" (v. 3). Estos términos hablan de una unión con Cristo y de su justificación o perdón y que son limpios de sus pecados. Estas fuertes garantías impiden la idea de que ellos eran falsos creyentes.

Como vimos en Juan 8:31, *permanecer* no es un sinónimo de *creer*. Jesús no muestra ningún empacho en usar la palabra *creer* en relación con Su oferta para vida eterna, entonces, ¿Por qué no la usó aquí si Él está hablando de salvación? Y además, ¿Por qué les diría a Sus discípulos que ya son salvos que necesitan creen en Él si esto es lo que significa *permanecer*? Debemos notar que Jesús y Su palabra también permanecen en ellos (vv. 4, 5, 7), y Jesús permanece en el amor de Su Padre (v. 10). Es claro que *permanecer* no puede significar *creer*, pero *adherirse, vivir con, continuar en una cercana comunión con*. Es una condición para la oración respondida (v. 7), y como una condición ("si" vv. 6, 7) muestra la posibilidad de que un creyente pueda no cumplirla.

Entonces, ¿Cómo debemos entender el destino de los pámpanos sin fruto que el Divino Viñador "quitará" en el verso 2? Esto no se puede referir a perder la salvación y ser echado en el lago de fuego porque Jesús dice que esos pámpanos están "en Mí". La segunda parte del verso nos da un significado diferente a "quitará". Esto ilustra el cuidado tierno del Viñador que limpia los pámpanos con fruto para que den más fruto. ¿Cómo hace que los pámpanos con fruto den más fruto? El Viñador no los quita, pero "levanta" a esos pámpanos. Esta es una mejor traducción para la palabra griega (*airō*) y se usa de esta manera en otros lugares en Juan (5:8-12; 8:59; 10:18; 11:41). Esto ilustra la vitivinícola costumbre de levantar los pámpanos del suelo para evitar que se dañen y exponerlos a más luz solar. Como lo dice el verso 2, una vez que se ve el fruto, el pámpano se puede limpiar para que se motive a dar más fruto. Esto presenta una ilustración clara de Dios motivando a Su gente a ser fieles (vv. 1-3) si ellos cooperan al permanecer en Él (vv. 4-8).

¿Pero qué hacemos con el fuego del verso 6? No hay necesidad de suponer que es el lago de fuego, como muchos concluyen rápidamente. Jesús no está amenazando a Sus discípulos con el infierno. El fuego se usa muy a menudo en la Biblia para representar la disciplina de Dios, su enojo, o su celo hacia Su propia gente. Es algo que se usa en referencia al juicio que enfrentarán todos los Cristianos, el Tribunal de Cristo, en donde las obras que no son dignas serán quemadas (1 Co. 3:12-15; 2 Co. 5:10). En este pasaje, el fuego es figurativo al igual que los pámpanos. Quemar a las ramas inútiles era una práctica agrícola común. Pámpanos sin fruto aun después de haber sido levantados del suelo no tienen un propósito práctico, por eso son quemadas o desechadas. Esto se compara con las obras inútiles que se queman en el Tribunal de Cristo en 1 Corintios 3:15.

Por supuesto, si llevar fruto es una medida de la salvación, entonces tenemos problemas como, ¿Qué exactamente encaja en la descripción del fruto, son los frutos siempre visibles o que se pueden medir, y cuánto fruto se necesita? El mayor problema es la intromisión de las obras en el evangelio de la gracia, especialmente en Juan, cuyo propósito es mostrar que creer es la única condición para la salvación. La única interpretación que encaja en este pasaje y las claras enseñanzas de las Escrituras es una interpretación de Verdad B. En Verdad B, llevar fruto es una forma importante de ser útil y de glorificar a Dios.

Los creyentes que están flojeando en su caminar con Dios y no producen fruto no deben temer al infierno, ellos deben temer ser inútiles para el servicio de Dios y deben temer encarar a Jesucristo en el Día del juicio cuando ellos tendrán que dar cuentas de cómo vivieron sus vidas. Por el otro lado, los creyentes que permanecieron con Cristo en una comunión íntima llevaran fruto, tendrán oraciones contestadas, van a mostrar que ellos son discípulos, y van a glorificar a Dios (vv. 7-10).

Sigue creyendo para tener vida eterna. Juan 20:30-31

> [30] *Hizo además Jesús muchas otras señales en presencia de sus discípulos, las cuales no están escritas en este libro.* [31] *Pero éstas se han escrito para que creáis que Jesús es el Cristo, el Hijo de Dios, y para que creyendo, tengáis vida en su nombre.*

Interpretación Verdad A: Una persona debe continuar creyendo en Cristo Jesús para tener vida eterna o la persona nunca fue verdaderamente salva, o pierde su salvación.

Interpretación Verdad B: Una persona debe continuar creyendo para poder experimentar la vida eterna que recibió cuando creyó en Jesús como Salvador.

Ya lo hemos dicho, normalmente Juan 20:30-31 se reconoce como la declaración del propósito del Evangelio de Juan. Algunos prefieren ver el propósito de Juan en el prólogo de 1:4: "En él estaba la vida, y la vida era la luz de los hombres". Si los consideramos juntos, tenemos claros separadores (una inclusión) del material de Juan. Ambos nos permiten ver que el preponderante material de Juan está diseñado para llevar a las personas a creer en Cristo Jesús como Salvador (resultando en "vida") y que la unidad de los capítulos 13-17 es una discusión íntima con los discípulos acerca de situaciones de Verdad B (resultando en "luz" para vivir). Tiene sentido que cualquier declaración del propósito de Juan deba declarar el propósito principal de Verdad A, pero permite el propósito secundario de Verdad B.

El propósito de Verdad A está claro en 20:31, que si uno cree en Jesucristo, el Hijo de Dios, va a tener vida eterna. Pero la Verdad B está en la siguiente frase, "y para que creyendo, tengáis vida en su nombre". Algunos argumentan que el presente participio de "creyendo" indica creer continuamente. En otras palabras, uno debe *seguir creyendo* para poder tener vida eterna, y si uno no lo hace, entonces pierde su salvación o prueba que realmente nunca fue salvo. Pero ¿Es esto lo que indica el tiempo presente? No, no si entendemos la naturaleza de la vida eterna y el propósito de Verdad B dentro del Evangelio de Juan.

La vida eterna es un regalo de Dios que se da como una posesión permanente, pero también es la vida de Dios que se da como algo para disfrutar. Esta es ambas cosas, una cantidad de vida y una calidad de vida. Jesús dice, "yo he venido para que tengan vida, y para que la tengan en abundancia" (Jn. 10:10b). Él también ora acerca de aquellos que creen en Él: "Y esta es la vida eterna: que te conozcan a ti, el único Dios verdadero, y a Jesucristo, a quien has enviado" (Jn. 17:3). Además de una posesión inicial que nos da una relación con Dios, la vida eterna también es una vida abundante y una vida del conocimiento de Dios, lo que indica un compañerismo o disfrutar de esa vida. La condición para disfrutar continuamente de la vida eterna de Dios, también es fe. El ejercitar la fe es una clave principal no sólo para la salvación inicial, pero también en la vida del Cristiano (Ro. 1:17; 5:2; Ga. 2:20). Juan 20:31 por lo tanto representa ambas Verdad A y Verdad B.

La declaración de Juan en 20:31 dice que creer es cómo uno recibe la vida eterna de Dios, pero también cómo experimentamos la vida de Dios en el presente. Aquellos que creen en Cristo Jesús nunca deben tratar a la vida eterna sólo como el boleto al cielo para usarse en el futuro. Ellos deben darse cuenta que están en una nueva relación con Dios como su Padre, una relación que se disfruta y se mejora mientras viven por fe.

Hechos

7

UN HECHO IMPORTANTE que debemos recordar acerca del libro de los Hechos es que esta es una narrativa de un tiempo de transición en la historia mientras Dios presenta a la iglesia. Por lo tanto, debemos ser cuidados al usar las historias descriptivas como preceptivas para la conducta de hoy. También debemos observar cuidadosamente a quién se le da el mensaje específicamente, porque nos vamos a encontrar con diferentes grupos: judíos no salvos, Gentiles no salvos, Discípulos de Juan el Bautista, y Cristianos. También, cuando deducimos la teología de la narrativa de la historia, debemos tener en mente que no todo lo que pasó o se dijo es necesariamente para nosotros. Las deducciones Teológicas de Hechos deben escudriñarse a la luz de las epístolas didácticas del Nuevo Testamento.

Arrepiéntete y bautízate. Hechos 2:37-39

[37] Al oír esto, se compungieron de corazón, y dijeron a Pedro y a los otros apóstoles: Varones hermanos, ¿qué haremos? [38]Pedro les dijo: Arrepentíos, y bautícese cada uno de vosotros en el nombre de Jesucristo para perdón de los pecados; y recibiréis el don del Espíritu Santo. [39] Porque para vosotros es la promesa, y para vuestros hijos, y para todos los que están lejos; para cuantos el Señor nuestro Dios llamare.

Interpretación Verdad A: Las personas deben dejar de pecar y ser bautizados para ser salvos.

Primera Interpretación Verdad B: Las personas deben cambiar sus mentes acerca de (creer en) Cristo Jesús como su Salvador y entonces ser bautizados para demostrar que a ellos se les han perdonado sus pecados.

Segunda Interpretación Verdad B: Los judíos que se dieron cuenta que habían crucificado a su Mesías habían creído en Él y ahora se tenían que arrepentir de ese pecado para ser perdonados para tener un compañerismo con Dios, y bautizarse para identificarse con aquellos que habían sido perdonados y salvos.

Tercera Interpretación Verdad B: Los judíos que se dieron cuenta de que habían crucificado a su Mesías ahora debían creer en Él como su Salvador y declarar su fe a través del bautismo para escapar el juicio de su generación pecadora e identificarse con la nueva comunidad Cristiana.

Este ha sido el pasaje "de batalla" de aquellos que argumentan que el bautismo es necesario para la salvación. Pero esa interpretación encuentra inmediata resistencia de aquellos que dicen que el bautismo es una obra y que contradice la salvación por gracia a través de la fe sola. La última opinión se apoya en Hch. 10:43-44 y 15:7-9 en donde las personas recibieron el Espíritu Santo antes de que se bautizaran, y en donde las personas fueron salvas sin que se mencione el bautismo como una condición en la narrativa de la predicación del evangelio (Hch. 4:4; 13:38-49; 15:1-11; 17:2-4, 10-12; 18:27-28; 20:18-21).

Sobre todo, es importante ver el libro de los Hechos como un libro de transición. El mensaje del evangelio ahora incluye la cruz y la resurrección así como la promesa del Espíritu Santo. Los judíos que creyeron en Jesús en los Evangelios, no necesariamente sabían acerca de Su trabajo en la cruz y Su resurrección, ya que esos eventos todavía no pasaban. En los Evangelios, Jesús también promete darles el Espíritu Santo en algún punto en el futuro. En Hechos, los Samaritanos (mitad judíos) y los judíos que creyeron recibieron el Espíritu Santo en un evento subsiguiente (Hch. 8:14-18; 9:17; 19:5-6) mientras que los Gentiles recibieron el Espíritu inmediatamente (Hch. 10:44-48).

Aunque este es un pasaje notablemente difícil, existen varias interpretaciones que preservan al evangelio de la salvación por gracia a través de la fe sola. En la primera interpretación de Verdad B, bautismo "para perdón de los pecados" no se ve como una condición para la salvación, porque "para" (*eis*) da el significado "en base a" o *porque* uno ha sido perdonado. Sin embargo, el uso causal de *eis* en el Nuevo Testamento es debatible.

Una segunda interpretación de Verdad B considera la naturaleza histórica y transicional de la narración. Pedro está hablando con la nación judía que acaba de crucificar al Mesías. Ellos creyeron en Jesucristo cuando se convencieron de lo que habían hecho, indicado por el hecho de que "se compungieron de corazón", y preguntaron cuál era el siguiente paso. El mandamiento de Pedro, de arrepentirse y bautizarse, es lo que ellos necesitan hacer para identificarse con la nueva comunidad Cristiana, para poder escapar del juicio por su terrible pecado de crucificar a Cristo. Entonces ellos reciben el perdón de ese pecado y reciben la promesa del Espíritu Santo. Muchos piensan que es una exageración pensar que "se compungieron de corazón" es lo mismo que creer en Cristo Jesús para la vida eterna porque saber que has pecado no es lo mismo que creer en Cristo para perdón y vida eterna.

La tercera interpretación que mantiene la salvación a través de la fe sola también considera el aspecto transicional del discurso de Pedro a la nación judía. Cuando ellos "se compungieron de corazón", los judíos se dieron cuenta del pecado que cometieron al matar al Mesías, pero aún no habían aceptado Su promesa de vida eterna. Pedro dice que ellos todavía necesitaban arrepentirse o cambiar sus mentes acerca de (lo cual esencialmente está diciendo "creer en") Cristo Jesús como su Salvador quien les perdona todos sus pecados y les da el Espíritu Santo. El bautismo es la forma en la que ellos muestran ambos, su arrepentimiento que les separa de la nación pecadora y su fe que les identifica con la nueva comunidad de creyentes. El bautismo es una imagen visible de su fe, no una condición para la salvación. Como apoyo, se nota que el mandamiento de "Arrepentíos" es plural, lo que corresponde al plural en "recibiréis el don del Espíritu Santo", pero el mandamiento de bautizarse es singular y por lo tanto es secundario.

Cada una de estas interpretaciones de Verdad B tiene su lado fuerte y su lado débil. Sin embargo, a la luz de la clara enseñanza bíblica, cualquiera de ellas es más fuerte que la interpretación que hace al bautismo una condición para la vida eterna.

Como Hechos demuestra después, los Gentiles que creyeron recibieron el Espíritu Santo inmediatamente sin ser bautizados (Hch. 10:44-48). Esta es la manera en la que Dios opera hoy. Cualquiera que cree en Cristo Jesús es salvo inmediatamente (Verdad A), pero se debe bautizar tan pronto como sea posible para declarar su fe e identificarse públicamente con la comunidad Cristiana (Verdad B). Aunque el bautismo no es una condición para la salvación, no debemos minimizar su importancia; es el primer paso de obediencia cuando seguimos a Cristo Jesús.

Simón el mago. Hechos 8:17-24

> [1] *Entonces les imponían las manos, y recibían el Espíritu Santo.* [18] *Cuando vio Simón que por la imposición de las manos de los apóstoles se daba el Espíritu Santo, les ofreció dinero,* [19] *diciendo: Dadme también a mí este poder, para que cualquiera a quien yo impusiere las manos reciba el Espíritu Santo.* [20] *Entonces Pedro le dijo: Tu dinero perezca contigo, porque has pensado que el don de Dios se obtiene con dinero.* [21] *No tienes tú parte ni suerte en este asunto, porque tu corazón no es recto delante de Dios.* [22] *Arrepiéntete, pues, de esta tu maldad, y ruega a Dios, si quizás te sea perdonado el pensamiento de tu corazón;* [23] *porque en hiel de amargura y en prisión de maldad veo que estás.* [24] *Respondiendo entonces Simón, dijo: Rogad vosotros por mí al Señor, para que nada de esto que habéis dicho venga sobre mí.*

Interpretación Verdad A: La fe de Simón era falsa porque él pecó grandemente y fue eternamente maldito por Pedro; por lo tanto, él necesitaba ser salvo

Interpretación Verdad B: La fe de Simón le salvó, pero su gran pecado casi le trae una maldición temporal; por lo tanto, él necesitaba arrepentirse.

Otra vez, la interpretación Verdad A demanda que neguemos la declaración de las Escrituras que dice, "También creyó Simón mismo" y fue bautizado (Hch. 8:13). Sin embargo, aquellos que niegan la salvación de Simón probablemente no cuestionan la declaración anterior de que los Samaritanos "cuando creyeron a Felipe, que anunciaba el evangelio del reino de Dios y el nombre de Jesucristo, se bautizaban hombres y mujeres". (Hch. 8:12). Esta declaración se toma literalmente mientras que la declaración acerca de Simón no. En la siguiente historia, el mismo Felipe le predica el evangelio a un Etíope eunuco (8:26-36) y él también cree (8:37-39). Nadie se pregunta acerca de esta conversión. Entonces tenemos un problema: ¿Por qué se supone que la salvación del grupo de Samaritanos y del Etíope son genuinas, pero la de Simón es falsa? Su salvación se menciona de la misma manera que la de los Samaritanos en el siguiente verso. Si de algo sirve, separando la salvación de Simón la enfatiza en lugar de negarla. Existe un contraste en esta sección de los Hechos designada a mostrarnos que el evangelio salva a ambos a gente con un corazón malo (Simón quien estaba metido en la magia) así como personas de buen corazón (el Etíope que estaba metido en las Escrituras).

Si no fuera por las palabras de Pedro, "Tu dinero perezca contigo", probablemente no hubiera habido ninguna duda acerca de si la salvación de Simón era genuina o no. Lo que provoca la declaración de Pedro no fue que Simón rechazara a Jesucristo, lo cual nunca se indica, sino el pecado específico de Simón, la avaricia que nació de sus celos por el singular poder apostólico de otorgar el Espíritu Santo a los nuevos creyentes. Simón ciertamente ha experimentado su propia recepción del Espíritu Santo con los demás Samaritanos (8:14-17), lo cual puede ser la razón por la que Él buscó la habilidad de otorgar este precioso don del Espíritu Santo a otros. Sin embargo, él buscó comprar este singular poder apostólico con dinero (v. 20). Por eso cuando Pedro dice, "No tienes tú parte ni suerte en este asunto" (v. 21), Pedro estaba hablando del privilegio apostólico de otorgar el Espíritu Santo, no de la salvación. Pedro también le dice que su corazón no es recto delante de Dios (Hch. 8:21), lo cual sería una manera extraña de describir a un no-creyente. Se le dice que se arrepienta de un pecado específico, "de esta tu maldad", y encuentra el perdón de Dios (Hch. 8:22) —otra vez, una manera extraña de hablarle a un no-creyente quien es condenado por todos sus pecados, no sólo por cualquier pecado. El problema de Simón no se describe como si él estuviera muerto en pecado o separado de Dios, sino como si él estuviera "en hiel de amargura y en prisión de maldad", ambos obviamente se refieren a sus celos y avaricia (Hch. 8:23). Los creyentes pueden caer en la amargura y el pecado (Ef. 4:32; Heb. 12:15).

Entonces ¿Cómo debemos entender la amenaza de Pedro, "Tu dinero perezca contigo" en el verso 20? Mientras que la palabra "perezca" (de *apoleia*) algunas veces se refiere específicamente a la destrucción eterna en el infierno, tiene un significado general de *ruina* o *desperdicio* (vea Mc. 14:4/ Mt. 26:8; Hch. 25:16; 2 Pe. 3:16) y se usa en referencia a una persona salva en 1 Corintios 8:11. Ciertamente, la solicitud equivocada de Simón muestra una opinión pervertida de la posición apostólica y del regalo del Espíritu Santo que le lleva a su ruina o desperdicio en esta vida. Dos observaciones apoyan la interpretación de una maldición temporal. Primero, hubiera sido extraño consignar el dinero a la condenación eterna en el infierno con Simón. Segundo, la solicitud de Simón de la oración de los apóstoles representa un tipo de arrepentimiento, una actitud consistente con ser regenerado. La interpretación Verdad B encaja mejor en esta narración.

El malentendido de Simón acerca de la singularidad del regalo apostólico y la prerrogativa de Dios en cómo y cuándo Él otorga el Espíritu Santo debe ser una advertencia hoy para los que dicen tener el don apostólico y el poder de otorgar el Espíritu Santo a las personas. Los Hechos es un libro que describe eventos únicos del periodo de transición entre la época de la Ley y la Iglesia. No podemos interpretar esos eventos como la norma para hoy. Como es claro en las epístolas de Pablo, cada creyente en Cristo Jesús recibe el Espíritu Santo inmediatamente sin la agencia apostólica (Ro. 8:9; 1 Co. 12:13; Ga. 3:2; Ef. 1:13).

Creen en el Señor Jesucristo. Hechos 16:30-31

> [30] *y sacándolos, les dijo: Señores, ¿qué debo hacer para ser salvo?* [31] *Ellos dijeron: Cree en el Señor Jesucristo, y serás salvo, tú y tu casa.*

Interpretación Verdad A: Al carcelero se le dijo que someterse a Cristo Jesús como el Señor de su vida lo salvaría.

Segunda Interpretación Verdad A: Al carcelero se le dijo que creyendo en Cristo Jesús quien es el Señor lo salvaría.

El énfasis de la primera interpretación es subjetivo: creer en el *Señor* Jesucristo para salvación significa someterse a Él como el Amo de toda la vida. Esta opinión llamada la Salvación por Señorío de Cristo porque los que sostienen esto definen *creer* en términos de sumisión, compromiso, y rendirse (a Jesús como Amo). El énfasis de la segunda interpretación es objetivo: creer en el que puede salvarte *porque* Él es el Señor Jesús.

La primera interpretación se enfoca en un aspecto de la palabra "Señor". Esta es interpretada en términos de Cristo gobernando la vida de uno. Sin embargo, el significado principal de *Señor* (kyrios) es deidad (vea v. 34). Por supuesto, deidad incluye muchos otros aspectos de la divinidad como Rey, Sumo Sacerdote, Mesías, etc., entonces suponer que *Señor* tiene el significado subjetivo de gobernar la vida de uno en este pasaje es parcial—o con un prejuicio teológico—. Es mejor verlo como una referencia objetiva de Cristo Jesús, Su título. Vemos que la misma palabra se usa como un título de respeto para Pablo y Silas en el verso 30 cuando el carcelero dice, "Señores (amos, de kyrios), ¿qué debo hacer para ser salvo?"

Nos debemos preguntar, de cualquier manera ¿Qué iba a entender un carcelero pagano acerca de someter su vida a Jesús como su Amo? Los incrédulos sólo necesitan entender qué significa que el Hijo de Dios ha muerto por sus pecados, se levantó de los muertos, y ofrece vida eterna. Ellos no necesitan saber la cantidad de mandamientos y condiciones que se necesitan para seguir a Jesús como Señor. Esta es la substancia del discipulado.

Aquellos que sostienen la segunda interpretación a veces son acusados de enseñar que una persona puede rechazar el Señorío de Cristo Jesús y sólo creer en Él para salvación. Este es un argumento humano. La posición de Cristo Jesús como Señor es esencial para nuestra salvación en cualquier forma. Como Señor divino, sólo Jesús pudo vivir una vida perfecta, murió por su gente, y ofrece salvación eterna. Sin embargo, el asunto de someterse subjetivamente a Su señorío no se presenta como una condición en la respuesta de Pablo, que es simple y solamente "Cree". Cada creyente debe someterse a Cristo Jesús como Señor, pero primero debe de venir a Él como Salvador.

Otro aspecto mal interpretado en el verso 31 es de aquellos que toman este pasaje como una promesa de que si una persona cree en Cristo Jesús para salvación, entonces su familia entera será salva, porque Pablo dijo, "tú y tu casa". Ya que no existe ninguna enseñanza ni se ve en la Biblia la salvación por proxy (la fe de alguien más), esta opinión se puede rechazar. Además, la idea de toda la casa en esos días incluía a los siervos, haciendo esta opinión aún más problemática (¡Ya puedo escuchar a alguien bromeando y preguntando si esto también incluye a los suegros!). Cada persona en cada familia debe de creer individualmente en Cristo Jesús como Salvador. La salvación no es automáticamente perpetuada a través de las generaciones. Tenemos una obligación de compartir el mensaje del evangelio con todos, especialmente con la familia.

Bautismo para limpiar los pecados. Hechos 22:16

Ahora, pues, ¿por qué te detienes? Levántate y bautízate, y lava tus pecados, invocando su nombre.

Interpretación Verdad A: A Pablo se le dijo que se bautizara para que sus pecados fueran limpiados para que pudiera ser salvo.

Interpretación Verdad B: A Pablo se le dijo que se tenía que bautizar para mostrar su nueva identidad con Cristo y ser perdonado de sus pecados pasados.

En este pasaje, el Apóstol Pablo les hace un recuento de su conversión en el Camino a Damasco a una multitud de personas en Jerusalén. El resultado de esta historia es el mismo que en la narración original del capítulo 9: Pablo se salva. La diferencia es que este pasaje menciona el bautismo e invocar el nombre del Señor para limpieza de sus pecados.

De la narración de Lucas en Hch. 9 y en la narración de Pablo en Hch. 22 y 26 queda claro que Pablo fue salvo en el momento que tuvo su experiencia en el Camino a Damasco y no después. Su propio testimonio en Gálatas 1:11-12 es que él recibió el evangelio directamente de Cristo Jesús, no de Ananías. También es crítico que miremos los tiempos en la historia y su recuento. Pablo llama Jesús "Señor" *después* de la revelación en el camino. Él dice, "¿Qué haré, Señor?" lo que también indica su sumisión a la voluntad de Cristo. Después de la experiencia, la única instrucción del Señor para Pablo es en relación a lo que él "va a hacer" (Hch. 22:10). En su recuento del capítulo 22, Pablo menciona varias cosas que hizo Ananías que indican que Pablo es salvo antes de ser bautizado: Él llama "hermano" a Pablo, restaura su vista, y le da la comisión de Dios para que él vaya a los Gentiles (Hch. 22:13-15). Entonces la orden de Ananías de "Levántate y bautízate" se le dice a un Pablo salvo justo como Jesús le dijo que se le diría que hacer (Hch. 9:6).

El mandamiento de bautizarse aquí no es entonces una condición para la salvación, pero como el texto lo indica, una condición para que sea limpio de sus pecados. La mejor explicación para esto es revisar nuestro estudio de Hechos 2:38, en donde el bautismo es la manera en la que los judíos mostraban que se habían identificado con la comunidad Cristiana y se alejaban de la generación de judíos que crucificaron al Mesías. Pablo necesita ser bautizado para mostrar su arrepentimiento por apoyar la crucifixión del Mesías y para que ese pecado le sea perdonado (y tal vez también el pecado de perseguir a los Cristianos y a Cristo, Hch. 9:1, 5). "invocando su nombre" no es para salvación, pero expresa la necesidad de la ayuda de Dios, lo que Pablo va a necesitar para cumplir su nuevo ministerio.

Otra vez, encontramos una situación en Hechos que es de naturaleza transitoria. Los judíos de la generación de Jesús compartieron el pecado de Su crucifixión y recibieron el perdón de ese pecado sólo cuando lo confesaron y se arrepintieron en el bautismo. Para los judíos, el Espíritu Santo era dado después de la salvación, como en el caso de Pablo, mientras que los Gentiles recibieron el Espíritu Santo inmediatamente cuando creyeron en Cristo y antes de ser bautizados (Hch. 10:43-44; 15:7-9).

Es importante ver la naturaleza transitoria del libro de los Hechos y no ver estos eventos como normativos para la iglesia de hoy. Si tomamos el libro de los Hechos como la norma para hoy, todos estaríamos hablando en lenguas (Hch. 2:1-4; 19:1-6), venderíamos todas nuestras posesiones para darle a los pobres (Hch. 2:45), nos reuniríamos en templos y casas (¡diario! Hch. 2:46), tendríamos morgues en el sótano de la iglesia para aquellos que caen muertos por mentir en la iglesia (Hch. 5:1-10), y recibiríamos el Espíritu Santo subsecuentemente a la salvación. Nuestro conocimiento del contexto nos rescata de semejantes conclusiones.

Las Epístolas de Pablo

8

E L APÓSTOL PABLO fue el más grande expositor del evangelio y sus implicaciones para la salvación y la vida del Cristiano. Su tratamiento lógico y teológico a los asuntos nos ayuda grandemente en la interpretación de varios de los siguientes pasajes controversiales como Verdad A o Verdad B.

Obediencia o fe. Romanos 1:5; 16:26

"Y por quien recibimos la gracia y el apostolado, para la obediencia a la fe en todas las naciones por amor de su nombre" (Romanos 1:5).

"Pero que ha sido manifestado ahora, y que por las Escrituras de los profetas, según el mandamiento del Dios eterno, se ha dado a conocer a todas las gentes para que obedezcan a la fe" (Romanos 16:26).

Interpretación Verdad A: Fe en Cristo es obediencia a Cristo.

Segunda Interpretación Verdad A: Fe en Cristo es obediencia al mandamiento de creer.

La frase "obediencia a la fe" es común en ambos pasajes. También es común en ambos pasajes la preocupación de Pablo por las naciones que están sin Cristo.

Si Pablo está diciendo que los incrédulos en las naciones deben ser salvos por una fe que obedece, considere los problemas con los que esto nos confronta. Primero, esta opinión combina el significado de fe y obediencia. Estas palabras son distintas lexicalmente, aunque están relacionadas empíricamente ya que fe es lo que genera la obediencia a los mandamientos de Dios. Segundo, Pablo no les estaría diciendo a los Gentiles no salvos (el significado normal para "las naciones") que ellos debían obedecer a Dios, cuando no se espera que ellos supieran ninguno de los mandamientos, además de creer. Tercero, en su sección de justificación (Ro. 3:21-5:21) Pablo no usa las palabras obedecer u obediencia para nada, mucho menos como una condición para la salvación (justificación) o para calificar el significado de fe. Su énfasis es la libertad del evangelio (Ro. 3:24). De hecho, él es enfático acerca del contraste entre fe y obras (Ro. 4:4-5). Como hemos visto, salvación por obediencia y obras no es consistente con la salvación por gracia a través de la fe. Pablo deja en claro que no es por nuestra obediencia, sino por la obediencia de Cristo Jesús que recibimos la justicia de Dios (Ro. 5:19).

La frase "obediencia a la fe" (algunas veces "obediencia de la fe" en otras traducciones) pone las dos palabras "obediencia" y "fe" en una relación muy cercana (no hay palabras intermedias como en las traducciones). Pero no significa obediencia a la fe en el sentido de obedecer la verdad o la doctrina Cristiana, porque en el lenguaje original, esperaríamos ver el artículo *tē*, traducido "la", antes de la palabra "fe" como en Hch. 6:7, que habla de los sacerdotes que se hicieron discípulos y continuaban obedeciendo las nuevas enseñanzas Cristianas. Es posible que la frase se refiera a la obediencia que viene de la fe como dos respuestas separadas que las naciones pueden tener. (Vemos estas dos respuestas en Romanos 6:17, pero este verso no usa esta frase y su contexto es en relación con la santificación de los lectores que han creído. Vea el estudio anterior). Probablemente la mejor interpretación de la frase es "obediencia que es fe (esto es, *creer*)", que es una respuesta y no dos. Esto se llama una relación apositiva, como decir "el acto de bondad" para referirse a una obra.

Solo se requiere una respuesta al evangelio para la salvación y esta es creerlo. Creer el evangelio es obedecer el mandamiento que es implícito en la naturaleza del predicamento del hombre y la oferta de la salvación, y también está explícitamente declarado como la voluntad de Dios (Mc 1:15; Hch. 16:31; 1 Jn. 3:23). Para que las personas de las naciones sean salvas, ellos deben obedecer a Dios creyendo en el evangelio. Predicar el evangelio no sólo es declarar la buenas nuevas; también es llamar a los incrédulos a obedecer a Dios al creer en Su Hijo.

Haciendo bien a cambio de la vida eterna. Romanos 2:6-7, 10, 13

> [6] *el cual pagará a cada uno conforme a sus obras:* [7] *vida eterna a los que, perseverando en bien hacer, buscan gloria y honra e inmortalidad.*

Interpretación Verdad A: Aquellos que obedezcan la Ley serán salvos o probarán que son salvos.

Segunda Interpretación Verdad A: El estándar ideal de Dios para la salvación es obediencia perfecta.

Estos versos parecen decir que la vida eterna puede obtenerse o probarse con buenas obras o guardando la Ley, pero esta opinión categóricamente contradice la afirmación de Pablo en Romanos 3:12; que "No hay quien haga lo bueno", y el subsiguiente argumento de que la justificación es sólo por fe, y no por mantener la Ley porque nadie puede mantener la Ley (Ro. 3:20-4:25). Seguramente Pablo no sería tan descuidado.

Estos versos comparecen en una discusión acerca de los principios de la justicia y el juicio de Dios (Ro. 2:2-3, 5). Pablo está diciendo a los auto-justificados que su juicio acerca de otros y de sí mismos es imperfecto, pero el juicio de Dios es perfecto, de acuerdo a la "verdad" (Ro. 2:2). De acuerdo con este principio de justicia absoluta y perfecta, Dios le daría la vida eterna a cualquiera que se la gane al hacer buenas obras y cumplir la Ley perfectamente. El problema es, como Pablo continúa mostrándonos, que *no hay ni siquiera uno.* (Su argumento va incrementando desde Ro. 2:17 a la declaración inclusiva de "todos pecaron" en Ro. 3:23).

Estos versos no nos enseñan que la salvación se obtiene por buenas obras, pero son parte del argumento de Pablo para mostrar que ya que "No hay justo, ni aun uno" y "No hay quien haga lo bueno, no hay ni siquiera uno". (Ro. 3:10, 12), la justificación sólo es posible a través de la fe en Jesucristo (Ro. 3:22-24).

¡Qué fútil es para las personas tratar de alcanzar la vida eterna por sus propios esfuerzos! Ellos no entienden que el estándar de Dios, no es 51% de obediencia o 99% de obediencia, sino 100%. Si alguno no ha pecado nunca y siempre hace el bien, entonces Dios tendría que ser justo y darle la vida eterna. Pero todos sabemos que nadie encaja en esa descripción en la tierra. Por lo tanto, tenemos un problema que sólo Dios puede resolver con un regalo gratuito, que es "siendo justificados gratuitamente por su gracia, mediante la redención que es en Cristo Jesús" (Ro. 3:24). Cuando no pudimos ser perfectos, Cristo vivió perfectamente y cumplió toda la Ley mientras pagaba por nuestros pecados a través de Su muerte en la cruz. Lo único que podemos hacer es creer en Su persona, provisión, y promesa de vida eterna.

Salvados por Su vida. Romanos 5:9-10

> [9] *Pues mucho más, estando ya justificados en su sangre, por él seremos salvos de la ira.* [10] *Porque si siendo enemigos, fuimos reconciliados con Dios por la muerte de su Hijo, mucho más, estando reconciliados, seremos salvos por su vida.*

Interpretación Verdad A: Una persona es eternamente salva por la muerte y la vida de Cristo.

Interpretación Verdad B: Una persona es justificada eternamente por la muerte de Cristo y salva del poder de las consecuencias del pecado en su vida, por el poder de Su vida resucitada.

Este pasaje es un buen ejemplo de cómo la palabra "salvado" debe de interpretarse en su contexto. Muchos pueden interpretar esta como salvación del infierno en el sentido de la salvación justificación. Si Pablo hubiera dicho *"fuimos* salvos", entonces hubiera sido un claro ejemplo de Verdad A relacionado con la salvación justificación. Sin embargo, él dice, *"seremos* salvos", lo que enfatiza el aspecto futuro de nuestra experiencia de salvación. Pero, ¿Pablo se está refiriendo al futuro eterno después de la muerte del Cristiano o al futuro de la experiencia del Cristiano después de su justificación?

Existen buenas razones para no interpretar este como una futura salvación del infierno o Verdad A. En el contexto inmediato, Pablo expresa la finalidad de nuestra salvación en tiempo pasado como un evento ya logrado: los creyentes ya han sido justificados (Ro. 5:1) y reconciliados con Dios (Ro. 5:10). También debemos observar el contexto mayor. La primera mención de la palabra "ira" en Romanos es después del prólogo del principio del cuerpo del libro en donde describe una realidad actual: "Porque la ira de Dios se revela desde el cielo contra toda impiedad e injusticia de los hombres que detienen con injusticia la verdad" (Ro. 1:18). La palabra "ira" simplemente significa enojo y no es necesaria o solamente una referencia al enojo severo y eterno de Dios para los incrédulos (vea su uso en Ro. 9:22; 12:19; 13:4, 5). Mientras se puede hablar de la ira como una consecuencia eterna en el futuro de aquellos que son impertinentes (Ro. 2:5, 8), la implicación de 1:18 es que todos los que practican la maldad pueden experimentar un aspecto de la ira de Dios en esta vida. En la discusión de la santificación del creyente (Romanos capítulos 6-8), Pablo no usa la palabra "ira", pero explica que hay consecuencias negativas para los creyentes que pecan, que son expresiones de la ira de Dios hacia el pecado (Ro. 6:21, 23; 7:13; 8:6).

Entonces si la ira de Dios es una posible experiencia futura para la vida del Cristiano después de la justificación, ¿Cómo podemos ser salvos de la ira de Dios, y qué significa "salvos por Su (la de Cristo Jesús) vida"? Primero, debemos recordar que la palabra *salvar* simplemente significa *liberar*, y el contexto debe decidir de qué se hace la liberación. Segundo, cuando examinamos el contexto al fluir del argumento de Pablo, vemos que él está hablando a los que han sido justificados (Ro. 5:1, 9), pero se mueve a una discusión acerca de la santificación. Romanos 5:9-10 es un "eje" o transición de su discusión de la justificación a la continua santificación del creyente, que depende de la vida de Jesucristo mientras la vive a través de nosotros por medio del Espíritu Santo que mora en nosotros (Ro. 5:18-21; 6:5-11; 7:4, 6, 24-25; 8:1-11). Cuando permitimos que la vida de Cristo domine nuestra vida, somos "salvos" del enojo de Dios y sus consecuencias en esta vida.

Esta es una importante Verdad B que los Cristianos deben saber y aplicar. Debemos evitar el pecado y confesarlo, y vivir rectamente con el poder del Espíritu de Dios que manifiesta la vida de Cristo en nosotros. Como Cristianos, estamos acostumbrados a decir "he sido salvo", pero también podemos decir "Yo estoy siendo salvo" o "voy a ser salvo" mientras permitimos que Cristo viva Su vida a través de nosotros y nos libra de las expresiones de enojo de Dios hacia el pecado.

Esclavos del pecado o de la justicia. Romanos 6:17

"Pero gracias a Dios, que aunque erais esclavos del pecado, habéis obedecido de corazón a aquella forma de doctrina a la cual fuisteis entregados".

Interpretación Verdad A: Una persona debe de obedecer y someterse a Dios como esclavo para poder ser salvo.

Interpretación Verdad B: Los creyentes deben someterse a Dios como esclavos para poder experimentar Su santidad y Su vida.

Si estos versos fueran Verdad A refiriéndose a la salvación, entonces Pablo les está recordando a sus lectores que ellos fueron salvos por obedecer las verdades Cristianas y someterse a sí mismos a Dios como esclavos. Sin embargo, en el contexto que hemos establecido en esta sección, Pablo le habla a sus lectores creyentes acerca de su santificación. Ellos están "bajo la gracia" (Ro. 6:15) lo que les da dos posibilidades: ellos se pueden someter a la obediencia o al pecado (Ro. 6:16). Pablo entonces reflexiona en las experiencias pasadas de los lectores y está agradecido de que ellos han escogido obedecer las nuevas enseñanzas Cristianas (v. 17). ¿Pero era esa una condición para su salvación o el resultado de su salvación?

El texto indica que la obediencia de los lectores fue subsiguiente a su entrega a la verdad Cristiana; por lo tanto, este debe ser Verdad B. La voz pasiva de "fuisteis entregados" apunta hacia Dios quien los salvo´ y los entregó a las enseñanzas Cristianas. Fue en ese momento que ellos se liberaron de la esclavitud del pecado. Como resultado de su nueva posición, los lectores escogieron obedecer la verdad a la que habían sido entregados. Verso 18 confirma que la elección de ser "siervos de la justicia" fue porque ellos habían sido "libertados del pecado". Verso 19 entonces exhorta a los lectores a continuar presentándose a sí mismos como siervos de la justicia. Seguramente no los está exhortando a ser salvos. El deseo de Pablo es que ellos continúen sometiéndose a Dios para poder obtener santidad y una mayor experiencia de la vida de Dios (Ro. 6:22).

La gracia libera a los creyentes, y por lo tanto siempre es riesgosa. Cada creyente debe someterse a Dios para experimentar santidad y la abundante vida de Dios, pero esto no lo es todo. La sumisión a Dios no es una condición para la salvación. Ni tampoco es un compromiso de una-vez. Es algo que se debe hacer continuamente.

La paga del pecado es muerte. Romanos 6:23

"Porque la paga del pecado es muerte, mas la dádiva de Dios es vida eterna en Cristo Jesús Señor nuestro".

Interpretación Verdad A: El pecado trae muerte eterna a los incrédulos y causa que los creyentes pierdan su salvación, pero la vida eterna viene a través de la salvación que es en el Señor Cristo Jesús.

Interpretación Verdad B: El pecado trae muerte espiritual a los creyentes, pero ellos pueden experimentar la llenura de la vida de Dios a través del Señor Jesús.

Este verso se interpreta tradicionalmente como Verdad A, y lo encontramos en casi todos las presentaciones del evangelio. Aunque puede tener una aplicación de Verdad A, muchos se sorprenderán de que existan buenas razones para interpretarlo principalmente como Verdad B.

Ya hemos establecido que el argumento de Romanos tiene una progresión que va desde la salvación justificación en los capítulos 3-4 hasta la salvación santificación en capítulos 5-8. El capítulo 6 está escrito claramente a los creyentes que fueron bautizados en o unidos con Cristo (6:3-5), y que han muerto con Cristo y ahora viven con Él (6:6-11). El consejo para estos creyentes es no servir al pecado sino a Dios, porque ellos ya no están bajo la autoridad del pecado, sino bajo la gracia (6:12-14). En verso 15, se levanta una objeción imaginaria acerca de si estar bajo la gracia puede motivar a los creyentes a pecar. Mientras que 6:16-23 concede la posibilidad de que los creyentes pueden escoger pecar, también da razones por las cuales los creyentes no deben servir al pecado. Simplemente dicho, el pecado acarrea la muerte (6:16, 21) mientras que servir a Dios lleva a la "justicia" (6:16), lo cual lleva a la "santidad" (6:19), lo que lleva a la "vida eterna" (6:22). Esto último es la elección que los creyentes de Roma han hecho, como vimos en nuestro estudio del verso 17. Los creyentes obedientes son apartados en una experiencia cercana con Cristo y una experiencia completa de Su vida la cual ellos ya poseyeron como un regalo. Es difícil evitar ver al verso 23 como un resumen para los creyentes.

Si esto está escrito para los creyentes, ¿por qué se les dice que el pecado lleva a la muerte?, o aún mejor, ¿que paga ("salario") con muerte? En vista de otras afirmaciones acerca de la seguridad de la vida eterna en Romanos, esto no puede significar que los creyentes que pecan van a perder su salvación y serán separados de Dios en el infierno (cf. Ro. 4:16; 8:18-39). Como comentamos antes, es bíblico y crucial que entendamos aquí a la muerte en el sentido de separación, en lugar de cesación. En un nivel espiritual, la muerte para los creyentes significa que están separados de la vida de Dios ahora y potencialmente para siempre. La muerte para los creyentes significa que están separados de los beneficios de la vida de Dios en su experiencia presente. Los creyentes tienen vida eterna como un presente y como una futura promesa. Mientras que ellos no pueden ser separados de la *posesión* de la vida eterna en el presente o en el futuro, ellos pueden ser separados de sus *beneficios experimentales* (ej. paz, gozo, poder sobre el pecado, etc.). Cuando los creyentes pecan, ellos experimentan los mismos efectos que produciría el pecado cuando ellos no eran salvos (6:19-21), como vergüenza y muerte espiritual.

Mientras que la posesión inicial de la vida eterna empieza al momento de la justificación a través de la fe en Cristo (Ro. 3:24; 5:18), disfrutar o experimentar constantemente esa vida es la recompensa por vivir piadosamente. Como dije antes, la vida eterna se describe algunas veces como una relación con Dios (Jn. 17:3) que se puede experimentar en abundancia (Jn. 10:10a). Cristo Jesús, con quien hemos sido resucitados, les ha dado el regalo gratuito de Su vida a todos los que creen y manifiesta esa vida en nosotros mientras vivimos para Él.

Si escrito para creyentes como Verdad B, ¿Se puede aplicar este verso para los incrédulos como Verdad A en una presentación del evangelio? Parece que sí, porque está declarado como un principio general que es verdad para todas las personas ya sea que sean salvas o no. El verso aplica a los incrédulos en el sentido de que ellos, en su pecado, están muertos para Dios. La solución a su separación de Dios es el regalo gratuito de la vida eterna que viene a través de la fe en Jesucristo (cf. Ro. 3:22-26). Ambos, creyentes e incrédulos, pueden experimentar la muerte, aunque en diferentes maneras, y la única solución para ambos es el regalo gratuito de la vida de Dios a través de Cristo Jesús.

Mientras que reconocemos una aplicación para incrédulos, los creyentes no deberían ignorar el propósito principal del verso 23, que es llevarlos a servir a Dios y no al pecado. A los creyentes se les ha dado un maravilloso regalo que es la vida de Dios la cual ellos sólo pueden disfrutar mientras vivan para Él.

Morir a la carne o vivir en el Espíritu. Romanos 8:13

"Porque si vivís conforme a la carne, moriréis; mas si por el Espíritu hacéis morir las obras de la carne, viviréis".

Interpretación Verdad A: Aquellos que viven conforme a la carne van a ir al infierno porque ellos perdieron su salvación o nunca fueron salvos, pero si el Espíritu está en ellos, serán salvos.

Interpretación Verdad B: Los creyentes que viven conforme a la carne experimentarán una comunión muerta con Dios, pero si ellos viven por el poder del Espíritu, ellos experimentarán la llenura de la vida de Dios.

Romanos 8 continúa la discusión de Pablo en relación con la santificación y cómo el creyente puede tener la victoria sobre el pecado. El verso 1 declara, "Ahora, pues, ninguna condenación hay para los que están en Cristo Jesús, los que no andan conforme a la carne, sino conforme al Espíritu". Aunque comúnmente se entiende como una referencia al infierno, "condenación" en este contexto de santificación (tal y como se usa en Ro. 5:16 y 18) habla de los trágicos efectos del pecado en la vida del creyente en Cristo. La segunda cláusula del verso 1 no se encuentra en muchas de las traducciones modernas, pero tiene fuerte evidencia de los manuscritos y dice lo mismo que el verso 4. El énfasis de esta sección es vivir conforme al Espíritu en lugar de vivir conforme a la carne y las consecuencias de cada una.

En Romanos 8 Pablo está hablando a Cristianos (él les llama "hermanos" en v. 12 y dice que ellos han recibido el Espíritu Santo en v. 15) acerca de su experiencia de santificación que los libera del pecado y sus consecuencias, entonces podemos fácilmente ver cuál interpretación encaja mejor aquí. Viviendo conforme a la carne es la elección (expresada por "si") que hace un Cristiano cuando toma partido con su vieja carne pecaminosa. "moriréis" expresa una consecuencia de la ira de Dios contra el pecado. La importancia de la muerte aquí es la misma que en Romanos 6:23 (vea el estudio anterior). Existirá una muerte en la experiencia de ese Cristiano y una separación de la vitalidad de la vida divina. Por el otro lado, "viviréis", si el creyente se somete al Espíritu Santo que mora en él experimentará la vigorizante y rica vida de Dios.

De acuerdo con Romanos 8:9, la prueba de la salvación no es si uno vive en el Espíritu sino si el Espíritu vive en uno: "Y si alguno no tiene el Espíritu de Cristo, no es de él". Versos 9-11 declaran la seguridad de que los lectores verdaderamente tienen al Espíritu Santo, por lo tanto ellos tienen el poder de tener la victoria sobre el pecado. Los versos 12-13 les dan a los lectores dos posibilidades. Vivir conforme a la carne es tener una mente carnal y vivir conforme al Espíritu es tener una mente espiritual. Una mente carnal lleva a la muerte espiritual, pero una mente espiritual lleva a una vida de justicia victoriosa.

La fuerte suposición y designación de estos lectores como creyentes es contraria a la interpretación de que ellos pueden perder su salvación o probar que ellos nunca fueron salvos. Ya hemos visto antes que muerte no se refiere automáticamente a la muerte eterna, sino que en esencia habla de separación. En este caso, el contexto muestra que la muerte se refiere a la separación del creyente de la vida poderosa dada por Dios, por lo tanto es Verdad B, no Verdad A.

Como creyentes, podemos escoger vivir carnalmente o en pecado, pero esto sólo trae la muerte a la experiencia que Dios quiere para nosotros. Es mejor escoger que Cristo Jesús viva Su vida a través de nosotros y experimentemos el poder de Su vida resucitada.

Guiados por el Espíritu. Romanos 8:14

"Porque todos los que son guiados por el Espíritu de Dios, éstos son hijos de Dios".

Interpretación Verdad A: Solo aquellos que son guiados por el Espíritu son salvos.

Interpretación Verdad B: Aquellos que son guiados a una vida justa por el Espíritu ejemplifican su posición como hijos de Dios.

Aquellos que toman la interpretación de Verdad A para este verso dicen que una de las pruebas de la salvación es que una persona es guiada por el Espíritu Santo. En esta opinión, ser hijos de Dios es ser una persona salva, y ser guiados por el Espíritu se puede interpretar como guiados lejos de pecados y a prácticas piadosas, o aún guiados en otras decisiones no morales de la vida.

Existen algunos argumentos obvios en contra de la interpretación de Verdad A. Esta opinión del verso 14 puede hacer la seguridad de la salvación y la salvación dependientes de algo más que la fe en Cristo. Pero fe es base suficiente para la salvación y su seguridad (ej., Jn 5:24; Ef. 2:8; 1 Jn. 5:11-13). También, esa interpretación hace que la prueba de la salvación sea subjetiva. ¿Cómo puede una persona saber si es guiado por el Espíritu en todas las decisiones de la vida? ¿Le está guiando el Espíritu cuando falla y peca?

El argumento del contexto es más obvio. Aquellos que toman una interpretación de Verdad B notan que Romanos 6-8 está hablando a los Cristianos acerca de su santificación. Romanos 8 responde a la frustración expresada en Romanos 7 acerca de la inhabilidad de vivir una vida piadosa en la carne, o en sus propias fuerzas. Aquellos que tienen la victoria sobre la carne y la Ley son los que tienen sus mentes y sus vidas controlados por el Espíritu de Dios (8:1-6), y ellos tienen al Espíritu porque ellos son creyentes (8:9-11). En el verso 12, Pablo se refiere a sus lectores como "hermanos" que no son deudores a la carne para vivir conforme a la carne. En su lugar, ellos tienen al Espíritu quien les ha dado la victoria sobre la carne y la llenura de la vida (v. 13). Por lo tanto, cuando Pablo se refiere a "todos los que son guiados por el Espíritu de Dios", él se está refiriendo a los creyentes que viven por el Espíritu quien les guía a la victoria, santidad, y vida.

Pero ¿qué de la última parte del verso 14, que dice que "los que son guiados por el Espíritu de Dios, éstos son hijos de Dios?" El término *hijos [υἱός] de Dios* no se refiere simplemente a ser una persona salva. En el verso 16, vemos que aquellos que son salvos se les menciona como "hijos [τέκνον] de Dios", un término evidentemente diferente usado para todos los Cristianos. Ser un *hijo [υἱός] de alguien* es exhibir las mismas características o ser como algo o alguien. Pablo simplemente está diciendo que en tanto que aquellos que tienen al Espíritu le permitan a Él guiarles a una vida de santidad, ellos están exhibiendo las características de su Padre Celestial. De hecho, el verso 15 asegura a sus lectores que ellos pertenecen al Padre como sus hijos por adopción implicando que deben vivir como tales, esto es, como Sus hijos. Otra observación importante es que la designación de "hijo" tiene la implicación de que son aquellos que disfrutan todos los derechos de la adopción, lo que incluye ser herederos de Dios (no sólo un hijo [τέκνον] de Dios) y coherederos con Cristo Jesús cuando sufrimos con Él (v. 17).

Romanos 8:17 merece una nota especial ya que muy a menudo se mal interpreta. Este empieza con una simple partícula (*ei*) denotando una condición en base a un hecho: *Si* somos hijos, entonces somos herederos de Dios. Cada hijo de Dios disfruta los privilegios de la adopción en la familia de Dios. La segunda declaración usa una partícula contrastiva (*men... de*) para enfatizar la condición diferente para convertirse en herederos y coherederos con Cristo (denotado por la fuerte partícula *eiper*, "si es que"). Esta condición es el co-sufrimiento del creyente: somos coherederos con Cristo *si es que* sufrimos con Él. La mejor manera de entender es cuando le ponemos una coma después de "Dios" y no después de "Cristo"—"herederos de Dios, y coherederos con Cristo si es que padecemos juntamente con Él". Ser un coheredero con Cristo es co-gobernar con Él en Su reino. Estos versos nos enseñan que todos los hijos de Dios son herederos de Dios, pero sólo los que resistan el sufrimiento por Cristo van a gobernar con Él en Su reino (vea el estudio de 2 Tm. 2:10-13).

La idea de filiación en relación con Dios implica un estatus de adulto que no necesita un tutor (o de la Ley—vea Ga. 3:22-4:1-7 lo que desarrolla la diferencia entre hijos [υἱός] de Dios e hijos [τέκνον] de Dios). Entonces "hijos [υἱός] de Dios" implica madurez y devoción, no simplemente salvación. Los creyentes sólo pueden madurar cuando permiten que el Espíritu los guíe. Romanos 8:14 no es un verso que determina la salvación de uno.

Al interpretar pasajes difíciles de Romanos 6-8, no debemos olvidar el contexto. Pablo discute la justificación en Romanos 3-4. Capítulo 5 es una transición a una nueva sección acerca de santificación (vea el estudio de Ro. 5:9-10). Por lo tanto, esperamos que Romanos 6-8 se enfoque en Verdad B para creyentes.

Para ser como Dios nuestro Padre, debemos permitir que Su Espíritu nos guíe a justicia y a una mayor experiencia de la vida de Cristo quien está en nosotros. Como creyentes, somos hijos de Dios; debemos comportarnos como hijos (e hijas) maduros de nuestro Padre.

Confesar con tu boca. Romanos 10:9-10

> ⁹*que si confesares con tu boca que Jesús es el Señor, y creyeres en tu corazón que Dios le levantó de los muertos, serás salvo.* ¹⁰ *Porque con el corazón se cree para justicia, pero con la boca se confiesa para salvación.*

Interpretación Verdad A: Para ser salvo eternamente, una persona debe someterse al señorío de Cristo Jesús y confesarle a Él con palabras y/u obras.

Segunda Interpretación Verdad A: Para ser salvo eternamente, una persona debe creer en Cristo Jesús, al estar de acuerdo que Él es el divino Salvador.

Interpretación Verdad B: Para ser salvo de la ira temporal de Dios, aquellos que han creído en Cristo Jesús también deben invocarle por su ayuda.

Este muy-bien conocido pasaje también es muy malentendido. El malentendido se centra en dos palabras claves del pasaje, "confesares" y "Señor". Por ejemplo, basado en una opinión equivocada de lo que significa confesar, muchos predicadores van a llamar a las personas a ser salvas al pasar al frente de la iglesia y verbalmente proclamar su fe en Cristo públicamente. Otros dicen que esto enseña que una persona no es salva hasta que confiesa su fe públicamente a través del bautismo. Aun así otros dicen que confesar no se refiere tanto a las palabras de uno sino a la conducta de uno. Una persona no es salva hasta que se conduce de acuerdo con las enseñanzas Cristianas.

Esta opinión llamada la Salvación por el Señorío normalmente entiende *confesares* en una de esas maneras, pero también toma la confesión de "el Señor Jesús" como una sumisión a Jesús como el Amo de la vida de uno. En otras palabras, no solamente es confesar que Jesús es *el* Señor, sino que Jesús es *mi* Señor.

El problema con estas interpretaciones de *confesares* es que ellos hacen que algo más que la fe sea necesario para la condición de la salvación. Confesión pública de cualquier índole y someterse uno al señorío de Cristo Jesús encajan en la categoría de obras o algo hecho para merecer la salvación. Esto por supuesto pone al Apóstol Pablo en una posición incómoda al contradecir su propio argumento de los capítulos 3-4 de que una persona sólo es justificada a través de la fe sola, no por obras.

Una mejor interpretación, consistente con la salvación por gracia a través de la fe (la segunda interpretación Verdad A), viene de una comprensión correcta de lo que significa confesar al Señor Jesús. Esto simplemente significa que uno reconoce (cree) que Jesús es el Señor Dios. Para los judíos en el contexto del argumento de Pablo en el capítulo 10, esto significa reconocer a Jesús como el divino Mesías.

La palabra "confesar" (*homologeō*) significa "estar de acuerdo, reconocer". La palabra misma no demanda una confesión pública u oral. Más razonablemente, esta es una confesión a Dios, no a los hombres (vea Ro. 14:11 y 15:9, y compare su uso en 1 Jn. 1:9). Como tal, esta expresa fe, la cual es prominente en el contexto (cf. Ro. 10:4, 6, 11, 14, 17). El hecho de que Pablo use *confesares y creyeres* en el verso 9, y después invierte el orden a *creyeres y confesares* en el verso 10 sugiere que ellos se refieren a la misma cosa. Mientras leemos, los versos 11, 12, y 13 también mezclan la idea de creer y confesar.

Entonces, ¿Por qué Pablo escoge identificar la fe con la confesión? Primero, debemos admitir que ser persuadido de que algo es verdad (creyendo) es esencialmente la misma cosa que estar de acuerdo de que ese algo es verdad (confesando). Pero la confesión también encaja en el argumento de Pablo y su uso en Deuteronomio 30:12-14 en los versos 6-8 que conectan la boca y el corazón con escuchar con fe:

> [6] Pero la justicia que es por **la fe dice** así: *No* **digas en tu corazón**: *¿Quién subirá al cielo?* (esto es, para traer abajo a Cristo); [7] o, ¿quién descenderá al abismo? (esto es, para hacer subir a Cristo de entre

los muertos). [8] Mas ¿qué dice? *Cerca de ti está la palabra,* **en tu boca y en tu corazón.** Esta es **la palabra de fe que predicamos...** (el énfasis en negrillas es mío)

El pasaje de Deuteronomio es un mensaje a Israel que dice que la justicia de Dios está fácilmente disponible y cercana, tan cercana como sus bocas y corazones. En otras palabras, el pasaje de Deuteronomio es similar a decir que los judíos no necesitan buscar enérgicamente "cielo e infierno" par la salvación, pero simplemente estar de acuerdo con lo que ya se les ha enseñado y con lo que ellos pueden aún recitar. El verso 9 explica la intención de Deuteronomio 30:12-14—salvación es simple y está fácilmente disponible. Todo lo que uno necesita hacer es estar de acuerdo con Dios acerca de lo que Él nos ha dicho acerca del Mesías prometido. Podemos usar esta expresión "está en la punta de la lengua".

Confesar al "Señor Jesús" es admitir que Jesús es quien Dios dice que Él es — el Mesías y Salvador. El significado principal del término "Señor" es deidad. Habla de la posición de Jesús como Dios sobre todo. "Jesús es Señor" fue una confesión del credo de los inicios de la iglesia (Hch. 2:36; 1 Co. 12:3) que reconoció a Jesús como el Salvador mesiánico. En el verso 13, la cita de Joel 2:32 traduce el divino nombre YHWH como "Señor" lo que muestra la deidad como su principal significado. La designación de Pablo de Jesús como Señor (o Dios) fue pensado principalmente para sus lectores judíos (Ro. 10:1-3), pero tiene una aplicación para todos (Ro. 10:4, 11-13). Para los judíos, el obstáculo principal que evitaba que obtuvieran la justicia de Dios era su renuencia a aceptar a Jesús como el Mesías (quien también sería su divino Rey).

"Señor" se refiere principalmente a la deidad de Jesús no a Su señorío. Gobernar es ciertamente una función de su deidad, pero tiene otras funciones como sacerdote eterno, intercesor, y abogado. Es un tanto arbitrario escoger Su gobierno como el aspecto que uno debe reconocer y someterse. Al contrario de la Salvación por Señorío, no es sumisión a Jesús como Amo lo que salva, pero el estar de acuerdo con que Él es el divino Salvador.

Considere el problema con la interpretación de la Salvación por Señorío. Si *confesares* significa vivir externamente nuestra fe en Jesús como Amo, entonces nos quedamos con una condición subjetiva y abierta para la salvación. ¿Cómo puede uno saber cuándo se ha sometido lo suficiente para ser salvo? Nos quedamos dudando o examinando nuestro compromiso. Pero en cualquier momento en que quitemos nuestros ojos del Salvador y los ponemos en nuestra fe o desempeño, nos atascamos en un pantano de subjetividad. Podemos saber cuándo creímos en Cristo como Salvador, pero nuca podremos saber cuándo hemos hecho lo suficiente para ganar nuestra salvación.

Tristemente, la interpretación de este pasaje de la Salvación por Señorío totalmente contradice su intención original. La opinión del Señorío de que la salvación se obtiene al confesar y someterse al señorío de Cristo por encima de toda la vida de uno hace la salvación muy difícil (¡o imposible!) de obtener. Pero la intención de Pablo era mostrar que la salvación para los judíos era simplemente estar de acuerdo con Dios acerca de lo que ya les habían enseñado.

Aunque prefiero la segunda interpretación de Verdad A, existe otra opinión acerca de esta pasaje que es consistente con la incondicional gracia del evangelio. Esta interpretación de Verdad B dice que los términos *confesares* e *invocar el nombre del Señor* no son sinónimos de creer, sino que se refieren a cómo los judíos (y Gentiles) pueden invocar a Dios para que los libre del pecado. Aquellos que sostienen esta opinión pueden argumentar que el invocar el nombre del Señor del verso 13, que cita Joel 2:32 en un pasaje acerca de la liberación de Dios del remanente de Israel de sus enemigos en la Tribulación, tiene una visión de liberación temporal, no de salvación eterna. Parece, sin embargo, que la cita de Joel 2:32 es un principio general de que Dios va a liberar (salvar) a aquellos que invoquen Su nombre buscando ayuda, lo que Pablo pudo ciertamente aplicar al invocarle a Él para salvación eterna.

Para apoyar más esta opinión, aquellos que prefieren la interpretación de Verdad B argumentan que en la secuencia del verso 14, fe e invocar el nombre del Señor son eventos separados. El orden en reversa usado en el verso 14 menciona *invocar, creer, escuchar, y predicar* como si un evento dependiera secuencialmente de su antecedente cronológico. Ciertamente existen aspectos lógicos y cronológicos en el orden de esta lista, pero podemos cargar el pasaje con demasiado significado cronológico si vemos estos eventos estrictamente separados en tiempo. Después de todo, cuando alguien está predicando, otra persona está simultáneamente escuchando, y mientras escucha, él puede simultáneamente creer, y cuando cree, él puede simultáneamente invocar a Dios por salvación eterna. Existe una superposición de actividades. Por ejemplo, en Juan 4:10 Jesús le dice a la mujer Samaritana, "Si conocieras el don de Dios, y quién es el que te dice: Dame de beber; tú le pedirías, y él te daría agua viva". Preguntar ciertamente es una analogía de creer lo que sólo pudo pasar cuando la mujer reconoció el regalo de Dios y la identidad de Cristo. Es más una secuencia lógica que estrictamente cronológica (para algunos ejemplos de actividades superpuestas, vea Hch. 20:21; 26:18; Ro. 1:24-25; 4:5; 5:1-2)

También se argumenta que en Romanos capítulo 5, Pablo se mueve de su discusión de justificación a santificación, por lo tanto, la palabra *salvo* no se puede usar como sinónimo de *justificado*. Mientras que es verdad que la discusión de Pablo progresa de justificación a santificación, esto no le evita volver a hablar de justificación cuando necesita aclarar un punto (cf. 8:30, 33). Un problema mayor, empezando en 9:30 y hasta capítulo 11 es cómo los Gentiles y los judíos pudieran obtener la justicia de Dios. El verbo *justificar* (de *dikaioō*) significa *ser declarado justo*, (de *dikaiosunē*), entonces aunque *justificar* o *justificación* no se mencionan explícitamente, la idea de conseguir la justicia de Dios sí se menciona. Claramente, la palabra "salvación" en 1:16 del prólogo de Romanos abarca justificación así como santificación cuando expresa el tema de la epístola.

El contexto más inmediato está claramente controlado por la discusión del intento de los judíos de establecer su propia justicia delante de Dios (Ro. 10:1-3), y esta preocupación gobierna los versos 9-13 que le siguen. Creer en el evangelio también es el punto de los versos 14-17. Debido a los contextos más largos e inmediatos a 10:9-10, yo prefiero la segunda interpretación de Verdad A mientras que aprecio los argumentos e intentos de la interpretación de Verdad B.

Dios no quiere hacer difícil la salvación eterna, u obscurecerla, o crear obstáculos para llagar a ella. Él quiere hacerla tan simple y disponible como Él puede. Así es la grandeza de Su amor y la maravilla de Su gracia. Muchas personas conocen lo que dice la Biblia acerca de Cristo, y aun los hechos del evangelio, pero ellos nunca han creído en Cristo Jesús como *su propio* Salvador. El evangelio está "en la punta de sus lenguas". Ellos no tienen que hacer ningún esfuerzo extremo para encontrarlo—ellos lo han sabido todo el tiempo; ellos sólo necesitan apropiarse personalmente de la promesa. ¿Puede ser que este pasaje le esté hablando a *usted?*

Las obras que se queman. 1 Corintios 3:11-15

> [11] *Porque nadie puede poner otro fundamento que el que está puesto, el cual es Jesucristo.* [12] *Y si sobre este fundamento alguno edificare oro, plata, piedras preciosas, madera, heno, hojarasca,* [13] *la obra de cada*

uno se hará manifiesta; porque el día la declarará, pues por el fuego será revelada; y la obra de cada uno cuál sea, el fuego la probará. [14] *Si permaneciere la obra de alguno que sobreedificó, recibirá recompensa.* [15] *Si la obra de alguno se quemare, él sufrirá pérdida, si bien él mismo será salvo, aunque así como por fuego.*

Interpretación Verdad A: A los Cristianos profesantes se les probarán sus obras por el juicio futuro de Dios y algunos van a probar que no son salvos, o van a tener que sufrir y ser purificados por fuego para poder ser salvos.

Interpretación Verdad B: Las obras de los creyentes van a ser probadas en el futuro juicio de Dios y las obras indignas serán quemadas, pero las buenas obras serán recompensadas.

Las palabras "fuego", "quemare", y "sufrirá pérdida" para muchos empujan al pasaje a la categoría de Verdad A. Ellos ven esto como una descripción del juicio que envía a las personas al infierno porque sus obras indignas prueban que ellos realmente nunca fueron salvos. La iglesia Católica Romana tiene una opinión singular de esto; ellos entienden el fuego como un castigo purgante, lo que ellos llaman el Purgatorio. Después de pasar suficiente tiempo en el Purgatorio, pagando por alguno de sus pecados, entonces los creyentes se van al cielo.

El problema con ambas opiniones es que ellos hacen al sacrificio de Jesucristo y Su pago por nuestros pecados inadecuado. Si se determina que estas personas a las que se les queman las obras no-son-salvas por sus obras indignas, entonces las obras se vuelven necesarias para su salvación. Estas obras no son otorgadas a la recepción inicial del evangelio, pero son cargadas al final de la vida de uno. Cuando el fuego del discerniente juicio de Dios las prueba, son encontradas con fallas y son quemadas.

Los problemas con esta interpretación de Verdad A no son solamente teológicos sino también bíblicos. Como mencionamos, esta opinión contradice las enseñanzas bíblicas de que somos salvos por gracia a través de la fe, sin necesidad de obras. Requerir buenas obras al final de la vida de uno no es diferente a requerirlas a la recepción inicial del evangelio. En cualquiera de estas posiciones, la suficiencia del sacrificio substitutivo de Cristo y Su propiciación por nuestros pecados es negada.

Desde una perspectiva bíblica, cuando vemos los detalles del texto, observamos otros problemas. Primero, Pablo le está hablando a los creyentes cuya salvación nunca se cuestiona sino que se afirma (1 Co. 1:2, 4, 9; 3:16; 4:14; 6:11, 15, 19-20; 11:1; 12:13; 15:1-2). De hecho, él admite que su cimiento es Cristo Jesús. Segundo, son las obras indignas las que se queman, no la persona. Tercero, la persona, a pesar de que sus obras son quemadas, finalmente es salva (v. 15).

Por lo menos la opinión de la iglesia Católica Romana ve a la persona de las obras indignas como salvo. Pero su ruta es simplemente igual de problemática. Si una persona debe de sufrir por sus pecados en el Purgatorio, entonces esto es una negación de la suficiencia del sacrificio de Cristo para cubrir todos nuestros pecados. Como en la opinión anterior, hace que las obras sean una parte esencial de la salvación. Esto también ignora el hecho de que son las obras las que se queman y no la persona. No existe nada en el texto que diga que la persona sufre un castigo purgante o algún tipo de dolor.

Esto no sólo niega las consecuencias negativas de una vida malgastada. El juicio en cuestión no es el juicio del Gran Trono Blanco después del regreso de Cristo—ese juicio es sólo para incrédulos (Ap. 20:11-15). Este juicio es el Tribunal de Cristo en donde todos los Cristianos y sólo los Cristianos van a ser juzgados de acuerdo con lo digno de sus obras. Algunos creen que esto pasa o cuando muere el creyente, al regreso de Cristo por la iglesia, durante el periodo de la Tribulación, o al inicio del reino del milenio. En cualquiera de los casos, el fuego es asociado con este juicio porque a veces se usa como símbolo de la prueba de Dios y su discernimiento purificador (cf. Is. 66:16; Zac. 13:9; Mal. 3:2; 1 Pe. 1:7; Ap. 3:18). Existen consecuencias negativas para esos Cristianos que han vivido irresponsablemente. En este pasaje, las obras que ellos han hecho, tal vez con motivos equivocados, son quemadas. No hay recompensa para ellos en el cielo como a los que sus obras son dignas y soportan el fuego como oro, plata, y piedras preciosas. Esto podría ciertamente implicar que algunos que pierdan sus obras van a experimentar cierto remordimiento. Pero decir que ellos mismos van a ser castigados y quemados va más allá de la revelación de la Biblia.

La interpretación de Verdad B de este pasaje enseña un principio importante para todos los Cristianos. Dios nos hace responsables de qué hacemos, cómo lo hacemos, y por qué. Si nuestras obras son dignas, vamos a acumular tesoros en el cielo (Mt. 6:19-21). Si no, vamos a sufrir la pérdida de nuestra recompensa. Todo esto va a ser determinado en la gran evaluación llamada Tribunal de Cristo en donde todos debemos comparecer y dar cuenta de nuestras vidas. ¿Está listo para dar cuentas de su vida?

Entregado a Satanás. 1 Corintios 5:1-5

[1] *De cierto se oye que hay entre vosotros fornicación, y tal fornicación cual ni aun se nombra entre los gentiles; tanto que alguno tiene la mujer de su padre.* [2] *Y vosotros estáis envanecidos. ¿No debierais más bien haberos lamentado, para que fuese quitado de en medio de vosotros el que cometió tal acción?* [3] *Ciertamente yo, como ausente en cuerpo, pero presente en espíritu, ya como presente he juzgado al que tal cosa ha hecho.* [4] *En el nombre de nuestro Señor Jesucristo, reunidos vosotros y mi espíritu, con el poder de nuestro Señor Jesucristo,* [5] *el tal sea entregado a Satanás para destrucción de la carne, a fin de que el espíritu sea salvo en el día del Señor Jesús.*

Interpretación Verdad A: Un pecador en la iglesia debe de ser expuesto como un incrédulo para que tal vez se arrepienta y sea salvo.

Interpretación Verdad B: Un pecador salvo en la iglesia debe ser puesto bajo la disciplina de Dios para que pueda arrepentirse y sea liberado de un juicio negativo en el Tribunal de Cristo.

Es difícil imaginar que un creyente pueda hacer lo que este hombre ha hecho—tener relaciones sexuales con su madrastra (1 Co. 5:1). Esta es una de las razones por las que muchos piensan que no es salvo. Otra razón es porque Pablo le dice a la iglesia de Corintos que entreguen este hombre a Satanás para la destrucción de su carne, lo cual muchos toman como referencia al infierno.

Es difícil imaginar semejante pecado, la realidad y la historia bíblica nos dicen que los Cristianos son capaces de esto y cosas peores. La interpretación de Verdad B considera que este hombre es salvo, y aquí está por qué. Primero, Pablo le está escribiendo a la iglesia en Corinto acerca de uno de ellos, entonces el hombre se identifica como Cristiano. Sin embargo, esto en sí mismo no significa que es salvo. Pero el pasaje deja claro que los de la iglesia también estaban pecando en su respuesta hacia él, aun se implica un poco de culpa junto con él por la aprobación de ellos (v. 2). Otra evidencia de que Pablo lo considera como salvo en el verso 5: el propósito de las instrucciones de Pablo acerca de cómo tratar con este hombre es que "el espíritu sea salvo en el día del Señor Jesús". Esto no está diciendo que su castigo lo va a salvar, sino que su evaluación en el Tribunal de Cristo ("el día del Señor Jesús") no va a ser un total desastre. El espíritu del hombre va a ser librado de una total pérdida de sus recompensas. Una clave adicional que nos muestra que el hombre era salvo está en el verso 11 en donde existe una referencia oblicua de él como "llamándose hermano" (La TLA usa el término "dicen que son" implicando que es un falso profesante, pero esta traducción tiene especial énfasis en la comprensión oral del mensaje bíblico). Que Pablo hubiera usado un término como tal para un Cristiano es claro en el verso 12 en donde él lo categoriza como uno de "adentro" de la iglesia, al contrario de quien claramente no es salvo y que está "fuera" de la iglesia.

La resolución de este problema en la iglesia de Corinto se encuentra en 2 Corintios 2:1-11. Allí, vemos que la disciplina de la iglesia funcionó; el hombre estaba arrepentido e incluso muy triste. Pablo motiva a la iglesia a perdonarle para que Satanás no lo abrume con la culpa. No existe ninguna indicación aquí de que el hombre se salvó a través del castigo; él fue restaurado, lo que siempre es el propósito de la disciplina de la iglesia.

Habiendo notado estas cosas, ¿qué hacemos con la idea de entregar a un pecador a Satanás para la destrucción de su carne? Esto habla de la exclusión del hombre de la seguridad del compañerismo de la iglesia (y tal vez aun de sus oraciones). En el espíritu de Mateo 18:17-20, la iglesia está tratando al hombre no arrepentido como a un incrédulo. Eso no significa que ellos piensan que es un incrédulo, pero esto significa que él ya no se puede asociar con la iglesia como un Cristiano en buenos términos. La destrucción de la carne probablemente se refiere a alguna consecuencia física, la cual sabemos que Satanás es capaz de causar (cf. Job capítulos 1-2), aunque algunos piensan que se puede referir a la destrucción de las tendencias pecaminosas carnales del hombre. Una cosa es segura, ninguna persona o iglesia tienen el poder de consignar a un incrédulo al infierno; esa es una prerrogativa exclusiva de Dios.

Para que la disciplina de la iglesia tenga sentido, este hombre se tiene que considerar un Cristiano. De otra manera, las instrucciones de Pablo no sólo hubieran sido excluirlo de la comunión, sino también compartir el evangelio con él para que se salvara. El propósito de la disciplina de la iglesia no es que los incrédulos se salven, sino que los salvos que están en pecado sean restaurados.

Tal vez no valoramos el poder y los beneficios de nuestro compañerismo con nuestra iglesia local. En lugares en donde realmente no hay otras iglesias (como en Corinto), exclusión del compañerismo es una disciplina severa. El Cristiano que vive en pecado no tiene a donde recurrir por ayuda, por oración, y por el consuelo ministerial de la Palabra. Aunque muy pocas iglesias practican la disciplina estos días, tal vez estas deberían incrementarse. Cierto, el pecador puede que encuentre otra iglesia (fácil de hacer en nuestra cultura), pero eso no debe absolver la responsabilidad bíblica de la iglesia de desanimar el pecado y promover la santidad mediante la disciplina amorosa, gentil, restauradora, y espiritual.

No heredarán el reino de los cielos. 1 Corintios 6:9-11 (cf. Gálatas 5:19-21; Efesios 5:3-5)

> [9] *¿No sabéis que los injustos no heredarán el reino de Dios? No erréis; ni los fornicarios, ni los idólatras, ni los adúlteros, ni los afeminados, ni los que se echan con varones,* [10] *ni los ladrones, ni los avaros, ni los borrachos, ni los maldicientes, ni los estafadores, heredarán el reino de Dios.*

Interpretación Verdad A: Aquellos que son característicamente pecadores no van a entrar al cielo.

Interpretación Verdad B: Los creyentes que pequen no van a disfrutar las recompensas en el reino.

Segunda Interpretación Verdad B: Los creyentes no deberían pecar como los que no son salvos.

Estos tres pasajes se tratan juntos porque el mensaje parece ser el mismo. Aquellos que practican esos pecados no "heredarán el reino de Dios". La lista de pecados son diferentes en cada pasaje, y la severidad de los pecados varía desde asesinato hasta envidia. Aquellos que sostienen la interpretación de Verdad A dicen que estos pasajes significan que los Cristianos que hacen estas cosas van a perder su salvación o que las personas que hacen estas cosas prueban que ellos nunca fueron salvos, para empezar. En cualquier caso, ellos están excluidos del cielo o del reino de Dios en base a su pecaminoso comportamiento. Esta interpretación es contraria a la salvación por gracia, que por definición, no es por desempeño humano.

Las preguntas interpretativas más importantes son: ¿Qué significa "heredarán el reino de Dios", y a quién le está hablando Pablo? En la primera interpretación de Verdad B, algunos han argumentado que la idea de heredar el reino de Dios es más que sólo entrar en el reino; después de todo, el autor no dice, "*entrarán* en el reino de Dios". Ellos dirían que heredar habla de disfrutar una recompensa en el reino, como reinar con Cristo Jesús. En esta explicación, los creyentes que pequen como los incrédulos van a renunciar a sus recompensas en el reino de Dios. Por lo menos esta opinión ve lo obvio, que Pablo les está escribiendo a los creyentes; sin embargo, la idea de heredar el reino de Dios se entiende mejor aquí como entrando en el reino. Podemos ver cómo la idea de obtener vida eterna se usa sinónimamente con heredando el reino cuando comparamos Mateo 19:16 con sus historias paralelas de Marcos 10:17 y Lucas 18:18. El concepto de heredar el reino incluye no sólo entrar en el reino, pero también disfrutar las recompensas, porque nadie concebiría la idea de entrar al reino sin disfrutar sus beneficios hasta cierto punto.

La segunda interpretación de Verdad B también considera estos pasajes como una verdad relevante para los creyentes. En el pasaje de 1 Corintios 6, es fácil ver el estado espiritual de los lectores. Ellos son claramente creyentes, porque Pablo les dice que ellos deben juzgar los asuntos en la iglesia y los regaña por llevar a un "hermano" delante de los "incrédulos" en el sistema judicial (1 Co. 6:1-8). Los "injustos" del verso 9 pueden ser los mismos "injustos" incrédulos mencionados en los versos 1 y 6, entonces el contraste es entre creyentes e incrédulos. Después de listar los pecados de estos incrédulos que no heredarán el reino de Dios, él dice "Y esto erais algunos; mas ya habéis sido lavados [...] santificados [...] justificados" (1 Co. 6:11). Este fuerte contraste tiene más sentido, si él está contrastando la posición salva de los Corintios, (los tres verbos están en tiempo pasivo enfatizando así su posición) con aquellos que no son salvos.

El pasaje de Gálatas 5 obviamente, también está escrito para lectores Cristianos. Pablo les exhorta: "andad en el Espíritu" para que no satisfagan la lujuria de la carne. Cualquier opción es posible para los Cristianos (Ga. 5:16). Él entonces hace una lista de pecados de la carne, concluyendo que aquellos que hacen estas cosas, no heredarán el reino de Dios. Debemos entender la frase "heredarán el reino de Dios" de la misma manera que en 1 Corintios 6:9.

El tema a controlar en Efesios 5 es el comportamiento que "conviene a santos" (Ef. 5:3). El contraste entre creyentes e incrédulos es prominente en 5:1-18. Los lectores deben conducirse a sí mismos como la nueva gente que son en Cristo, no comportarse como los que están sin Cristo. Ahora ellos deben salir de las tinieblas, ellos deben "andar como hijos de luz" (Ef. 5:10). Entonces tenemos el mismo contraste entre el comportamiento del creyente y del incrédulo.

En los tres pasajes, el mensaje de Pablo a los lectores Cristianos simplemente es: No se comporten como aquellos que no entrarán al cielo, los no-Cristianos. Semejante comportamiento pecaminoso no es congruente con la nueva posición del creyente y su nueva identidad. Ambas interpretaciones de Verdad B tienen más sentido que la interpretación de Verdad A, que dice que los Cristianos que se comportan mal van a perder su salvación, o que el mal comportamiento prueba que esas personas nunca fueron salvas. La salvación de los lectores no se está cuestionando en ninguno de estos pasajes, por eso encaja mejor con la Verdad B. Yo prefiero la segunda interpretación de Verdad B.

Puede ser difícil aceptar que los Cristianos pueden probablemente comportarse como asesinos, fornicarios, y otros más, pero la experiencia de la vida y la Biblia ambos testifican que esto pasa. El Rey David cometió asesinato y adulterio, y el hombre de 1 Corintios 5 tuvo relaciones sexuales con su madrastra. Como pastor y Cristiano, he tenido que tratar con creyentes que han cometido pecados horrendos. Los Cristianos que actúan así, no están actuando diferente que como se comportan los incrédulos de su alrededor que están atados al infierno. Debe haber un gran contraste entre el estilo de vida de los creyentes y de los incrédulos.

No sea que vaya a ser eliminado. 1 Corintios 9:27

> *"sino que golpeo mi cuerpo, y lo pongo en servidumbre, no sea que habiendo sido heraldo para otros, yo mismo venga a ser eliminado".*

Interpretación Verdad A: Si una persona no tiene auto-control, no va a ir al cielo o va a perder su salvación.

Interpretación Verdad B: Si una persona no tiene auto-control, su recompensa va a ser eliminada.

Una rápida manera para determinar si esta es Verdad A o Verdad B es definir qué significa ser "eliminado" (*adokimos*). La palabra significa *desaprobado*, y su uso nunca significa descalificado del cielo, no salvo, o consignado al infierno. Pablo inclusive indica la posibilidad de que él puede ser eliminado. ¿Acaso Pablo dudaba si él iba a ir al cielo o no?

Si esto habla del destino eterno de uno, entonces esto hace del auto-control una condición para la salvación. La salvación por gracia no permite que alguien gane o retenga su salvación a través del extenuante auto-control.

La gracia que salva nos excluye del auto-esfuerzo, así que este no puede ser Verdad A.

El contexto nos muestra que este es Verdad B. Pablo les está escribiendo a los creyentes de la iglesia de Corintos y él aplica esto a sí mismo como Cristiano que él es. En ningún lugar en el Nuevo Testamento encontramos a Pablo expresando dudas acerca de si él es salvo o va a permanecer salvo, tampoco lo vemos aquí. Él usa la analogía de los corredores de una carrera compitiendo por el "premio" (v. 24) como "nosotros"compitiendo por "una corona incorruptible" (v. 25). Él se identifica a sí mismo con los lectores Cristianos como quienes necesitan disciplinarse a sí mismos para alcanzar su recompensa.

Sería extraño y sin precedentes que se refiriera a la salvación o al cielo como un "premio" o una "corona incorruptible". Es más natural tomar este como un premio que se debe ganar, una recompensa merecida. Los premios y recompensas se dan a los que trabajan por ellas, así que esto no se puede referir a la salvación, que es un regalo. Pablo no especifica cuál es la recompensa porque este no es el punto. Él simplemente está amonestando y motivando a los lectores a practicar auto-control.

Ya que estamos hablando de una recompensa, podemos entender lo que significa ser "eliminado". Esto significa fallar al no ganar el premio, ser desaprobado del premio. En una carrera, el premio normalmente se le da a los que trabajan más arduamente y se someten a sí mismos a una disciplina y entrenamiento estrictos obedeciendo las reglas de la competencia. Este es el punto de Pablo. Para reforzar su punto, en el capítulo 10 él muestra cómo los Israelitas no se disciplinaron a sí mismos, por lo tanto Dios los disciplinó en el desierto; Dios los eliminó de Sus bendiciones.

Como Cristianos, todos hemos recibido el regalo de la salvación por gracia, pero aun así podemos seguir trabajando por un premio. La autodisciplina nos va a mantener alejados de los efectos que nos van diezmando por el comportamiento pecaminoso que nos descalificaría del premio. Aunque este pasaje no nos explica la naturaleza del premio, es suficiente saber que Dios nos va a recompensar por nuestro esfuerzo.

Si perseveráis. 1 Corintios 15:1-2

> [1] *Además os declaro, hermanos, el evangelio que os he predicado, el cual también recibisteis, en el cual también perseveráis;* [2] *por el cual asimismo, si retenéis la palabra que os he predicado, sois salvos, si no creísteis en vano.*

Interpretación Verdad A: Una persona debe perseverar en la fe para ser salvo.

Interpretación Verdad B: Una persona debe perseverar en la fe para experimentar todos los beneficios de la nueva vida provista en el evangelio.

Para interpretar adecuadamente este pasaje necesitamos recordar que la palabra *salvación* o *salvo* no siempre refleja salvación eterna del infierno. Los Corintos se salvaron del infierno cuando escucharon el evangelio de Pablo y lo recibieron, su justificación. Ahora Pablo puede decir que ellos perseveran en su salvación, garantía, y esperanza. Su *posición* es segura. Sin embargo, su *experiencia* de ser liberados (salvos) por la provisión del mismo evangelio depende de que se mantengan en la verdad.

La palabra *salvo* entonces, se usa para describir la experiencia de vivir la verdad del evangelio centrada en la muerte y resurrección de Cristo (1 Co. 15:3-4), su santificación. La muerte y resurrección de Cristo no sólo es la base de nuestra salvación del infierno, también es la base de nuestra posición y experiencia como Cristianos. En Romanos 6:3-8, Pablo explica la unión del creyente con Cristo como la base de una vida de victoria sobre el pecado. Como Cristo murió y se levantó, así nosotros que estamos en Él hemos muerto al pecado y hemos sido resucitados con Él para caminar en una nueva vida (Ro. 8:11-13).

Nadie puede ser liberado del pecado si no continúa identificándose con la muerte y resurrección de Cristo que enseña el evangelio. Esto es lo que Pablo quiere decir con "si retenéis la palabra que os he predicado". Esta no es un logro supuesto o una condición hipotética, sino real (La condición griega de la primera clase no justifica la traducción de "si" como "ya que"). El verbo para "retener" (*katechō*) se usa en el Nuevo Testamento en relación con la experiencia de santificación del Cristiano (vea Lc. 8:15; 1 Ts. 5:21; Heb. 10:23).

Cualquier defecto en el evangelio o en nuestra identificación con la muerte y resurrección de Cristo resultará en una experiencia Cristiana defectuosa. En otras palabras, si los Corintos no continúan reteniendo el evangelio que Pablo les predicó, ellos han "creído en vano" porque su fe inicial en el evangelio no producirá una experiencia de santificación. El término "en vano" (*eikē*) significa *sin utilidad* y significa que el evangelio que ellos creyeron para salvación, no producirá los resultados esperados en ellos –santificación. Algunos piensan que la frase "si no creísteis en vano" se refiere a la posibilidad de que los Corintos hubieran creído un evangelio defectuoso, o que ellos negaban la resurrección. Pero Pablo sólo ha dicho que ellos creyeron el evangelio que los ha liberado, lo cual incluía la muerte y la resurrección de Cristo Jesús.

La interpretación de Verdad A es débil en varios aspectos. Primero, define "salvos" rígidamente como salvos del infierno. Segundo, ignora la secuencia del pensamiento: Pablo predicó el evangelio, los Corintios lo recibieron, y ellos perseveran en ello. Lo que falta es la experiencia de la salvación en un sentido continuo, por eso Pablo usa el tiempo presente "sois salvos". Si Pablo hubiera querido decir salvos del infierno, él hubiera hablado más naturalmente de su justificación pasada como "han sido salvados" y si él estaba hablando de salvación como un resultado futuro de su justificación y perseverancia en la fe, hubiera dicho: "serán salvos".

La interpretación de Verdad A también hace de retener la verdad o perseverancia una condición para la salvación eterna porque allí no puede haber ningún defecto o desvío de la verdad. Con esa interpretación, toda la esperanza de la garantía se elimina porque nadie sabe si va a mantenerse continuamente en la verdad de la Palabra de Dios. El Nuevo Testamento tiene varios ejemplos de creyentes que desertaron o que van a desertar (1 Tm. 4:1-3; 5:14-15; 6:20-21; 2 Tm. 1:15; 2:17-18; 24-26; 4:10, 14-16).

No es de sorprenderse que Pablo haga del evangelio su prioridad: "Porque primeramente os he enseñado" (1 Co. 15:3; Algunas Biblias lo traducen como "ante todo"). Tenemos que entender el evangelio correctamente para ser salvos (del castigo del pecado—salvos del infierno), pero debemos también de recibir el evangelio correctamente para continuar siendo salvos (de los efectos del pecado). La liberación que Dios quiere para nosotros no sólo es del castigo del pecado (nuestra justificación), sino también del poder del pecado (nuestra santificación). Como Cristianos, es crucial que entendamos lo que quiere decir unidos con Cristo Jesús en Su muerte y resurrección. Si mantenemos el evangelio correcto, nuestro caminar también lo será.

Ama a Jesús o se anatema. 1 Corintios 16:22

"El que no amare al Señor Jesucristo, sea anatema. El Señor viene".

Interpretación Verdad A: Alguien que no ama a Dios está maldito con maldición eterna.

Interpretación Verdad B: Un creyente que no ama a Dios está bajo la maldición de Dios en esta vida.

Si se toma como Verdad A, alguien que no ama a Dios no puede ser salvo, pierde su salvación, o prueba que nunca la tuvo. En esta opinión, la maldición (*anatema*) se refiere a una maldición eterna o al infierno.

La palabra *anatema* significa *estar bajo la maldición de Dios*. Tal y como es cierto con muchas palabras en la Biblia, la naturaleza de la maldición se debe determinar por el contexto. El sustantivo *anatema* se usa seis veces en el Nuevo Testamento. Se puede referir a una maldición eterna como en Romanos 9:3, pero es claro que aquí Pablo está expresando su gran deseo de que sus compatriotas judíos sean salvos, tanto que él está dispuesto a ser "anatema, separado de Cristo", una clara referencia a renunciar a su relación con Cristo (si fuera posible). En 1 Corintios 12:3, alguien llama "anatema" a Jesús, pero es difícil saber exactamente qué significa. Otro caso está en Hch. 23:14 usa la forma del verbo y el sustantivo de la palabra al querer decir *atado con juramento*, lo cual claramente no es condenación eterna. Se usa dos veces en Gálatas 1:8-9 como un daño potencial para cualquiera que proclame un evangelio falso. Ya que Pablo se incluye a sí mismo y a los ángeles como candidatos, esto no parece que se refiera a condenación eterna (aunque así lo presenta la NVI). Para los Cristianos es posible sostener un evangelio falso --los Gálatas estaban en el proceso de desviarse e irse a un evangelio diferente (Ga. 1:6), y Pablo les relata cómo Pedro estaba por lo menos contradiciendo la verdad del evangelio (Ga. 2:11-14). La traducción griega del Viejo Testamento usa la palabra *anatema* como una maldición temporal de Dios (Nm. 21:3; Jos. 6:17; 7:12; Jue. 1:17; Zac. 14:11).

Ya que tenemos este rango de significados y contextos, la palabra usada en 1 Corintios 16:22 se debe considerar como la amenaza de una maldición temporal de una naturaleza no definida. Pablo está, después de todo, escribiendo a creyentes y no existe ninguna evidencia de lo contrario en toda la carta. En el contexto inmediato, Pablo les desea toda la gracia del Señor Jesucristo, "Mi amor en Cristo Jesús esté con todos vosotros". (vv. 23-24). No se puede incluir a los no creyentes en estas bendiciones. Pablo ha puesto un gran valor al amor a través de toda la epístola. Él proclama las virtudes de amar a otro en el capítulo 13 y dice en 16:14, "Todas vuestras cosas sean hechas con amor". Pero él indica que el amor proviene de Dios y que es algo que los lectores, como creyentes, pueden ignorar (vea el "si" en 8:3). Aun así, él proclama que los que aman a Dios tienen una bendición indescriptible que les está esperando (2:9), lo que puede explicar el gran deseo de Pablo de ver el regreso del Señor ("¡Ven Señor nuestro!" 16:22 TLA) y también implica que no habrá recompensas o bendiciones para los que no amen a Dios.

La interpretación de Verdad B supone que amar a Dios no es lo mismo que creer en Dios para salvación. Ni tampoco está garantizado que los creyentes van a amar a Dios. De otra manera, no sería un mandamiento o no se cuestionaría (cf. Jn. 14:21; 21:15-17).

Como Cristianos, podemos amar a Dios porque hemos experimentado Su gracia: "Nosotros le amamos a él, porque él nos amó primero" (1 Jn. 4:19). Desafortunadamente, nosotros podemos negarnos a amar a Dios tal y como podemos negarnos a amar a otros. En este caso, podemos estar bajo la maldición de Dios en lugar de bajo Sus bendiciones en esta vida.

Examinaos a vosotros mismos. 2 Corintios 13:5

"Examinaos a vosotros mismos si estáis en la fe; probaos a vosotros mismos. ¿O no os conocéis a vosotros mismos, que Jesucristo está en vosotros, a menos que estéis reprobados?".

Interpretación Verdad A: A los Cristianos profesantes se les motiva a examinarse a sí mismos para ver si ellos realmente son Cristianos.

Interpretación Verdad B: A los Cristianos de Corinto se les dice que miren a su propia salvación como un testimonio de la autenticidad de Pablo como un Apóstol porque él predicó el mensaje que los salvó.

Una de las consecuencias de tener una salvación basada en el desempeño personal es que la seguridad de la salvación no se basa en la fe sola en Cristo Jesús sino en el compromiso, las obras, o fidelidad de uno. Solamente esto nos invita a la introspección. El problema es que no existe ninguna exhortación bíblica para examinar nuestra propia salvación—a menos que usemos este pasaje, como muchos lo hacen. Al contrario, el Nuevo Testamento está lleno de afirmaciones, declaraciones, y suposiciones de que los autores y sus lectores son salvos sin lugar a dudas.

"Pero la duda es buena", se dice. "Debemos cuestionar nuestro comportamiento para ver si en realidad somos salvos". ¿Pero es este un enfoque saludable para la vida del Cristiano? Yo pienso que todos debemos cuestionar nuestras creencias acerca de Cristo Jesús, Su persona, Su obra, y

Sus promesas, para estar seguros de que el objeto de nuestra fe es verdad. Pero otros dicen que en lugar debemos de enfocarnos en nosotros mismos. ¿Hemos creído verdaderamente? ¿Nos estamos comportando como un Cristiano debe o debería?

La importancia de la Verdad A de este pasaje es que nos da permiso explícito, aún nos instruye, a cuestionar la autenticidad de nuestra salvación. Tomado aisladamente del contexto, eso es lo que el verso parece decir. *Pero el contexto lo cambia todo.*

Tenemos que empezar con el propósito de la epístola. Pablo está escribiendo a la iglesia de Corinto la cual ha tenido sus problemas morales, pero que también se estaba cuestionando la autenticidad del apostolado de Pablo. No es que ellos siempre hayan dudado de él, pero los falsos profetas los habían influenciado para estar en contra de Pablo (2 Co. 10:2). Así que mientras corrige sus problemas morales, él también defiende su apostolado (2 Co. 5:12-13; 10:1-11:33; 12:11-21).

Sin importar su inmoralidad y las dudas de los Corintos acerca de él, Pablo afirma su salvación. De hecho, sus reclamos hacia ellos son basados en el hecho de que ellos son creyentes (2 Co, 1:21-22; 3:2-3; 6:14; 8:9; 13:11-14). Pablo no tiene dudas de que ellos son salvos—él los llevó a Cristo (1 Co. 15:1-2; 2 Co. 1:19). Y este hecho es el clímax de su argumento de su autenticidad. Él considera a los Corintos salvos como sus credenciales de autenticidad (2 Co. 3:1-3). Él dice en 2 Co. 10:7, "que como él es de Cristo, así también nosotros somos de Cristo". En otras palabras, si Cristo está en ellos, entonces ellos pertenecen a Cristo, porque él les llevó el evangelio por el cual son salvos.

Así que en el capítulo 13, vemos a los Corintos requiriendo una prueba de que Pablo es un representante genuino de Jesucristo (v. 3). Pablo utiliza otra vez el argumento de que ellos mismos son sus credenciales de autenticidad. Después de invitarlos a un auto-examen, él pregunta, "¿O no os conocéis a vosotros mismos, que Jesucristo está en vosotros, a menos que estéis reprobados?" Esta es una pregunta retórica llena de ironía. Retórica porque ellos saben la respuesta—Si, ellos son de la fe (de la verdad de Cristo, no fe personal) y Cristo está en ellos. Irónicamente porque ellos quieren examinar a Pablo pero él les voltea la pregunta diciéndoles que la respuesta está en ellos, no en él. Ya que ellos son salvos, él es un auténtico apóstol de Jesús, ¡porque él es quien les predicó a Cristo! Solo si ellos fallan el examen (de *adokimos*, "estéis reprobados"), él también fallaría. ¿De qué están reprobados, o qué examen pueden fallar? Puede ser que Pablo no se está refiriendo a sus (o su) salvación eterna por decir, pero el hecho de no estar a la altura de la veracidad de su fe en Cristo que ellos dicen tener. En otras palabras, ellos pudieran fallar al no vivir fielmente como lo demanda el evangelio. Esta preocupación ética ciertamente prevalece en el contexto (vv. 3, 7, 8). Así como Pablo ha sido consistente con sus afirmaciones de ser un apóstol (vv. 6-7), ellos deberán pasar el mismo examen de vivir de acuerdo a lo que ellos afirman ser.

En mi opinión, nunca ha habido un pasaje que se haya descuidadamente arrancado y usado para hacer un daño irremediable a las personas de Dios. La duda no produce discípulos de Cristo. Usted no puede avanzar hacia adelante si siempre está mirando para atrás. ¿Creí lo suficiente? ¿Me comporto lo suficientemente bien? Estas preguntas son subjetivas y resbalosas. La única pregunta objetiva y legítima es: ¿Creo en Cristo Jesús como el Hijo de Dios quien murió y se levantó por mí y me garantiza salvación eterna? De cualquier manera este pasaje no nos invita a examinar nuestro comportamiento—les invita a ver en qué creyeron; "si estáis en la fe" se refiere a la verdad objetiva del Cristiano.

El auto-análisis puede producir dudas en una persona honesta que no es perfecta. Pero Dios no quiere que dudemos de Su aceptación en Su familia. Por el contrario, la garantía de Su amor y aceptación es Su principal motivador para que a cambio nosotros le amemos y le sirvamos.

¡Para saber si usted es salvo, no se fije en usted mismo sino enfóquese en Cristo!

Que sea anatema. Gálatas 1:8-9

> [8] *Mas si aun nosotros, o un ángel del cielo, os anunciare otro evangelio diferente del que os hemos anunciado, sea anatema.* [9] *Como antes hemos dicho, también ahora lo repito: Si alguno os predica diferente evangelio del que habéis recibido, sea anatema.*

Interpretación Verdad A: Cualquiera que predica un falso evangelio es maldito con condenación eterna.

Interpretación Verdad B: Cualquiera que predica un falso evangelio está bajo la maldición de Dios.

La palabra usada para "anatema" es del griego *anathema*, que hemos visto (vea el estudio de 1 Co. 16:22) que no necesariamente significa *condenación eterna.* Aun así es la interpretación Verdad A usada en la traducción de los versos 8 y 9 de la NVI.

Vimos anteriormente que probablemente la intención es algún tipo de maldición temporal. Tal y como argumentamos, Pablo está escribiendo a Cristianos en la iglesia de Gálatas quienes recibieron el verdadero evangelio de él pero se estaban alejando para seguir a uno falso (1:6-9). La maldición de Dios sería sobre aquellos que enseñen un falso evangelio. Esto podría incluir a los mismos creyentes de Gálatas, ángeles, y a Pablo mismo, así como a los falsos maestros que los estaban corrompiendo (no sabemos si esos falsos maestros eran salvos). En 2:11-14, vemos que Pedro y Bernabé eran capaces de distorsionar el verdadero evangelio.

La interpretación Verdad A condenaría eternamente a los que enseñen un falso evangelio y tal vez aun a aquellos que se alejen del verdadero evangelio. Algunos aun van a afirmar que los Gálatas perdieron su salvación cuando ellos se alejaron para seguir a un evangelio diferente. La interpretación Verdad B tiene más sentido porque la advertencia de la maldición se aplica a los Gálatas como creyentes e incluye a Pablo, todos los que son obviamente salvos y no pueden perder su salvación. La naturaleza exacta de la maldición no se define, pero nos deja la impresión de que es muy seria.

Cada Cristiano debe tener mucho cuidado al comprender y comunicar el evangelio claramente para que no presente un falso evangelio. Dios no va a bendecir, y tal vez hasta maldecirá, cualquier esfuerzo o información malintencionada del evangelio. Esto es entendible—el destino eterno de las personas está en juego.

Cayendo de la gracia. Gálatas 5:4

"De Cristo os desligasteis, los que por la Ley os justificáis; de la gracia habéis caído".

Interpretación Verdad A: Una persona que trata de ser salva por medio de la Ley no va a ser salva.

Segunda Interpretación Verdad A: Un creyente puede perder su salvación.

Interpretación Verdad B: Un creyente puede escoger ignorar los beneficios de la gracia.

La primera interpretación Verdad A supone que el Apóstol Pablo está hablando a un grupo de incrédulos dentro de la iglesia de Gálatas. Sin embargo, no vemos ninguna indicación de que Pablo esté alternando su mensaje entre creyentes e incrédulos. Es claro que él considera a los Gálatas como salvos. Él les recuerda que ellos han recibido el Espíritu Santo (3:1-5), ellos son hijos de Abraham (3:26; 4:6-7), ellos conocen a Dios (4:9), y en el contexto inmediato, ellos están firmes en la libertad de Cristo quien les ha hecho libres (5:1). "De Cristo os desligasteis" implica que en algún punto ellos *no* estaban desligados, lo que no puede describir a un incrédulo. La frase "de la gracia habéis caído" sería un término extraño para referirse a un incrédulo. Al contrario, este implica que ellos estaban en una posición de gracia, pero la dejaron. El contexto de la discusión de Pablo en esta epístola es el problema de los creyentes que abandonaron la salvación o santificación por retornar a la Ley.

Por lo menos la segunda interpretación Verdad A supone que los lectores son salvos. Pero la opinión de que ellos han perdido su salvación debe ser rechazada. Como hemos visto, Pablo los cuestiona como a Cristianos. Él simplemente quiere que los Gálatas vivan en los beneficios de la gracia, lo cual sería imposible si ellos regresan a la Ley.

La enseñanza de Pablo acerca de la gracia es la clave para este pasaje, y en verdad, todo el libro de Gálatas. Los Gálatas fueron llamados "por la gracia de Cristo" (1:6). Pero falsos maestros estaban tratando de sabotear las enseñanzas de Pablo y estaban seduciendo a los Gálatas a que regresaran a estar bajo la Ley Mosaica (1:6-9; 3:1; 4:7; 5:7, 12). Pablo les escribe para mostrarles la locura de confiar en la Ley ya sea para salvarlos o para santificarlos. Parte de su estrategia fue mostrarles cómo Pedro estaba siendo inconsistente con la gracia (2:11-14). En respuesta, Pablo afirma, "No desecho la gracia de Dios" (2:21). Así como los Gálatas empezaron en el Espíritu, él quiere que continúen en el Espíritu en lugar de volverse a sus propios esfuerzos para mantener la Ley (3:2-3). Él les exhorta "Estad, pues, firmes" en su libertad bajo la gracia y que no vayan de regreso a la esclavitud de la Ley (5:1). Ellos no pueden agradar a Dios o crecer bajo la Ley porque sus esfuerzos carnales no acercan a nadie a Dios, ni tampoco nadie puede mantener la Ley perfectamente.

En el verso 4, Pablo explica que si los Cristianos de Galacia se van de regreso a la Ley como para santificarse, ellos se van a "desligar" (de *katargeō*) de Cristo. La palabra significa estar *separado* o entregar algo *inefectivo* o *sin poder*. Si los Gálatas confían en sus propios esfuerzos para guardar la Ley, ellos no están confiando en el poder de la gracia de Dios a través de la fe. "habéis caído" (de *ekpiptō*) tiene la idea de *perder el agarre de algo* o *deslizándose de* algo. Ellos van a perder su agarre de la gracia, no de su salvación, que es segura y es irreversible. Pablo está hablando acerca de su práctica, no de su posición. Ellos van a estar operando en contraste a la gracia de Dios como un regalo para ayudarles a crecer. Ellos serán cortados de los beneficios de Su poder y provisión. Cualquier Cristiano puede vivir contradictoriamente a lo que él es en realidad. La confianza del argumento de Pablo a los Gálatas apoya la interpretación Verdad B

Ser salvo por gracia como un regalo para después tratar de agradar a Dios con nuestro propio esfuerzo es caerse de la gracia. La gracia que nos salva es la misma gracia que nos mantiene salvos y nos ayuda a crecer. La gracia de Dios es todo lo que no merecíamos y más para cualquier cosa que necesitemos, desde la salvación hasta la glorificación final. Podemos tener acceso a su gracia por medio de la fe (Ro. 5:2) para cualquiera y todas la necesidades.

La fe que obra a través del amor. Gálatas 5:6

"porque en Cristo Jesús ni la circuncisión vale algo, ni la incircuncisión, sino la fe que obra por el amor".

Interpretación Verdad A: La genuina fe que salva debe mostrar amor.

Interpretación Verdad B: Los Cristianos no son santificados por guardar la Ley, sino permitiendo que su fe muestre amor.

Una pregunta importante a responder aquí es: ¿a qué se refiere "vale algo"?. La palabra "vale" (*ischuō*) significa *puede hacer* o *logra* algo. Pablo está afirmando que fe y amor logran algo ¿Es "la fe que obra por el amor" la que puede lograr o probar la salvación de alguien? Si es así, la salvación sería en base al desempeño.

La Salvación o probar la salvación no puede ser el asunto, porque en esta sección, Pablo está hablando acerca de la experiencia de la santificación de los Gálatas, no de su justificación (esa discusión está en 3:1-9). Además, su declaración acerca de aquellos "en Cristo" es una clara referencia a creyentes. El asunto es que si los Cristianos pueden ser santificados por la Ley (representada por la circuncisión) o por gracia. Pero no es que si un

Cristiano es circuncidado o no circuncidado lo que logra la santificación, sólo si ejercita su fe al amar a otros. Aquellos que piensan que mantener la Ley (circuncidándose) va a producir justicia en sus vidas no están confiando en Cristo; ellos se han alejado de la gracia y sus poderosos beneficios (Ga. 5:2-4; vea arriba).La justicia en la vida del Cristiano es producida a través de la fe (5:5), y la principal forma en la que se puede ejercitar la fe es amando a los demás (5:6; cf. 5:13-14).

La perspectiva de Verdad A en este pasaje son confusos y equivocados acerca de si una persona es salva. La perspectiva de Verdad B es un poderoso principio para los creyentes: Cuando nuestra fe se expresa a sí misma en amor, crecemos en justicia para ser más como Cristo, el Justo.

Cosecha lo que sembraste. Gálatas 6:7-8

> [7] *No os engañéis; Dios no puede ser burlado: pues todo lo que el hombre sembrare, eso también segará.* [8] *Porque el que siembra para su carne, de la carne segará corrupción; mas el que siembra para el Espíritu, del Espíritu segará vida eterna.*

Interpretación Verdad A: Malas obras traen condenación eterna o prueban que una persona va a ir al infierno, pero las buenas obras traen o prueban la salvación eterna.

Interpretación Verdad B: Los Cristianos que viven de acuerdo con la carne van a desperdiciar sus vidas, pero los que hacen el bien van a experimente la llenura de la vida de Dios.

El contexto inmediato es suficiente para proveer una buena interpretación de este pasaje. Lo primero que notamos es que Pablo está hablando a los lectores creyentes (vea el argumento anterior acerca del estatus como salvos) como aquellos a quien se les ha "enseñado en la palabra" (v. 6). A ellos se les dice "haga partícipe de toda cosa buena" a los que les enseñaron bien, una referencia obvia a por lo menos ayudar a sus maestros (los que probablemente eran misioneros viajeros como Pablo) financieramente y en otras cosas en su ministerio. Pablo, en la referencia del verso 10 repite el pensamiento de compartir pero expande su exhortación a hacer el bien no sólo a sus maestros, sino a todas las personas, especialmente a aquellos en la iglesia.

Con los versos 6 y 10 como referencia hablando a los Cristianos y dado a los Cristianos, ¿para quién esperamos que sea el enfoque de las palabras de Pablo en los versos 7-9? Solo puede ser para creyentes, ¡y así es! El pensamiento básico es: Si los creyentes piensan que pueden tener mayor ganancia al negarse a compartir sus recursos, ellos simplemente se engañan a sí mismos. El principio es que uno gana con lo que uno da, así como un granjero que sólo cosecha de acuerdo a la cantidad y tipo de semilla que siembra. Cuando los creyentes muestran egoísmo (implicando que ellos evitan compartir con otros), ellos cosechan "corrupción" pero si ellos siembran en la manera en la que los guía el Espíritu Santo, ellos cosecharán "vida eterna".

Hemos estado argumentando aquí en relación a la interpretación Verdad B. Principalmente los términos "corrupción" y "vida eterna" es lo que hace que algunos interpreten este pasaje como Verdad A. Pero esos términos no hablan de condenación eterna y salvación eterna. Esta interpretación no sólo ignora el contexto, pero supone definiciones que no se pueden apoyar. En el Nuevo Testamento, la palabra *corrupción* (*phthora*) nunca se usa para condenación eterna, sino que tiene el significado de *deterioro, decaimiento,* o *ruina*. Ya hemos dicho que el término "vida eterna" no sólo se usa para librarnos del infierno, pero como la calidad de vida en el presente, una vida abundante que llega hasta la eternidad (Jn. 4:14; 10:10; 17:3).

Una vez que tenemos esas definiciones, las palabras de Pablo son una buena exhortación para los Cristianos. Si retenemos nuestros recursos para no ayudar a otros o los usamos para complacer nuestros deseos pecaminosos, vamos a experimentar el desperdicio y la ruina de la misma vida que estemos tratando de mejorar (vea el estudio anterior de Mt. 10:39; 16:25-26). Sin embargo, si usamos nuestros recursos desinteresadamente como nos guíe el Espíritu Santo para Sus propósitos, vamos a experimentar más de Dios y Su vida fluyendo en y a través de nosotros y en la eternidad. Esta es la razón por la que Pablo dice en el 9 que nunca debemos desanimarnos de hacer el bien a los demás o darles a otros. Vamos a ser recompensados. ¡Va a valer la pena!

Fe y el regalo de Dios. Efesios 2:8-10

[8] *Porque por gracia sois salvos por medio de la fe; y esto no de vosotros, pues es don de Dios;* [9] *no por obras, para que nadie se gloríe.*

Interpretación Verdad A: Las personas no son salvas por obras, sino por la fe que es dada por Dios, lo que garantiza buenas obras.

Interpretación Verdad B: Las personas no son salvas por obras, sino por medio de la fe, para que ellas puedan cumplir el propósito de Dios de hacer buenas obras.

Hay dos asuntos que tenemos que estudiar aquí. El primero tiene que ver con la naturaleza de la fe a través de la cual podemos ser salvos. ¿Dios nos da la fe necesaria para ser salvos? El segundo asunto tiene que ver con el rol de las obras en relación con nuestra salvación.

Existen muchos que entienden que el verso 8 significa que en la salvación, sólo se puede acceder a la gracia de Dios por la fe que Dios le da a un no creyente. Ellos ven la fe como el regalo de Dios. Algunos le llaman la habilitación divina. Esto encaja la posición teológica que enseña que los humanos están totalmente corrompidos por el pecado que ellos no tienen la capacidad de responder a Dios, menos creer. En esta opinión, no sólo un creyente debe ser regenerado para creer, sino que después de la regeneración se le debe dar fe para que la ponga en el Señor Cristo Jesús para salvación.

Pongamos a un lado los problemas teológicos con esta opinión y sólo tratemos con el texto. Esa interpretación supone que la palabra "esto" (*touto*) en el verso 8 se refiere a la "fe" como el regalo de Dios (las palabras "pues es" en v. 8 no están en el texto griego pero son suplidas por los traductores). Sin embargo, si "esto" se refiere a la "fe", tendría que haber estado en género femenino, como es verdad para sustantivos abstractos como *fe*. Pero está en un género neutro. Entonces ¿A qué se refiere "esto"? Obviamente, se refiere a *salvación por gracia*. Una encuesta de los comentarios tradicionales de este verso mostrará que muchos, y tal vez la mayoría, estará de acuerdo en que "esto" no se refiere a la "fe". Esto encaja el contexto perfectamente desde el capítulo 1 hasta 2:1-10, que es acerca de cómo Dios nos ha salvado por Su gracia. El pronombre neutro traducido como "esto" se usa en otro lado en Efesios para referirse a la frase o la cláusula anterior inmediata (cf. 1:15; 3:1). El paralelismo de "no de vosotros" en el verso 8 y "no por obras" en el verso 9 cierra el argumento de que la salvación por gracia es lo que se ve como el regalo de Dios.

La fe no es un regalo de Dios, porque es una respuesta humana. Ni tampoco es un poder divino o habilitación. Esto confunde el trabajo del Espíritu Santo con la responsabilidad humana. El Espíritu Santo tal vez pueda provocar fe en un incrédulo al acercarlo (Jn. 6:44), convencerlo de la verdad del evangelio (Jn. 16:8-11), y abrirle sus ojos al evangelio (2 Co. 4:6). Pero el poder de Dios y la fe de una persona son dos cosas diferentes. El Espíritu Santo es el agente o el poder efectivo de nuestra salvación, y fe es el instrumento por el cual tenemos acceso al Espíritu de Dios y al poder que salva. Esto es por lo que es más exacto decir que somos salvos *por* gracia, pero *a través* de la fe.

Vamos a comentar un segundo asunto porque el verso 10 es tan integral a los versos 8-9. El asunto del papel de las obras como prueba de nuestra salvación. El verso 10 dice que nosotros que somos salvos somos nuevas criaturas en Cristo "para buenas obras" con la intención de "que anduviésemos en ellas". La interpretación Verdad A cree que el verso 10 garantiza que cada creyente va a tener buenas obras, y que si no, ellos no son verdaderamente salvos. Su opinión está relacionada con la idea de que fe es un regalo divino o una habilitación. Como tal, no puede fallar al no producir una vida piadosa con buenas obras. Pero esta opinión lee en el verso 10 más de lo que dice. La cláusula "para buenas obras" expresa un propósito, no una promesa. Mientras puede que esto implique o infiera que un creyente va a tener buenas obras, este verso no dice nada acerca de cumplir ese propósito. Dios ha creado buenas obras antes de nuestra salvación con la intención de "que" debiéramos andar en ellas. La palabra "que" en el griego original (*hina*) junto con la forma del verbo usado en "anduviésemos" (modo subjuntivo) tiene la fuerza de potencialidad y probabilidad, pero no de la certeza. Buenas obras son el deseo de Dios para cada creyente, pero ellas no son forzadas en cada creyente. Si un creyente no es responsable o no tiene opción en cómo se conduce, ¿Cómo pueden sus obras calificarse de *buenas*, y cómo van a merecer una recompensa en el futuro?

Uno no necesita pensar demasiado para ver que si las buenas obras fueran garantizadas en cada creyente, entonces las amonestaciones del Nuevo Testamento son innecesarias o superfluas. En este caso, esta interpretación Verdad A sería "antinómica" (lo que significa *en contra de mantener las leyes o mandamientos*) porque los mandamientos de los capítulos 4-6 serían innecesarios. Pero una opinión como tal que garantiza las buenas obras es absurda, especialmente porque el Nuevo Testamento tiene muchas advertencias y exhortaciones para hacer varias buenas obras.

Cada creyente debe hacer buenas obras. Es el propósito de Dios para cada creyente, es la expectativa para cada Cristiano, y es el mandamiento de Dios para cada Cristiano. La justificación anticipa la santificación progresiva, pero la justificación no garantiza la santificación progresiva. La fe es la condición, las obras la consecuencia. La fe es el requisito, las obras el resultado. La salvación por gracia a través de la fe es Verdad A; las buenas obras resultantes es Verdad B.

Dios terminará Su obra. Filipenses 1:6

"Estando persuadido de esto, que el que comenzó en vosotros la buena obra, la perfeccionará hasta el día de Jesucristo".

Interpretación Verdad A: Dios va a completar Su obra de perseverar en fe y en buenas obras en los Cristianos hasta el final de sus vidas.

Interpretación Verdad B: Dios va a trabajar para ver que las buenas obras de las dadivas de los Filipenses sean completadas.

La versión Verdad A de este pasaje lo toma como una promesa de que todos los creyentes verdaderos van a perseverar en fe y buenas obras hasta el final de sus vidas. Esto es algo arraigado en la doctrina llamada la Perseverancia de los Santos. Su razonamiento está relacionado con su creencia de que una persona se vuelve Cristiano cuando Dios lo elige, lo regenera, y le da fe para creer. Semejante fe, ellos concluyen, no puede fallar porque es "la buena obra" de Dios en el Cristiano.

Pero ¿Qué quiere decir Pablo con "la buena obra?" Él no dice "las buenas obras", sino que parece referirse a un asunto singular. El significado de buena obra se encuentra en el contexto. En el verso anterior, Pablo está reconociendo su "comunión en el evangelio" (v. 5). La palabra *comunión (koinonia)* tiene el significado básico de *compañerismo* o *algo que se comparte en común*. ¿Qué era los que los creyentes de Filipo estaban compartiendo con Pablo? Mientras esto se puede referir en general a su asociación en el evangelio, aún más importante para Pablo, y la verdadera razón por la que les está escribiendo, es su apoyo financiero, lo que se menciona aquí en las notas de la introducción de la misma manera que en el cierre de la carta (1:5-6; 4:15-18). Epafrodito le había entregado el regalo de los de Filipo y ahora Pablo les manda con él una "nota de agradecimiento" y alguna información acerca de sus circunstancias. De hecho, en 4:15, Pablo usa la *koinonia* en su forma verbal cuando dice, "ninguna iglesia *participó* conmigo en razón de dar y recibir, sino vosotros solos". El sustantivo de *koinonia* de hecho se traduce como "contribución" en otros pasajes del Nuevo Testamento (Ro. 15:26; 2 Co. 8:4; 9:13; Heb. 13:16).

El apoyo financiero de los Filipenses se describe en el verso 5 como "desde el primer día hasta ahora". Esto no se pudo referir al primer día de su salvación porque él no está hablando de una persona sino de muchas que pudieron haber sido salvas en varios días. Es más obvio que se refiera a cuando ellos empezaron a compartir financieramente como iglesia, tal y como se menciona en 4:15. La referencia a "ahora" se puede referir entonces a sus contribuciones que Pablo acaba de recibir en prisión (4:10, 14, 18). Uno encuentra ecos en 2 Corintios capítulos 8-9 de la descripción de la generosidad de los que están en Macedonia hecha en Filipenses 1:3-7 y 4:10-20 (que es en donde se encontraba la iglesia Filipense).

Esta es Verdad B. La "buena obra" de la que habla Pablo no son buenas obras o santificación en general que prueba que uno es salvo. Es el compañerismo de los Filipenses en el evangelio a través de sus donaciones. Considerar este verso como una promesa de que todos los Cristianos van a perseverar en un estilo de vida piadoso ignora la ocasión, el contexto, y el punto de Pablo. Primero, él no está hablando con todos los Cristianos, sino específicamente con los creyentes de Filipo. Segundo, Pablo no está hablando acerca de su estilo de vida, sino acerca del apoyo de los Filipenses a su ministerio. Tercero, él no está haciendo una promesa, sino sólo está expresando sus sentimientos de confianza. Pablo está seguro de que Dios va a "completar" o llevar a cabo a través del impacto que su apoyo tiene mientras su efecto se multiplica ministrando a otros hasta el regreso de Cristo. Ciertamente, los Filipenses no van a vivir hasta el regreso de Cristo, pero a través del ministerio de Pablo, ellos han dado un regalo que va a continuar contribuyendo al avance del evangelio para que otros hagan lo mismo. La referencia al día de Cristo Jesús también puede implicar que su generosidad va a ser recompensada en el Tribunal de Cristo.

Contrario a la interpretación de Verdad A, Pablo sabía que no todos los Cristianos iban a perseverar en un comportamiento piadoso y justo hasta el fin. Él les recuerda a los Corintios que había algunos en su iglesia que habían muerto por abusar de la Cena del Señor (1 Co. 11:30). En otros pasajes en la Biblia encontramos que un creyente puede persistir en pecado de tal modo que lo lleve a su muerte (Stg. 5:20; 1 Jn. 5:16). Dios trabaja en los creyentes para producir buenas obras y progresivamente santificarles, pero los resultados no siempre se pueden medir y observar. Además, Su obra sólo se lleva a cabo en concurrencia y cooperación con la voluntad del individuo (cf. 1 Co. 15:10; Ga. 2:20; Fil. 2:11-12), lo que hace a la desobediencia una posibilidad.

Tal vez podemos aprender de este pasaje que Dios va a usar nuestra generosidad al dar para ayudar a otros y completar Su voluntad. Sabiendo que nuestras aportaciones, van a tener un impacto eterno en otros y posiblemente ser recompensados al regreso de Cristo, nos debería motivar a contribuir para que se esparza el evangelio. Pero ya que este pasaje no nos garantiza la perseverancia en la fe y buenas obras, tengamos cuidado de no condenar a aquellos que son genuinos hijos de Dios, pero que están luchando con malos hábitos de toda la vida y una voluntad y disciplina débiles.

Firmes para salvación. Filipenses 1:27-28

[27] *Solamente que os comportéis como es digno del evangelio de Cristo, para que o sea que vaya a veros, o que esté ausente, oiga de vosotros que estáis firmes en un mismo espíritu, combatiendo unánimes por la fe del evangelio,* [28] *y en nada intimidados por los que se oponen, que para ellos ciertamente es indicio de perdición, mas para vosotros de salvación; y esto de Dios.*

Interpretación Verdad A: La audaz unidad de los Filipenses en el evangelio prueba su eterna salvación.

Interpretación Verdad B: La audaz unidad de los Filipenses en el evangelio indica sus expectaciones de que Dios los librará a través de su sufrimiento.

El mayor punto que distingue este pasaje entre Verdad A y Verdad B es cómo se define la "salvación". Si Pablo está hablando acerca de salvación eterna del infierno, entonces este pasaje está diciendo que la conducta de los Filipenses es una prueba de que ya tienen la salvación. Hemos argumentado en otra parte que usar la conducta de uno para probar la salvación no es posible y mucho menos bíblico. Pero también hemos argumentado en otro lado que es importante entender que la palabra *salvación* no siempre se refiere a salvación eterna del infierno, sino que también puede significar librar de un problema.

La palabra *salvación* (*sotēria*) se usa tres veces en los primeros capítulos de Filipenses: 1:19, 28, y 2:12. La discusión en esta sección está dominada por las circunstancias del encarcelamiento de Pablo, la actividad de los adversarios de él y de los Filipenses, y la respuesta de los Filipenses en el sufrimiento a través de su adversidad. En 1:19, él expresa su confianza de que va a ser salvado (librado) de los problemas que les están causando sus adversarios porque los Filipenses están orando por él y el Espíritu Santo le está ministrando. Ciertamente, Pablo no está hablando de su salvación eterna. Algunos piensan que él se puede estar refiriendo a su liberación de la prisión o a la reivindicación por las cortes romanas, pero los siguientes versos 20-26 muestran que él considera la posibilidad de que pueda morir en prisión. Es más probable que esté hablando de la liberación que viene de la actitud victoriosa que magnifica a Cristo en su sufrimiento (1:20).

El segundo uso de *salvación* en 1:28 se de la misma manera que en 1:19, pero aplicado a los Filipenses. Por medio de su audaz unidad en el evangelio, ellos les van a indicar a sus adversarios sus expectativas de ser librados por Dios a través de su sufrimiento, igual que Pablo. (La palabra "señal [DHH]" puede ser muy fuerte en su sentido ya que *endeiksis* también tiene el significado de algo que es *una indicación* o *una señal* de algo). En los siguientes versos, 29-30, Pablo pone sus sufrimientos juntos, lo que indica que la liberación que todos ellos experimentan es de la misma naturaleza—una actitud victoriosa que magnifica a Cristo en el sufrimiento. Semejante actitud les va a indicar a sus adversarios que ellos van a ser derrotados y destruidos (no necesariamente eternamente, pero eso puede estar implícito).

Encontramos que el tercer uso de *salvación* en 2:12 continúa el tema desarrollado en el capítulo 1, pero lo vamos a tratar después.

Lo que es claro por el contexto y el uso de la palabra *sotēria* en ambos 1:19 y 1:28 es que la salvación eterna no está en juego como afirma la interpretación Verdad A. Pablo no está hablando de probar la salvación eterna, sino acerca de ser librados a través del sufrimiento con la confianza en la victoria que Dios da para que Cristo sea glorificado.

La interpretación Verdad B es una motivación para nosotros los creyentes para soportar el sufrimiento y la adversidad con la confianza de que Dios nos va a librar a través de ellos, de tal forma que Cristo Jesús va a ser magnificado en nosotros. Es posible que Dios no nos libre *sacándonos* de nuestro sufrimiento, sino *a través* de nuestro sufrimiento (cf. 1 Pe. 5:10). Puede ser difícil identificarnos con el sufrimiento de Pablo—encarcelado y enfrentando la posibilidad de ser ejecutado—aun así su ejemplo de confianza en Dios muestra que nosotros, como él, podemos ser victoriosos y continuar glorificando a Dios sin importar cuáles sean nuestras circunstancias.

Ocupaos en vuestra salvación. Filipenses 2:12-13

> [12] *Por tanto, amados míos, como siempre habéis obedecido, no como en mi presencia solamente, sino mucho más ahora en mi ausencia, ocupaos en vuestra salvación con temor y temblor,* [13] *porque Dios es el que en vosotros produce así el querer como el hacer, por su buena voluntad.*

Interpretación Verdad A: Las personas deben trabajar por su salvación, o los Cristianos deben ocuparse en probar su salvación.

Interpretación Verdad B: Una vez salvos, los Cristianos deben cooperar con Dios para vivir sus nuevas vidas.

Segunda Interpretación Verdad B: Los Cristianos deben soportar el sufrimiento de tal forma que ellos experimenten la liberación de parte de Dios.

Como puede ver, la interpretación Verdad A inyecta obras en la salvación ya sea al inicio o al final. No es muy común escuchar que los Cristianos insistan en la obras como una condición al inicio de su salvación. Sin embargo, es muy común escuchar a los Cristianos insistir en las obras para probar que ellos son genuinamente salvos. Todo esto viene de la suposición de que la salvación a la que se refiere es soteriológica, o liberación eterna del infierno.

Una de las interpretaciones de Verdad B supone que este pasaje habla de la salvación eterna, pero no insiste en las obras como una condición o prueba de la salvación. Esta opinión pudiera notar que el texto no dice "ocúpate" sino "ejercita" esta salvación. En otras palabras, aquellos que son salvos deben permitir que su salvación tenga el efecto destinado en la santificación. Esto pasa, dirá esta opinión, cuando los creyentes cooperan con Dios quien está trabajando en nosotros (v. 13). Estoy de acuerdo con esta opinión porque por lo menos es consistente con el evangelio de gracia al quitar las obras como una condición para la vida eterna.

Cuando vemos cómo se usa la palabra "salvación" en 1:19 y 28, la segunda interpretación Verdad B es más consistente con este contexto. En 2:12, Pablo llega a una conclusión ("Por tanto") de lo que se ha estado diciendo previamente. Regresando a 1:12, el flujo del pensamiento de Pablo va más o menos así:

- Aunque estoy sufriendo en la prisión, tengo la confianza de que voy a ser librado de deshonrar a Dios en la victoria a través de estas circunstancias para que Cristo sea magnificado. (1:12-20)

- Esta liberación me da la victoria ya sea que muera o que viva, aunque espero vivir. (1:21-26)

- Ustedes que también están sufriendo pueden experimentar la misma victoria de liberación cuando confían en Dios y se mantienen unidos en el evangelio sin temor. (1:27-30)

- Porque van a ser liberados mediante estas circunstancias, ustedes pueden por lo tanto continuar unidos desinteresadamente y motivándose con el ejemplo desinteresado de Cristo y la exaltación victoriosa. (2:1-11)

- Por lo tanto ustedes deberían continuar cooperando con Dios mientras experimentan los beneficios de su liberación en sus problemas. (2:12-13)

- Su perseverancia en la unidad va a triunfar sobre el mundo malvado y me va a traer gozo ahora y en el Tribunal de Cristo. (2:14-18)

Esto muestra un consistente significado de *salvación* como ser librado de deshonrar a Dios en medio de las adversidades y el sufrimiento que ellas están causando. No sólo es ser liberados *de* esto, pero también es ser liberados *para* una actitud victoriosa que perdura en la fe en Dios y un comportamiento desinteresado hacia los otros. Esto es una liberación santificadora, no soteriológica. Algunos han tomado la liberación (también en 1:19 y 28) para indicar una reivindicación en el Tribunal de Cristo, una liberación de la vergüenza de una actitud y conducta inadecuada. Esto también pudiera indicar las recompensas futuras. Mientras que una buena evaluación en el Tribunal de Cristo ciertamente va a ser el resultado de una buena actitud y conducta durante el sufrimiento, el pasaje se enfoca en la experiencia actual de los Filipenses.

No está garantizada para los Cristianos una experiencia de santificación victoriosa. Puede ser difícil mantener una vida que honra a Dios cuando somos perseguidos por enemigos o sufrimos circunstancias difíciles. Al confiar en Dios y en la provisión de Su Espíritu al servir a otros desinteresadamente, podemos ser liberados de ser derrotados por nuestros enemigos y nuestras circunstancias y ser llevados a una actitud victoriosa que testifica al mundo la verdad que proclamamos.

Prosigo a la meta. Filipenses 3:12-14

> [12] *No que lo haya alcanzado ya, ni que ya sea perfecto; sino que prosigo, por ver si logro asir aquello para lo cual fui también asido por Cristo Jesús.* [13] *Hermanos, yo mismo no pretendo haberlo ya alcanzado; pero una cosa hago: olvidando ciertamente lo que queda atrás, y extendiéndome a lo que está delante,* [14] *prosigo a la meta, al premio del supremo llamamiento de Dios en Cristo Jesús.*

Interpretación Verdad A: La salvación es el premio para los que perseveren.

Interpretación Verdad B: La profunda experiencia del sufrimiento y poder de Cristo es el premio para los que perseveren.

Es bueno que recordemos algo que ya estudiamos: Existe un regalo y existe un premio. La salvación eterna es un regalo gratuito para el incrédulo, pero las recompensas para los fieles son los premios ganados por el creyente. ¿De cuál está hablando el Apóstol Pablo aquí?

No parece que sea salvación eterna, porque es claro que Pablo no cuestiona su salvación en la epístola en ningún otro lado. Si él hubiera hecho eso, él estaría contradiciendo su audaz exhortación a los lectores de su epístola, minaría su autoridad como apóstol, y haría insípida su exposición del evangelio como una promesa segura de salvación. Este pasaje muestra que Pablo estaba buscando algo más—un premio. Su testimonio es "fui también asido por Cristo Jesús" (3:12) y en base a esto, él ahora busca poseer completamente lo que Cristo ha preparado para él. Ese propósito se explica en el verso 14 como "al premio del supremo llamamiento de Dios en Cristo Jesús" lo que es más probable que se refiera a lo que él describió antes como su deseo en los versos 10-11: conocer a Cristo (en el sentido de un conocimiento experimental profundo), para experimentar el mismo poder que levantó a Cristo de los muertos, y experimentar el compañerismo de los sufrimientos de Cristo (no por pecar, sino por hacer lo correcto). Pablo busca entrar en una completa identificación con Jesucristo en Su experiencia del sufrimiento y del poder de la resurrección (cf. Ro. 6:4-5). La experiencia de la vida nos muestra que aquellos que sufren una prueba juntos disfrutan un compañerismo especial de una manera que los demás no pueden. Considere, por ejemplo, el vínculo común entre las mujeres que han sufrido durante el embarazo, o entre aquellos que han padecido cáncer.

Pablo también proclama su deseo de alcanzar "la resurrección de entre los muertos" (3:11). ¿De qué está hablando Pablo? Existen muchas interpretaciones, pero la clave parece estar en la palabra particular usada para resurrección, la cual pudo ser literalmente traducida como "de-la-resurrección" (*exanastasin [levantarse para experimentar el pleno impacto de la resurrección]*). Parece que Pablo se está refiriendo al inminente evento del Rapto en el cual los creyentes muertos son levantados de la tumba (esto es, de entre los muertos) y los creyentes que estén vivos serán transformados cuando ambos grupos se encuentran con el Señor Jesús en el aire. Pablo está diciendo que él espera vivir hasta este evento. Él no duda de su rapto o resurrección—"si en alguna manera" (*ei pōs* con la voz subjuntiva en el verbo) está bien traducida por la NVI "Así espero" reflejando más el deseo final, y "llegase" (de *katantaō*) puede tener el significado de "llegar a".

Entonces la interpretación Verdad B de este pasaje no presenta a Pablo como dudando de su salvación o resurrección, sino que expresa su deseo de experimentar completamente el sufrimiento y poder de Jesucristo hasta que, si es que vive lo suficiente, él sea raptado de esta vida.

Además del problema exegético y teológico de una interpretación Verdad A que presenta a Pablo como dudando de su salvación y buscando ganarla, existen tristes consecuencias prácticas para semejante opinión porque elude a lo que debería ser el objetivo de cada Cristiano. Como Pablo, debemos buscar experimentar un compañerismo más profundo con Cristo a través del sufrimiento por ser justos como Él lo hizo, y debemos tener el deseo de experimentar la grandeza del poder resucitador de Dios como Cristo lo hizo. Pero esta experiencia profunda no viene como un regalo; los creyentes deben "proseguir" o perseverar en fidelidad hacia el objetivo y su resultado que es ese premio que Dios desea para cada creyente. Desafortunadamente, una interpretación Verdad A no ofrece esta bendita esperanza.

Si permaneces. Colosenses 1:21-23

> [21] *Y a vosotros también, que erais en otro tiempo extraños y enemigos en vuestra mente, haciendo malas obras, ahora os ha reconciliado* [22] *en su cuerpo de carne, por medio de la muerte, para*

presentaros santos y sin mancha e irreprensibles delante de él; [23] *si en verdad permanecéis fundados y firmes en la fe, y sin moveros de la esperanza del evangelio que habéis oído, el cual se predica en toda la creación que está debajo del cielo; del cual yo Pablo fui hecho ministro.*

Interpretación Verdad A: Las personas son reconciliadas con Dios en salvación si ellos continúan creyendo o adheridos a la fe Cristiana.

Interpretación Verdad B: Los Cristianos van a tener algo bueno que presentarle al Señor en el Tribunal de Cristo si ellos continúan en la fe.

Este pasaje es comúnmente malentendido como una Verdad A, pero en muchas maneras diferentes. Algunos piensan que enseña que las personas sólo van a ser salvas si ellas continúan en la verdad Cristiana. Otros piensan que enseña que sólo aquellos que perseveran en su fe hasta el final de sus vidas son verdaderamente salvos. Aun otros interpretan este pasaje como una advertencia de que si los Cristianos no continúan constantes en su fe, ellos van a perder su salvación, una posición que hemos desechado como contraria a las claras enseñanzas bíblicas.

Primero, debemos establecer si es que la advertencia se escribe desde la perspectiva de que la salvación es una posibilidad futura o un evento pasado para esos lectores. La evidencia muestra que los lectores han incuestionablemente experimentado la salvación. Pablo les llama "santos y fieles hermanos en Cristo" (1:2) quienes tienen la reputación de fe y amor (v. 3). Ellos han sido transferidos posicionalmente al reino de Cristo (v. 13), y han sido redimidos (v. 14), y son reconciliados con Dios (v. 21). Su posición presente de reconciliación es contrastada con su posición anterior como extraños de Dios y Sus enemigos (v. 21).

Así que para empezar, esto contradice las declaraciones de Pablo acerca de la posición de salvación de sus lectores, si la reconciliación se logra mediante lo que él dice en el verso 23: "si en verdad permanecéis fundados y firmes en la fe". Estos lectores no están *por llegar* a la fe, pero están "en" la fe. Si ellos aún no son salvos, entonces "en la fe" no se puede referir a su fe personal, ni tampoco se puede referir a la verdad Cristiana objetiva porque el punto de inicio para eso es un conocimiento de Jesús que salva.

Alguien que toma esta advertencia como una Verdad B piensa que lo que está en juego es la reconciliación con Dios en la advertencia condicional, pero argumenta que la construcción de la cláusula condicional tiene el sentido de "ya que" como en "si continúa, y en verdad continuará". Pero esta construcción (primera clase condicional en el griego) no necesariamente expresa una certeza o un hecho, sólo certeza por el bien del argumento. Las declaraciones de primera clase condicional pueden ser totalmente hipotéticas y aun contrarias a los hechos (vea Ga. 3:4).

Existe una mejor interpretación Verdad B. Continuar en "la fe" (note que Pablo no dice "su fe") debe tener el significado de continuar en el camino de la verdad Cristiana que primero encontraron al llegar al conocimiento de Cristo Jesús como su Salvador. Esta es la verdad fundamental para la vida y la santificación del Cristiano. Ya que la reconciliación es una realidad presente para los lectores, la condicional "si en verdad permanecéis fundados y firmes en la fe" debe estarse anticipando a algo en el futuro. En el texto, eso pudiera ser la perspectiva de que los lectores se presenten en santidad y sin mancha delante de Dios (1:22). Presentarse delante de Dios se encuentra en otros pasajes en el Nuevo Testamento (2 Co. 4:14; 11:2; Ef. 5:27; 1 Ts. 5:23; Jud. 24) y se usa en Romanos 14:10, esta es una clara referencia a la comparecencia del creyente delante del Señor en el Tribunal de Cristo en donde la vida de uno, y no la salvación de uno, es juzgada (cf. 1 Co. 3:13; 2 Co. 5:10). Los términos "santo, sin mancha, e irreprensible" no se usan posicionalmente sino como un calificativo para el grado de santificación obtenido por el creyente (cf. Ef. 5:27; 1 Tm. 3:2; Tit. 1:6-7). El objetivo de Pablo es "presentar perfecto en Cristo Jesús a todo hombre" (1:28). Cada creyente va a comparecer delante del Señor en aquel Día, pero no todos van a presentarse con el mismo honor.

El obtener estas cualidades y una presentación favorable están condicionadas a su constancia firme en la fe que ellos han aprendido y en el evangelio que han experimentado, pero esto también es condicional a "sin moveros de la esperanza del evangelio" que ellos han escuchado. La *esperanza* es parecida a la fe, porque es la expectación de un evento futuro. Pablo les recuerda a estos lectores de "la esperanza que os está guardada en los cielos" la cual ellos escucharon a través del evangelio de gracia que él les predicó (1:5-6). Una clave para interpretar 1:21-23 es la relación entre la esperanza y sus frutos como lo describe Pablo en 1:4-6. Su esperanza resultó en una fe-continua en Jesucristo y en amor por otros creyentes (1:4). En otras palabras, la confianza que ellos tienen acerca de su futuro por causa del evangelio (su esperanza), tiene un efecto santificador en sus vidas (el efecto santificador de la esperanza que vemos en otros pasajes del Nuevo Testamento como: Ro. 5:2; 12:12; 2 Co. 3:12; Heb. 7:19; 1 Jn. 3:3). Si los lectores se apartan de esta esperanza segura, el fruto de la esperanza será dañada y consecuentemente va a comprometer la presentación favorable delante del Señor.

La diferencia entre la interpretación Verdad A y la interpretación Verdad B es algo profunda. Si la salvación depende de la perseverancia en la fe o de la fidelidad, la seguridad de la salvación se ha perdido. Sin la seguridad de la esperanza de una vida eterna, los motivos para confiar en Dios y amar a otros son alterados. Sin estas cualidades santificadoras se pone en riesgo o se pierde, una evaluación favorable en el Tribunal de Cristo. En corto, los creyentes no pueden crecer completamente en un ambiente de duda e incertidumbre. La esperanza segura y la seguridad de la salvación nos dan ambos, el motivo y la libertad para confiar en Dios y amar a otros. Semejante esperanza y seguridad debe estar basada en el evangelio de la gracia de Dios, no en el desempeño humano.

La obra de vuestra fe. 1 Tesalonicenses 1:3

"Acordándonos sin cesar delante del Dios y Padre nuestro de la obra de vuestra fe, del trabajo de vuestro amor y de vuestra constancia en la esperanza en nuestro Señor Jesucristo".

Interpretación Verdad A: La fe que justifica debe incluir obras.

Interpretación Verdad B: La fe que santifica produce obras.

Las acciones de gracias dadas en la introducción de la epístola están motivadas por la memoria de Pablo de tres cosas que él declara en una construcción paralela. Cuando se consideran como cualidades paralelas, ellas se refieren a la demostración de buenas obras estimuladas por la fe de los Tesalonicenses después de su salvación, de trabajo estimulado por el amor, y la paciencia estimulada por la esperanza. Estas tres cosas son el resultado de su elección por parte de Dios, su recepción del evangelio, y su subsiguiente imitación de los apóstoles (1:4-6). Pablo no está diciendo que esas virtudes prueban su fe (lo que sería Verdad A), sino sólo que él ha observado estas cosas después de que recibieron el evangelio. La fe de la que él habla en el verso 3 es mejor que se considere como fe que santifica (Verdad B), así como el amor y la esperanza son virtudes que santifican. Él no está aludiendo a su fe de justificación sino hasta los versos 4-10. En la introducción similar de 2 Tesalonicenses Pablo menciona la fe que santifica como una fe que crece y les ayuda a soportar persecuciones y tribulaciones (2 Ts. 1:3-4). También, vemos el mismo término, "obra de fe", usada claramente como la experiencia de santificación en 2 Tesalonicenses 1:11.

Es excesivo usar este verso para decir que la fe que salva debe incluir obras. Semejante interpretación no se deriva del texto, entonces debe provenir de la persuasión teológica de uno. Somos salvos a través de la fe inicial en Cristo para buenas obras que provienen de nuestro constante ejercicio de la fe en el Señor.

Aquellos que rechazan la fe. 1 Timoteo 1:19-20

> [19] *manteniendo la fe y buena conciencia, desechando la cual naufragaron en cuanto a la fe algunos,* [20] *de los cuales son Himeneo y Alejandro, a quienes entregué a Satanás para que aprendan a no blasfemar.*

Interpretación Verdad A: Himeneo y Alejandro rechazaron la fe Cristiana y perdieron su salvación, o ellos probaron que nunca fueron salvos.

Interpretación Verdad B: Himeneo y Alejandro rechazaron la fe Cristiana y ellos sufrieron severas consecuencias temporales.

La evidencia en el texto inclina la balanza hacia una interpretación Verdad B. Himeneo y Alejandro se mencionan como un contraste a la fidelidad de Timoteo. En el verso 5 se implica que Timoteo tiene fe y una buena conciencia y se le reconoce en el verso 18 por librar una buena batalla. Todos estos eran asuntos de la vida Cristiana, no asuntos de salvación. En lugar de luchar una buena batalla con fe y buena conciencia, Himeneo y Alejandro han hecho naufragar sus vidas Cristianas.

El término "naufragar" (de *nauageō*) se puede, por supuesto, referir a un naufragio literal (2 Co. 11:25), o referirse figurativamente a sufrir ruina, pérdida, o desastre como lo hace aquí. No existe nada acerca del término que denote automáticamente la pérdida de su salvación o un estado de no-salvación. Los Cristianos se pueden encontrar con un desastre. El desastre que Himeneo y Alejandro encararon en relación con "la fe", es muy probable que haga una referencia a su fe Cristiana y no a su fe personal ya que se usa el artículo "la", aunque ciertamente también implica una crisis de fe personal.

Aquellos que van a inclinarse hacia una interpretación Verdad A pueden argumentar que esos hombres no pueden ser salvos porque ellos rechazaron la fe Cristiana. Sin embargo, el texto indica que lo que ellos han rechazado fue la fe y una buena conciencia, las mismas virtudes Cristianas por las que es reconocido Timoteo. Aun así, si ellos hubieran rechazado la fe Cristiana, esto no demanda la pérdida de su salvación ni prueba que ellos nunca fueron salvos. Los Cristianos pueden darle la espalda a la verdad (la palabra "rechazar" [de *apotheō*] puede significar *hacer a un lado* o *repudiar*) en diferentes grados. Uno sólo necesita considerar todo punto completo de la carta a los Hebreos, así como otras evidencias en el Nuevo Testamento:

- Pedro negó al Señor (Lc. 22:34, 54-62).

- El Apóstol Pablo predice la apostasía en tiempos postreros (1 Tm. 4:1-3).

- La advertencia de 1 Timoteo 4:16 implica que un Cristiano puede alejarse de la fe.

- Había viudas en la iglesia que "se han apartado en pos de Satanás" (1 Tm. 5:14-15).

- El Apóstol Pablo dice que algunos se extraviaron de la fe (1 Tm. 6:20-21).

- Aquellos que desertaron al Apóstol Pablo y se le opusieron (2 Tm. 1:15; 4:9-10, 14-16) se les debe instruir amablemente para que puedan escapar de las trampas de Satanás (2 Tm. 2:24-26).

- Aquellos que se extraviaron de la verdad pueden trastornar la fe de otros (2 Tm. 2:18).

También, la clara declaración de 2 Timoteo 2:13 es "Si fuéremos infieles, [literalmente, incrédulo de *apisteuō*], él [Dios] permanece fiel; El no puede negarse a sí mismo". Nuestra salvación depende de nuestra fe inicial para justificación, no de que continuemos en la fe, la cual puede fallar en nuestra experiencia Cristiana.

Lo que puede empujar a algunos hacia una interpretación Verdad A es la declaración de Pablo de que él entregó a Himeneo y Alejandro a Satanás. Pero aun aquí, el texto no dice que ellos fueron entregados a Satanás para el infierno o a su reino de oscuridad. El propósito de la acción de Pablo es que estos hombres "aprendan a no blasfemar". No tendría sentido que Pablo enseñara a un incrédulo a no blasfemar. Finalmente su acción es una disciplina restauradora para estos creyentes que se han equivocado seriamente. Esta verdad nos recuerda de la prescripción de Pablo para el hermano pecador de la iglesia de Corintio (1 Co. 5:3-5; 2 Co. 2:1-11), lo que seguramente causó una des-asociación forzosa con la iglesia, que le puso en peligro de las trampas de Satanás en este mundo.

Los Cristianos tiene la capacidad de cometer los pecados más serios, incluyendo rechazar las creencias que los salvaron. Pero vemos que las consecuencias son igualmente serias. Aunque puede que la disciplina no sea por una acción apostólica, los Cristianos apóstatas de hoy que abandonan la seguridad de la verdad de Dios y Su iglesia se colocan a sí mismos en los peligrosos dominios del Maligno.

Poniendo la esperanza en la vida eterna. 1 Timoteo 6:17-19

> [17] *A los ricos de este siglo manda que no sean altivos, ni pongan la esperanza en las riquezas, las cuales son inciertas, sino en el Dios vivo, que nos da todas las cosas en abundancia para que las disfrutemos.* [18] *Que hagan bien, que sean ricos en buenas obras, dadivosos, generosos;* [19] *atesorando para sí buen fundamento para lo por venir, que echen mano de la vida eterna.*

Interpretación Verdad A: Aquellos que son ricos en buenas obras van a ganar la vida eterna.

Interpretación Verdad B: Aquellos que son ricos en buenas obras van a disfrutar una divina calidad de vida.

Esta es una palabra para aquellos que están bajo el cuidado de Timoteo que son ricos. Esta no es una palabra acerca de cómo debe de tratar a los creyentes o a los incrédulos. Evidentemente, estas personas ricas eran creyentes porque 1) Ellos están asociados con Timoteo, 2) Hacer buenas obras, dar, y compartir son virtudes Cristianas, 3) El "por venir" se menciona en una manera positiva como una certeza.

Algunos ven este pasaje como Verdad A por la última frase "que echen mano de la vida eterna". Sin embargo, la palabra "eterna" no está en el texto griego. La mayoría de las traductores más importantes están de acuerdo con el significado de la LBLA, "de lo que en verdad es vida" (cf. NVI, DHH, RVA-2015). En 6:12, la palabra "eterna" se usa cuando Pablo dice, "Pelea la buena batalla de la fe, echa mano de la vida eterna". Pero el punto de ambos pasajes es similar. La exhortación de Pablo a Timoteo en 6:19 es que los creyentes ricos no deben encontrar su importancia en la riquezas inciertas, sino en Dios y en servirle. La vida verdadera es hacer de Dios el enfoque de la vida personal. Es disfrutar la relación personal con Dios obtenida en la salvación, una vida abundante (Jn. 10:10; 17:3).

Atesorando un buen fundamento habla de las recompensas en el futuro, o como Jesús lo pone, hacer tesoros en el cielo (Mt. 6:20). Sería extraño referirse a obtener vida eterna con este lenguaje. "Fundamento" (*themelios*) tiene la idea de algo que da estabilidad como una reserva o un tesoro. "Lo por venir" no se menciona en el verso 19 como una posibilidad, sino como una certeza. Lo que es condicional (expresado por el modo subjuntivo) echar mano "de lo que en verdad es vida".

Esta importante Verdad B nos enseña que todos los creyentes enfrentan un futuro en el cielo y en el reino de Dios, pero sólo algunos creyentes van a tener mejores tesoros esperándoles. Tal vez podemos decir que aquellos creyentes "mandan sus riquezas de antemano". Ellos también son los que han aprendido a enfocar su vida presente en Dios, no en sus riquezas, y disfrutar una experiencia más rica de la vida con Él.

Si le negamos a Él. 2 Timoteo 2:10-13

> [10] *Por tanto, todo lo soporto por amor de los escogidos, para que ellos también obtengan la salvación que es en Cristo Jesús con gloria eterna.* [11] *Palabra fiel es esta: Si somos muertos con él, también viviremos con él;* [12] *Si sufrimos, también reinaremos con él; Si le negáremos, él también nos negará.* [13] *Si fuéremos infieles, él permanece fiel; El no puede negarse a sí mismo.*

Interpretación Verdad A: Aquellos que son elegidos van a permanecer en fidelidad para obtener la salvación, pero aquellos que niegan a Cristo se les negará la salvación.

Interpretación Verdad B: Los creyentes tienen la salvación garantizada y los creyentes fieles también reinaran con Cristo, mientras que a los creyentes que nieguen a Cristo. les será negada la recompensa de reinar con Él.

El pasaje empieza con una declaración del Apóstol Pablo de lo que él está soportando (v. 10), lo que obviamente se refiere a su sufrimiento (v. 9). Pero él no lo soporta por su propio bien, sino por el bien de otros. Entonces la palabra "soportar" no es una condición para su salvación eterna, sino para que ellos "también obtengan la salvación que es en Cristo Jesús con gloria eterna" (v. 10). El aguante de Pablo ciertamente no puede salvar a otros eternamente, entonces ¿cómo interpretamos eso? Algunos pueden argumentar que Pablo sufrió para llevar el evangelio a los elegidos para que ellos pudieran ser salvos. Sin embargo, el uso de la palabra "sufrimos" en el verso 12 habla del sufrimiento de los creyentes soportando para la futura recompensa reinando con Cristo. Con esto en mente, la salvación del verso 10 será la consumación final de la salvación cuando los creyentes estén con Cristo en Su gloria. En otras palabras, Pablo está dando un ejemplo de aguante en las dificultades para que los creyentes le imiten y soporten dificultades, y por lo tanto aseguren su recompensa futura, el objetivo final de la salvación.

Pablo entonces recita lo que muchos piensan que es un himno por su estructura de copla y versos paralelos. El verso 11 es una declaración de confianza de nuestra salvación porque estamos unidos con Cristo y viviremos para siempre con Él (Ro. 6:3-5; Ga. 2:20). Deberíamos notar preventivamente que este pasaje argumenta en contra de la posibilidad de que alguien pierda su salvación, lo que tiene implicaciones para el verso 12.

En el verso 12, hay una condicional diferente y una consecuencia diferente. La condición es aguante; lo que Pablo ya ha mencionado en relación con sufrir a través de las dificultades. Aguantar es una virtud clave en la vida del Cristiano (ej., 2 Tm. 2:3; Heb. 10:23, 36; 12:1; Stg. 1:2-4, 12). Como se mencionó antes, la consecuencia de reinar no se refiere a la salvación, sino a la recompensa por ser fiel—reinando con Cristo en Su reino, como se enseña en muchos otros pasajes (Lc. 19:11-19; Ap. 2:26-27; 3:21; 22:3-5). Si negamos a Cristo, Él nos negará Su aprobación y recompensa (vea el estudio de Mt. 10:32-33). Negar a Cristo puede tener la idea de negar la habilidad de Cristo para ayudarnos en las dificultades, pero puede que esto también incluya una negación verbal de su asociación con Él (como la famosa torpeza de tres-partes de Pedro), o negarle a Él con nuestras acciones (vea 1 Tm. 5:8).

El verso 13 entonces habla completamente de otra circunstancia. Si somos "infieles" (de *apisteuō, sin fe, no creyendo*; cf. Ro. 3:3), Dios permanece "fiel" (*pistos*). ¿A qué es fiel Dios? Algunos piensan que esto significa que Dios es fiel a Sí mismo porque Él va a juzgar a aquellos que son infieles a Él o que le negaron, como se dice en el verso 12. Sin embargo, es inimaginable que una amenaza de juicio esté basada en un atributo positivo de Dios de fidelidad. Probablemente esto es más bien una promesa motivadora que sigue a la amenaza negativa mencionada en el verso 12. El sentido es que aun y cuando pudiéramos negarle a y Él pudiera negar nuestra recompensa, Dios es fiel a Su promesa de que vamos a vivir para siempre con Él, como se dijo en el verso 11. Esto tiene la intención de consolar a los creyentes.

Si este es en verdad un himno o recitación, entonces la estructura fluye poéticamente en lo que se llama un quiasma—una relación invertida en frases paralelas. Si aplicamos las categorías de Verdad A Verdad B, nos da esto:

Verso	Copla	Estructura Quiasma	Categoría A/B
2:11	Si morimos con él, también viviremos con El.	X-1	Verdad A La salvación está garantizada basada en nuestra unión con Cristo
2:12a	Si perseveramos, también reinaremos con El.	Y-1	Verdad B Se ha prometido un premio para aquellos que perseveren en las pruebas
2:12b	Si le negáremos, Él también nos negará.	Y-2	Verdad B Aquellos que nieguen a Cristo están amenazados de que se les niegue su
2:13	Si fuéremos infieles, El permanece fiel; Él no puede negarse a sí mismo.	X-2	Verdad A La salvación está garantizada, basada en la fidelidad de Dios a sus

Este pasaje es una afirmación confortante de que nuestra salvación eterna no se puede perder y una seria amenaza de que se nos pueden negar las recompensas. La disposición de Dios hacia Israel ilustra esta verdad.

Aunque ahora Israel rechaza a Cristo y está bajo la disciplina de Dios, ellos van a ser restaurados un día porque Dios es fiel a Sus promesas que Él hizo a los patriarcas (Ro. 3:3-4; 11:25-32). Sus dones son irrevocables (Ro. 11:29). Entonces esto también es para nosotros los Cristianos hoy. Aun cuando dejamos de creer o nos hacemos infieles, Dios va a permanecer fiel a Su promesa de salvarnos eternamente, aunque Él nos puede negar la recompensa de reinar con Él.

Manteniendo la fe. 2 Timoteo 4:7-8

> [7] *He peleado la buena batalla, he acabado la carrera, he guardado la fe.* [8]*Por lo demás, me está guardada la corona de justicia, la cual me dará el Señor, juez justo, en aquel día; y no sólo a mí, sino también a todos los que aman su venida.*

Interpretación Verdad A: Por su perseverancia en la fe y por amar la venida del Señor, Pablo espera la justicia de Dios para salvación en el juicio final.

Interpretación Verdad B: Por su perseverancia en la fe y por amar la venida del Señor, Pablo espera una recompensa en el Tribunal de Cristo.

Aquellos que enseñan que alguien debe perseverar en fe y buenas obras hasta el final de sus vidas pudiera usar este pasaje para decir que Pablo se mantuvo fiel y por lo tanto él espera que el Señor lo considere justo cuando entre en la eternidad (Verdad A). De que Pablo perseveró en la fe y las buenas obras no hay duda. Pero ¿Con esto se ganó la salvación? Esta explicación supone que la "corona de justicia" es la justicia judicial otorgada como justificación (Ro. 3:21-24; 2 Co. 5:21). En resumen, este pasaje pudiera enseñar, entonces, que la salvación eterna viene por pelear por la fe, terminando el ministerio de uno siendo fiel, manteniéndose fiel a la doctrina Cristiana y esperando amorosamente la venida de Cristo. Esta es una total contradicción a las enseñanzas de Pablo de que la justicia es a través de la fe sola, sólo en Jesucristo (Ro. 3:21-24; Ga. 2:16). Debemos interpretar los pasajes menos claros de 2 Timoteo 4 a la luz de los pasajes bien claros de Romanos y Gálatas.

El contexto no indica en ningún lugar que Pablo está hablando de ganarse la salvación. En otros pasajes, él descarta las buenas obras, incluso las suyas mismas, como la base para obtener salvación eterna (Ef. 2:8-9; Fil. 3:3-9). Aquí, él simplemente resume su ministerio sabiendo que su vida está casi por terminar (v. 6). La corona de justicia no es una justicia judicial. Él ya ha hablado antes de una corona ganada por un atleta que compite de acuerdo a las reglas (2:5). Esto se dijo como una exhortación para Timoteo para que estuviera fuerte en Cristo (2:1-3). Una corona es una recompensa que se gana, la recompensa que Pablo anticipaba si disciplinaba su cuerpo y no era descalificado (1 Co. 9:25-27). Santiago 1:12 habla de la "corona de vida" dada a aquellos Cristianos que aguantaron el sufrimiento fielmente. Los ancianos de la iglesia que gobiernen fielmente recibirán la "corona incorruptible de gloria" (1 Pe. 5:4). Las coronas son recompensas Verdad B dadas a los creyentes. No siempre es claro qué representan estas coronas, pero es claro que ellos son recompensados por ser creyentes fieles.

El ejemplo de perseverancia del fiel ministerio de Pablo debe inspirarnos a hacer lo mismo y anticipar las mismas recompensas. El ministerio no es una escaramuza, sino una pelea de premios de quince rounds, no es una carrera de 100 metros planos sino un maratón. ¿Estas sirviendo a Dios con vista a largo plazo? Nosotros podemos no saber los detalles de nuestras recompensas, pero todo valdrá la pena.

La epístola a los Hebreos

9

EL LIBRO A los Hebreos merece algunos comentarios introductorios acerca de su interpretación que vamos a aplicar a los pasajes que se estudien a continuación. Estos pasajes, que muchos encuentran difíciles de interpretar, se pueden clasificar rápidamente una vez que entendemos a quién se dirige el autor, por qué les está escribiendo, y la naturaleza de las amenazas de los juicios en los pasajes de las cinco advertencias (2:1-4; 3:7-4:13; 6:1-8; 10:26-39; 12:25-29). Esencialmente, lo que debemos determinar cuando interpretemos Hebreos es, si está escribiendo a incrédulos como una Verdad A, a creyentes como Verdad B, o a un grupo mezclado con ambos.

Si no fuera por el lenguaje severo y los pasajes de las amenazas, realmente sería aparente que la carta a los Hebreos fue escrita para los creyentes en Cristo. Fuera de las advertencias, los lectores son llamados "hermanos" (3:1; 10:19; 13:22). Varias cosas que se les dice sólo se pueden aplicar a los Cristianos (3:1; 5:12; 6:9; 10:24-25), especialmente las exhortaciones del capítulo 13. Si se considera la epístola completa, como debe ser, el autor explica que el propósito de sus escritos a sus "hermanos" es exhortarlos (13:22).

El estado espiritual de los lectores

Cuando consideramos a quién se le está escribiendo en los pasajes de las advertencias, observamos que no hay ninguna transición que muestre que el autor le está hablando a un grupo diferente (i.e., incrédulos) entre todos los que están leyendo. Si acaso, un examen minucioso del lenguaje del autor *en las advertencias* confirma que a los que se les escribe son Cristianos.

- Él se identifica con ellos como creyentes usando la primera persona plural. (2:3; 3:14; 4:1-3, 11; 6:1, 3; 10:26, 30, 39; 12:28)

- A ellos también se les llama "hermanos". (3:12)

- El autor dice que ellos han creído (4:3) o están creyendo. (10:39)

- Ellos tienen la confianza o la seguridad Cristiana de los beneficios de las provisiones de Cristo y se les dice que permanezcan firmes y que aguanten con esa confianza. (3:14; 4:14; 10:23, 35)

- Aunque aún ellos no lo han hecho, están en peligro de alejarse de su fe, lo que supone que el punto de partida es su experiencia de salvación en Cristo. (2:1; 3:12; 6:6; 10:39; 12:25)

- Ellos son motivados a entrar en el reposo de Dios (4:11) y a que vayan hacia la madurez (6:1), ambos privilegios exclusivos de los creyentes.

- Ellos padecieron por su fe después de que fueron "iluminados". (10:32-34)

- A nadie se le dice que crea en Cristo como Salvador, una omisión muy seria si se le está escribiendo a los incrédulos.

- Sus experiencias de las bendiciones que acompañan a la salvación se describen en términos explícitamente Cristianos. (6:4-5; 10:26, 29-30, 32, 38)

- Los ejemplos del Antiguo Testamento de Dios castigando a Su pueblo se aplican a los lectores como el pueblo de Dios. (3:16; 10:30)

- Ellos son exhortados a servir a Dios con reverencia (12:28), lo que sólo aplicaría a los creyentes.

- Las promesas de varias recompensas para los lectores por su perseverancia y obediencia fiel sólo aplican para los creyentes. (3:14; 4:9, 11; 10:34-35; 12:28)

La inevitable y obvia conclusión acerca de los lectores de la carta a los Hebreos es que ellos son creyentes.

El propósito del autor

Una segunda clave interpretativa para Hebreos es entender el propósito del autor al escribir la carta. En otras palabras, ¿Qué está tratando de lograr en sus lectores? Además de las advertencias, notamos una elaboración de la superioridad de Cristo Jesús y el Nuevo Pacto por encima de Moisés, el sacerdocio, y el Antiguo Pacto de la Ley Mosaica. Poniéndolo junto con las advertencias, concluimos que los lectores han detenido su progreso en su fe Cristiana y estaban contemplando regresarse al judaísmo (2:1; 3:12; 6:6; 10:39; 12:25), tal vez para escapar de la persecución (10:32-34; 12:4). El autor les está mostrando la superioridad de Cristo, la debilidad del sistema Mosaico, y las consecuencias que les esperan si renuncian a su fe Cristiana y se vuelven a la Ley. También hay un propósito positivo; el autor los motiva a permanecer firmes y a mantenerse progresando en su fe Cristiana y su madurez (3:6; 4:14; 5:11-6:1, 11-12; 10:23; 12:1-3) para que puedan disfrutar la llenura de su destino en esta vida y en el reino (vea el estudio acerca de Hebreos 3:18-19).

La naturaleza de las advertencias de amenazas

La tercera clave interpretativa es la naturaleza de las amenazas en las advertencias. Son amenazados con consecuencias severas, pero, ¿Esto significa que ellas se refieren a una amenaza del infierno? La sola mención de fuego es suficiente para que muchos concluyan que el infierno es lo que está en juego. Siempre mantenga en mente al grupo de lectores Cristianos, hemos hecho las siguientes observaciones acerca del uso del fuego en la Biblia:

- Fuego es una expresión de la ira de Dios que disciplina a su pueblo en el Antiguo Testamento. (Nm. 11:1-3; Sal. 78:21; Is. 9:19; Jer. 11:16; Lm. 2:3-4; Ez. 22:20-22; Am. 2:5)

- El fuego es un aspecto del Tribunal de Cristo para los creyentes en el Nuevo Testamento. (1 Co. 3:13-15)

- Fuego también puede significar la limpieza de Dios (Sal. 66:12; Mal. 3:2; 1 Pe. 1:7) o sus celos. (Dt. 4:24; Sal. 79:5; Sof. 1:18)

- Infierno, fuego eterno, tormento eterno, y Gehena nunca se mencionan en las advertencias de Hebreos.

La ausencia de alguna amenaza explícita del fuego del infierno, en Hebreos, no minimiza lo serio de las amenazas del juicio para los creyentes en los pasajes de las advertencias. Siguen siendo un recordatorio de "una horrenda expectación de juicio" y expresan el "hervor de fuego" de Dios.

El estatus de los lectores como salvos, el propósito del autor de motivar a los lectores a seguir adelante en su fe, y la posibilidad de un juicio severo para el desobediente pueblo de Dios nos lleva a interpretar el libro a los Hebreos como Verdad B relacionado con los Cristianos. Aunque la Verdad A está presente en los recordatorios de su salvación inicial, las exhortaciones, advertencias, y las aplicaciones son Verdades B. Con esta perspectiva, vamos a estudiar algunos pasajes en particular que muy a menudo se malentienden.

¿Cómo escaparemos? Hebreos 2:1-4

> [1] *Por tanto, es necesario que con más diligencia atendamos a las cosas que hemos oído, no sea que nos deslicemos.* [2]*Porque si la palabra dicha por medio de los ángeles fue firme, y toda transgresión y desobediencia recibió justa retribución,* [3]*¿cómo escaparemos nosotros, si descuidamos una salvación tan grande? La cual, habiendo sido anunciada primeramente por el Señor, nos fue confirmada por los que oyeron,* [4]*testificando Dios juntamente con ellos, con señales y prodigios y diversos milagros y repartimientos del Espíritu Santo según su voluntad.*

Interpretación Verdad A: Aquellos que se apartan de la fe o de profesar la fe no escaparán el juicio del infierno.

Interpretación Verdad B: Aquellos que se apartan de la fe no escaparán el juicio disciplinario de Dios.

¿Escapar de qué? Esta es la pregunta clave. El infierno no se menciona. De hecho, no se menciona un juicio específico, lo que sirve para hacer esta amenaza aún más siniestra, como cuando los padres le dicen al niño, "¡Tú no quieres saber lo que te voy a hacer si me desobedeces!"

El autor se incluye a sí mismo cuando usa el "nosotros" mostrando que esta es una Verdad B. La advertencia es en contra de deslizarse de algo. Uno no se puede deslizar de algo con lo que no ha estado asociado, entonces esto debe referirse a la fe Cristiana que ellos habían escuchado (v. 1) y la cual fue testificada por el Señor, confirmada por los Apóstoles (v. 3), y autentificada por los milagros (v. 4). La naturaleza de este pecado se expande en los pasajes de las otras advertencias.

Los Cristianos que nieguen la fe o que se alejen de ella no escaparán al juicio disciplinario de Dios. Debemos ser diligentes en el progreso y crecimiento de nuestra fe Cristiana.

Entrando en Su reposo. Hebreos 3:18-19

18 ¿Y a quiénes juró que no entrarían en su reposo, sino a aquellos que desobedecieron? 19 Y vemos que no pudieron entrar a causa de incredulidad.

Interpretación Verdad A: Aquellos que desobedecen no creen y no se aferran a su confesión de fe en Cristo, entonces ellos no van a ir al cielo.

Interpretación Verdad B: Aquellos que desobedecen no creen y no se aferran a su confesión de fe en Cristo, entonces no van a experimentar la recompensa del reposo de Dios.

En la descripción de la rebelión de los Israelitas contra Dios en el desierto y su fracaso al no entrar en la Tierra Prometida en Hebreos 3, la desobediencia en 3:18 parece que se usa como un sinónimo de incredulidad en 3:19. Esta incredulidad es equiparable con los lectores que no mantienen su confianza en Cristo (3:12, 14) y se alejan del Dios vivo (3:12), y es lo que previno a los Israelitas de entrar en el prometido "reposo" (4:6). Juntándolo todo, algunos han llegado a la conclusión de que fe es obediencia, y que ese reposo (que ellos interpretan aquí como la Tierra Prometida) es el cielo o el reino de Dios. Por eso, aquellos que no obedezcan a Cristo no van a ser salvos—una Verdad A.

Claramente, existe una cercana relación entre no creer y desobedecer, y fe y obediencia. La relación es una de causa y efecto, pero eso no hace incredulidad y desobediencia o fe y obediencia la misma cosa. Desobediencia es evidencia de incredulidad y obediencia es la evidencia de creer. En este pasaje, no creer se describe como desobediencia porque cuando los Israelitas no creyeron a la promesa de Dios en relación con la Tierra Prometida, por consecuencia, ellos rechazaron obedecer Su mandamiento de poseerla.

Pero ya que los lectores son creyentes (3:1, 12, y el uso de "nosotros" en 3:6, 14, 19), la condicional y aun futura experiencia del reposo no es salvación del infierno. Reposo se puede referir a la experiencia de las bendiciones para los creyentes fieles hoy (4:1, 6, 9, 11), pero también a la experiencia del reposo del reino durante el milenio. Para los Israelitas, reposo no sólo fue entrar a la Tierra Prometida, sino tambien disfrutar los beneficios de esta, como el cese da la contienda con sus enemigos (Jos. 11:23; Jue. 3:11, 30; 5:31). Entonces los creyentes que viven por fe y perseveran en su fe Cristiana disfrutan paz mientras reposan en las promesas, provisiones, y el poder de Dios. Esta es una bendición a la que pueden renunciar ahora y en el reino por su desobediencia nacida de su incredulidad, en la superioridad de Cristo sobre el judaísmo, y Sus promesas de las bendiciones futuras en el reino.

El futuro aspecto del reposo de los creyentes es un tema principal en Hebreos. El autor está preocupado por su experiencia en el reino, no en la entrada al reino. Él les está escribiendo a personas salvas a quienes llama "participantes" (*metachoi*, 3:1). Vemos que esa palabra se usa primero en 1:9 en una cita de Sal 45:7, pero se traduce como "compañeros". El punto del salmo es que el Hijo de Dios va a gobernar en Su reino con sus "compañeros". Los ángeles no van a tener este privilegio, pero van a estar ministrando a esos compañeros que "serán herederos de la salvación" (1:13-14; 2:5). El tiempo futuro de "serán herederos" no se refiere a su justificación pasada, sino a su futura recompensa en el reino. Después el capítulo 2 presenta el sumo sacerdocio de Cristo, el capítulo 3 explica que Él es un sacerdote sobre Su "casa" como Moisés fue un sacerdote sobre el tabernáculo (3:2-5; cf. Nm. 12:7). La casa de Cristo a veces es malentendida como la iglesia o el cuerpo de Cristo, pero la condición para estar en la casa de Cristo no es la fe en Él como Salvador; es retener firmemente la fe (3:6; 14). La palabra "compañeros" se usa para aquellos que son fieles hasta el final de sus vidas (3:14) y van a heredar la recompensa de compartir en el dominio de Cristo sobre todo el mundo (6:12, 17; cf. 2 Tm. 2:12). Esto es importante porque el estudio de este rol nos guía en el estudio del reposo. Entrar en el reposo futuro de uno depende del desempeño del creyente, esto es, retener firmemente su profesión de fe (no regresándose al judaísmo). Esto es Verdad B.

La interpretación Verdad B nos deja una aplicación aleccionadora. Debemos retener firmemente nuestra esperanza en Cristo no sea que perdamos las bendiciones del reposo de Dios en esta vida y la recompensa de Su reposo en el reino. Alejarse de Cristo hacia algo más sería la peor clase de incredulidad y desobediencia, porque ninguna otra religión, persona, o sistema puede darnos esas bendiciones.

Salvación a todos los que obedecen. Hebreos 5:9

"Y habiendo sido perfeccionado, vino a ser autor de eterna salvación para todos los que le obedecen".

Interpretación Verdad A: La obediencia le da al incrédulo la salvación eterna de Cristo.

Interpretación Verdad B: Vivir obedientemente le da al creyente todos los beneficios de la salvación de Cristo en esta vida y en el futuro.

En el contexto inmediato anterior a este pasaje, a los lectores se les dice que Jesús obtuvo Su título de Sumo Sacerdote a través de Su obediencia (4:15; 5:7-8), lo cual también lo calificó para ser el "autor" (*aitios*, o *causa, fuente*) de la salvación para otros que son obedientes. Por lo tanto, de la misma manera, lo Cristianos obtienen sus bendiciones a través de la obediencia. La salvación en esta opinión no es justificación (claramente tampoco se usa en el sentido de justificación en los otros pasajes de Hebreos: 1:14; 2:3, 10; 6:9; 9:28; 11:7), pero ansiosamente apunta hacia su experiencia futura de vivir en las bendiciones del reino. El acto obediente de creer inicialmente en Cristo, es el primer acto de obediencia que coloca al pecador, bajo los beneficios del sacrificio y ministerio sacerdotal de Cristo. Pero es por la continua obediencia que los creyentes toman provecho de los beneficios del ministerio de Su Sumo Sacerdote, un privilegio que se puede perder (no como la salvación del infierno).

Que esto no se refiere a la salvación del infierno también es evidente por el uso del tiempo presente de "obedecen", no el tiempo pasado "obedecieron". No es una obediencia continua la que lo salva a uno del infierno; es la obediencia inicial de creer en Jesús como Salvador. Otra vez, el concepto de salvación en Hebreos tiene un sentido diferente no sólo de ser una liberación final del infierno, sino también un aspecto presente y futuro (1:14; 9:28). La obediencia continua le permite al Cristiano disfrutar los aspectos presentes de la salvación en relación al reposo del creyente (4:1, 3, 6, 9-11) y los beneficios del ministerio sacerdotal de Cristo (4:14-16; caps.

7-10), así como el aspecto futuro como algo a heredar en el reino (1:14; 6:12, 17; 7:25; 9:15, 28; 12:28). Ya que el argumento del libro está preocupado con evitar que los Cristianos se aparten y mantenerlos en todos los beneficios del ministerio de Cristo, se usa obediencia para salvación en el sentido de Verdad B para los creyentes.

Nosotros que somos Cristianos debemos reposar en el hecho de que el actual ministerio sacerdotal de Cristo nos provee todos los beneficios de la liberación del pecado, confianza para acercarnos a Dios, y una herencia en reino de Dios si vivimos obedientemente.

Si ellos recayeron. Hebreos 6:1-10

> [1] *Por tanto, dejando ya los rudimentos de la doctrina de Cristo, vamos adelante a la perfección; no echando otra vez el fundamento del arrepentimiento de obras muertas, de la fe en Dios,* [2]*de la doctrina de bautismos, de la imposición de manos, de la resurrección de los muertos y del juicio eterno.* [3]*Y esto haremos, si Dios en verdad lo permite.* [4]*Porque es imposible que los que una vez fueron iluminados y gustaron del don celestial, y fueron hechos partícipes del Espíritu Santo,* [5]*y asimismo gustaron de la buena palabra de Dios y los poderes del siglo venidero,* [6]*y recayeron, sean otra vez renovados para arrepentimiento, crucificando de nuevo para sí mismos al Hijo de Dios y exponiéndole a vituperio.* [7]*Porque la tierra que bebe la lluvia que muchas veces cae sobre ella, y produce hierba provechosa a aquellos por los cuales es labrada, recibe bendición de Dios;* [8]*pero la que produce espinos y abrojos es reprobada, está próxima a ser maldecida, y su fin es el ser quemada.* [9]*Pero en cuanto a vosotros, oh amados, estamos persuadidos de cosas mejores, y que pertenecen a la salvación, aunque hablamos así.* [10] *Porque Dios no es injusto para olvidar vuestra obra y el trabajo de amor que habéis mostrado hacia su nombre, habiendo servido a los santos y sirviéndoles aún.*

Interpretación Verdad A: Aquellos que se apartan de la fe Cristiana pierden su salvación o prueban que verdaderamente nunca fueron salvos y van al infierno.

Interpretación Verdad B: Aquellos que se aparten de la fe Cristiana no tienen ninguna excusa y serán disciplinados severamente.

Ya hemos afirmado que a los que se les está escribiendo en los pasajes de las advertencias son creyentes. La descripción minuciosa de estos lectores en el contexto inmediato demanda esta conclusión (vv. 4-5). Algunos pudieran argumentar una interpretación Verdad A de este pasaje, pero sus argumentos varían. Algunos dicen que alejarse sólo prueba, para empezar, que los apóstatas nunca fueron salvos, pero esto es insostenible en vista de las descripciones en 6:4-5. Otros dicen que este pasaje habla de creyentes que perdieron su salvación. Lo creyentes no pueden perder su salvación, pero si esto es lo que se está enseñando aquí, entonces los versos 4 y 6 también enseñan que ellos nunca van a poder ser salvos otra vez. El autor tampoco está hablando hipotéticamente acerca de la posibilidad de que los creyentes se alejen de la fe, como algunos dicen. En el verso 6, la declaración condicional no se maneja como hipotética en el lenguaje original. Una palabra similar para alejarse, se ve en 4:11, que se refiere al ejemplo del pecado de rebelión en contra del Señor, que pasó en Cades-barnea (cf. 3:12; Nm. 14). Seguramente la intención es hacer una comparación.

Lo que le preocupa al autor de las advertencias, es el progreso espiritual de los lectores, lo que él toca en los pasajes que encierran la advertencia (5:12-14; 6:11-12). Si ellos se alejan de su fe en Cristo, ellos no avanzarán en su madurez o heredarán las promesas del descanso en el presente y en el futuro. Aún más, si ellos se alejan de Cristo al regresarse a la Ley Mosaica, ellos ya no pueden no tienen más apelación delante del Señor. Ellos ya se arrepintieron de sus "obras muertas" del sistema Mosaico (6:1; cf. 9:14) y ya no lo pueden volver a hacer, porque ahora ellos ya conocen la verdad. En el pasado, ellos rechazaron los sacrificios judíos y aceptaron el sacrifico eterno de Cristo Jesús. Regresarse e identificarse con el judaísmo es negar públicamente los beneficios del sacrificio de Cristo y aun mostrar implícitamente que están de acuerdo con que Cristo merecía morir, por eso la declaración de 6:6: "crucificando de nuevo para sí mismos al Hijo de Dios y exponiéndole a vituperio". Con semejante actitud, es imposible traerlos de vuelta al arrepentimiento. Esos creyentes pudieran hacer una decisión fundamental de no continuar adelante sino negar la provisión del sacrificio de Cristo y por lo tanto perder los beneficios de profesar y crecer en Cristo. Si ellos hacen esto, no pueden pretender que son ignorantes para volver a empezar. Otra vez, esto alude al incidente fundamental de Cades-barnea mencionado en 3:7-19 en el cual a aquellos Israelitas que decidieron regresar no se les permitió entrar en la Tierra Prometida, aunque ellos trataron (cf. Num. 14). El autor después usa a Esaú como un ejemplo de uno que no tuvo otra oportunidad aunque él "la procuró con lágrimas" (12:15-17).

La consecuencia de alejarse es un juicio negativo descrito en 6:7-8. Si Dios les corta le oportunidad de continuar (6:3), el creyente va a sufrir severas consecuencias. Un creyente que regresa atrás será como tierra quemada. La imagen del fuego innecesariamente lleva a algunos a interpretarlo como el infierno, pero ya hemos mostrado que el fuego también se usa muy a menudo como una imagen del juicio de Dios a Su gente. Al creyente se le compara con la tierra, que puede dar fruto útil o dar espinos inútiles; si da espinos inútiles, la tierra es "reprobada" por su inutilidad (como lo traduce la RVR1960; pero *adokimos* se traduce mejor como *no resistiendo la prueba* y por lo tanto *descalificado, indigno*). También es algo que "está próxima a ser maldecida", pero de hecho no se maldice. De acuerdo con las prácticas agrícolas comunes, a la tierra que da frutos inútiles se le prende fuego para quemar los espinos para que la tierra pueda ser productiva en el futuro. Es importante notar que en el lenguaje original sólo existe una tierra, no dos, y (el creyente) no es quemada, sólo los espinos (lo que produce el creyente).

Esta interpretación de Verdad B brinda una buena exhortación y advertencia para los Cristianos de hoy. Dios quiere que nosotros perseveremos fielmente en nuestra fe Cristiana. Aunque nuestra salvación eterna está segura, existen severas consecuencias si intencionalmente nos alejamos de Él y no avanzamos a la madurez. No sólo vamos a perder el progreso que habíamos logrado, sino que enfrentaremos el castigo ardiente de Dios que tiene la intención de hacernos más útiles en el futuro.

El pecado voluntario. Hebreos 10:26-31

> [26] *Porque si pecáremos voluntariamente después de haber recibido el conocimiento de la verdad, ya no queda más sacrificio por los pecados,* [27] *sino una horrenda expectación de juicio, y de hervor de fuego que ha de devorar a los adversarios.* [28] *El que viola la ley de Moisés, por el testimonio de dos o de tres testigos muere irremisiblemente.* [29] *¿Cuánto mayor castigo pensáis que merecerá el que pisoteare al Hijo de Dios, y tuviere por inmunda la sangre del pacto en la cual fue santificado, e hiciere afrenta al Espíritu de gracia?* [30] *Pues conocemos al que dijo: Mía es la venganza, yo daré el pago, dice el Señor. Y otra vez: El Señor juzgará a su pueblo.* [31] *¡Horrenda cosa es caer en manos del Dios vivo!*

Interpretación Verdad A: Aquellos que pequen deliberadamente no van a ser perdonados y perderán su salvación o probarán que ellos no fueron salvos y van a sufrir en el infierno.

Interpretación Verdad B: Aquellos que pequen deliberadamente al alejarse de la fe Cristiana van a ser severamente disciplinado por Dios.

El contexto inmediato nos recuerda otra vez que estas advertencias fueron escritas para Cristianos, entre los cuales el autor se incluye a sí mismo en el verso 26. No se puede evitarse interpretar este pasaje como Verdad B. Esos lectores han "recibido el conocimiento de la verdad" (v. 26), son santificados (v. 29), conocen a Dios y son "Su pueblo" (v. 30), "después de haber sido iluminados", y sufrido por su fe (v. 32), y tienen "una mejor y perdurable herencia en los cielos" (v. 34).

¿Qué es el pecado voluntario y cuáles sus consecuencias? Ya que la Biblia enseña uniformemente que una vez que una persona es salva no puede perder su salvación, la pérdida de la salvación no está en juego aquí. Además, la mayoría de los pecados son intencionales o voluntarios hasta cierto punto. Sin embargo, la Biblia reconoce algunos pecados que no son intencionales (Nm. 15:22-29). Tal vez pasar por alto orar por alguien, como lo prometimos, puede ser un ejemplo de un pecado sin intención. Pero en la mayoría de los casos, el perpetrador sabe que está cometiendo un pecado.

Algunos interpretan el pecado voluntario como pecado continuo (ej., DHH: "si seguimos pecando intencionalmente"), pero esto es leer demasiado en el presente participio utilizado para "pecáremos". El autor de los Hebreos aparentemente tiene en mente un pecado particular, que se hace evidente cuando consultamos el contexto y recordamos pasajes previos. Él ha exhortado a sus lectores a permanecer firmes en su confesión (3:6; 4:14) y les ha advertido acerca de los peligros de no permanecer en su fe (6:1-8). Él refuerza sus preocupaciones en los versos anteriores a la advertencia acerca del pecado voluntario (10:23-25). Los lectores estaban al borde de abandonar su confesión de fe en Cristo y regresar a la Ley Mosaica y sus sacrificios.

Parecido a 6:1-8, el pecado voluntario sería un abandono deliberado de su confesión de la suficiencia del sacrificio de Cristo para regresarse a los sacrificios judíos insuficientes. El autor ha argumentado que "Cristo fue ofrecido una sola vez para llevar los pecados de muchos" (9:28), que "con una sola ofrenda hizo perfectos para siempre a los santificados" (10:14), y que una vez perdonados, "no hay más ofrenda por el pecado" (10:18). La Ley no les ofrecía nada ya que anticipaba el sacrificio final de Jesucristo (10:1-10). Si ellos se regresaban a la Ley, el perfecto y eterno sacrificio de Cristo sería suficiente para cubrir soteriológicamente aun ese pecado grande e intencional, pero ellos van a enfrentar un juicio severo no-soteriológico. El a acaba de hacer referencia a aquel "Día" que se acerca (v. 25) implicando que vamos a dar cuentas, lo cual sabemos que es el Tribunal de Cristo enseñado en muchos otros pasajes del Nuevo Testamento (ej. Ro. 14:10-12; 1 Co. 3:11-15; 2 Co. 5:10).

El antecedente para entender este pasaje es muy similar a Números 15:30-31. Allí vemos que para ciertos pecados serios (o presuntuosos), no había ningún sacrifico estipulado. Por lo tanto, aquellos que cometieran esos pecados serían "cortados" de su gente (muertos). Lo que el autor está diciendo es que si sus lectores de Hebreos abandonan el único y suficiente sacrificio por sus pecados, ellos también van a ser juzgados severamente. Regresar al Judaísmo y su sistema de sacrificios sería equivalente a que uno dé la aprobación a la crucifixión de Cristo Jesús, o pisotear al Hijo de Dios, y tener por inmunda la sangre del pacto en la cual fue santificado, y hacer afrenta al Espíritu de gracia (v. 29).

Otra vez, vemos que debido a que el autor usa un lenguaje muy fuerte ("una horrenda expectación de juicio, y de hervor de fuego") y habla de un castigo mayor que la muerte (v. 30), muchos van a concluir que él les está amenazando con el fuego eterno del infierno. Pero porque ellos son Cristianos quienes no pueden perder su salvación y porque él tiene en vista el Tribunal de Cristo, esto no es posible. El juicio exacto no se especifica, sólo su severidad.

La posibilidad de un resultado negativo en el Tribunal de Cristo es una espantosa posibilidad para aquellos que no han hecho el bien (cf. 2 Co. 5:9-11). El "hervor de fuego que ha de devorar a los adversarios" (literalmente "celo ardiente") se refiere al celo del juicio de Dios hacia el pecado. Los creyentes pueden experimentar el mismo *celo* o juicio hacia su pecado como los enemigos de Dios lo experimentan hacia el de ellos, aunque el resultado es diferente. Como Cristianos hebreos, los lectores pudieran entender esto también como una advertencia acerca del inminente juicio de la nación o a una destrucción ardiente de Jerusalén la que ocurrió no mucho después (70 D.C.), algo acerca de lo que ellos sabrían por las advertencias de Jesús (Mt. 23:27-24:2; Mc. 13:1-2; Lc. 21:5-6; cf. Hch. 2:40). Es posible que los lectores pudieran sufrir ambos juicios.

El autor habla de un "mayor castigo" que el que tiene la Ley Mosaica (v.

29). Es difícil imaginar un juicio mayor que la muerte, pero la experiencia humana da testimonio de que hay ocasiones cuando la muerte es más tentadora que el sufrimiento severo (Jonás es un buen ejemplo; Jon. 4:3). El autor está comparando este juicio con la pena de muerte por el presuntuoso pecado de Números 15:30-31, el cual tenía el castigo más severo ordenado en aquel tiempo. Pero a la luz de la revelación del Nuevo Testamento acerca del Tribunal de Cristo, nosotros sabemos que un juicio más severo, será una evaluación negativa allá por las implicaciones eternas.

Al final, esos lectores que serán juzgados siguen siendo "Su gente" (v. 30; una cita de Dt. 32:35-36). Ellos no van a caer en el infierno, sino "en manos del Dios vivo" (v. 31). Esta advertencia es para los hijos de Dios y por lo tanto una Verdad B.

Algunos Cristianos piensan que han cometido un pecado imperdonable y que han perdido su salvación, o por lo menos ellos se preocupan de que tal vez les pase. Pero Cristo Jesús murió por todos los pecados. No existe ningún otro refugio del castigo por el pecado que la sangre del sacrificio de Cristo Jesús vertida en representación de los pecadores que no se lo merecían. Esta también debe ser una advertencia para nosotros para sólo ir a Jesucristo para obtener perdón por la eficacia de Su muerte y resurrección. A eso no podemos añadir nada, ni tampoco podemos mejorar lo que Él ha logrado. Si negamos o rechazamos esta gracia, seremos juzgados severamente en el Tribunal de Cristo. No obstante, existe un consuelo en la verdad de que en donde abundó el pecado, sobreabundó la gracia (Ro. 5:20).

Santidad para ver al Señor. Hebreos 12:14

"Seguid la paz con todos, y la santidad, sin la cual nadie verá al Señor".

Interpretación Verdad A: Aquellos que no viven una vida santa no serán salvos.

Interpretación Verdad B: Los Cristianos que no viven una vida santa no van a disfrutar la íntima presencia de Dios.

La palabra "santidad" es la misma palabra que algunas veces se traduce como santificación (*hagiomos*), lo que tiene el significado de "apartado" de una cosa para algo más. En este caso, santidad denota apartado del pecado para Dios. Esto no está hablando de santidad absoluta, de la misma manera que la amonestación anterior no espera una paz perfecta con todas las personas, pero ambas son algo que debemos tratar de alcanzar.

Si esta fuera una Verdad A, entonces la santidad que se demanda debe ser absoluta, porque nada menos que eso puede alcanzar la justicia de Dios. Pero la amonestación de seguir la paz con todos la hace un proceso, y no una sola transacción. La opinión de Verdad A también supone que "ver al Señor" significa entrar al cielo o a la presencia de Dios. Inmediatamente tenemos dos problemas con esta interpretación: el hecho de que el autor le sigue hablando a los lectores que son creyentes, y relacionado con eso, el contexto en el que se desarrolla esta exhortación para los creyentes.

El capítulo 12 nos pone en el camino de una interpretación Verdad B por el progreso del pensamiento mientras el autor motiva a los lectores Cristianos:

- Ellos tienen que correr su carrera resistiendo la oposición de los pecadores. (12:1-4)

- Ellos no se deben desanimar por la disciplina de Dios porque esto muestra que Él los ama. (12:5-9)

- El propósito de la disciplina de Dios es que ellos puedan participar de Su santidad. (12:10-11)

- Ellos se deben motivar a continuar en el camino de Dios de la santidad porque esto les permite "ver a Dios". (12:12-14)

- Por el otro lado, ellos no deben descuidar su santificación y contaminarse. (12:15-17)

- A ellos se les recuerda que ellos han venido a la santidad de Dios revelada por el Nuevo Pacto, el cual es mayor que la santidad revelada en el Viejo Pacto. (12:18-29)

En cada esquina, las exhortaciones del autor sólo tienen sentido para los creyentes que deben progresar en su fe.

Por lo tanto, el término "ver al Señor" no se puede referir a entrar al cielo o a la presencia de Dios. Además al sentido físico de ver, la idea de ver algo también tiene el sentido de conocer íntimamente. La mayoría de los léxicos reconocen que "ver" (horaō) se puede referir a la percepción de uno y la experiencia de algo (cf. Lc. 3:6; Jn. 6:36; 12:45; 14:9; 15:24; 3 Jn. 11). El contraste con el Viejo Pacto en 12:18-29 nos recuerda que bajo Moisés, nadie pudo ver al Señor (Ex. 33:20), pero en Cristo Jesús, nosotros vemos al Padre (Jn. 1:18; 12:45; 14:9). Entonces lo que sigue es que mientras más crecemos en nuestro conocimiento y experiencia de Cristo, más vamos a ver a Dios hasta que veamos Su cara en nuestra glorificación (1 Co. 13:12; 1 Jn. 3:2; Ap. 22:4). El prospecto de una experiencia más íntima con Dios nos debe motivar a buscar la santidad.

Un fuego consumidor. Hebreos 12:25-29

[25] *Mirad que no desechéis al que habla. Porque si no escaparon aquellos que desecharon al que los amonestaba en la tierra, mucho menos nosotros, si desecháremos al que amonesta desde los cielos.* [26] *La voz del cual conmovió entonces la tierra, pero ahora ha prometido, diciendo: Aún una vez, y conmoveré no solamente la tierra, sino también el cielo.* [27] *Y esta frase: Aún una vez, indica la remoción de las cosas movibles, como cosas hechas, para que queden las inconmovibles.* [28] *Así que, recibiendo nosotros un reino inconmovible, tengamos gratitud, y mediante ella sirvamos a Dios agradándole con temor y reverencia;* [29] *porque nuestro Dios es fuego consumidor.*

Interpretación Verdad A: Aquellos que desobedezcan a Dios no escaparán del castigo del infierno.

Interpretación Verdad B: Aquellos que desobedecen a Dios no escaparán de Su severa disciplina.

El uso de "nosotros" por parte del autor, la seguridad de "recibiendo [...] un reino", y la exhortación a servir a Dios indica que este es Verdad B escrito para creyentes en Cristo. No existe un escape del juicio de Dios para los creyentes que rechazan (de *paraiteomai, rechazar* or *desechar*) lo que Dios ha hablado como advertencias para aquellos que se alejen, o como promesa para aquellos que perseveren en fe.

Que "nuestro Dios es fuego consumidor" (v. 29) es una motivación no para rechazar las palabras de Dios, sino para practicar una reverencia piadosa en el servicio a Dios, que se menciona en el verso anterior (v. 28). Esto no significa una amenaza del infierno, porque el verso 28 habla confiadamente acerca de los lectores "recibiendo [...] un reino" en el futuro. Esta metáfora de Dios como un fuego consumidor viene de Deuteronomio 4:24 en donde habla del celo de Dios.

Los Cristianos deben tomar las palabras de Dios seriamente. Como Verdad B, la carta a los Hebreos nos da una brillante verdad acerca de la superioridad de Jesús y Su obra, nos exhorta a crecer y perseverar en fe, y nos advierte acerca de rechazar o negar nuestra fe. Nuestra respuesta determina nuestra recompensa o nuestro castigo.

Las epístolas de Santiago, Pedro, Juan, Judas

10

INTERPRETAR VARIOS DE los pasajes de estos autores demanda una atención cuidadosa a sus audiencias y el respectivo propósito de cada carta. Cada autor tiene un estilo único para presentar su mensaje diferente en un marco particular. En general, observamos que estas epístolas están escritas uniformemente para creyentes.

El pecado produce muerte. Santiago 1:15

"Entonces la concupiscencia, después que ha concebido, da a luz el pecado; y el pecado, siendo consumado, da a luz la muerte".

Interpretación Verdad A: El pecado tiene como resultado que la persona vaya al infierno.

Interpretación Verdad B: El pecado provoca una separación de Dios o la muerte física.

En este pasaje, Santiago está explicando el proceso de la tentación que resulta en pecado y finalmente en muerte. ¿Es muerte una referencia al infierno, o alguna consecuencia experimentada por el creyente?

Claramente, la epístola es escrita consistentemente para creyentes. Ellos son nacidos de lo alto (1:18), poseen fe en Cristo (2:1), y son llamados hermanos (1:2, 19; 2:1, 14; 3:1; 4:11; 5:7,10, 12, 19). De hecho, el verso 16 es continuacion del verso 15 con la exhortación a los "Amados hermanos" para que no se dejen engañar por tentaciones pecaminosas. Con esto en mente, es fácil entender que en el contexto, existe un contraste intencional con el hombre bendecido del verso 12 quien soporta la tentación y recibe la "corona de vida". Si esta corona se refiere a la vida eterna comprada en la salvación, entonces se otorga a los que soporten y amen al Señor; una salvación que se ganaron. Pero no se dice nada acerca de su fe en Cristo Jesús como Salvador, la condición para la vida eterna. Las coronas son recompensas; la salvación es un regalo. Por lo tanto, "la corona de vida" se entiende mejor como una recompensa para los que se la ganan. Aunque la naturaleza de la corona no se especifica, esta puede referirse a una mayor experiencia de la vida de Dios en el futuro.

En contraste con el hombre bendecido del verso 12 está aquel que permite que sus deseos lo lleven a la tentación para que el pecado que nació, crezca, y de´ "a luz la muerte" (1:13-15). Esta debe ser otra diferente a la condenación eterna porque la muerte espiritual y eterna fueron consecuencias instantáneas del primer pecado de Adán, no el resultado de un proceso. Los creyentes han sido liberados para siempre de la muerte eterna (Jn. 5:24). La muerte del verso 15 puede estar hablando de los indolentes efectos de la muerte (como en Ro. 6:16, 23) o muerte física (como en 1 Co. 11:30 o Stg. 5:20). Las dos están relacionadas en que ambas traen una pasividad a las experiencias Cristianas que también incluyen decisiones peligrosas físicamente que llevan al deterioro de la vida física y finalmente a una muerte prematura. Algunos Proverbios sugieren la muerte física como la consecuencia por el pecado o por la necedad (ej., Pr. 10:27; 11:29). Uno pudiera argumentar que la experiencia nos muestra que muchos Cristianos necios y pecadores permanecen en la tierra de los vivos, pero su estatus es como de "muertos vivientes"; a ellos les hace falta la llenura de la vida de Dios porque ellos caminan en la obscuridad y apatía que les pone en peligro de morir físicamente.

Sin importar la naturaleza exacta de las consecuencias de la muerte para los Cristianos pecadores, todos vamos a estar de acuerdo en que es algo que se debe de evitar. También como Verdad B, Santiago 1:21 le dice a los Cristianos que ellos pueden salvar sus vidas (normalmente traducido como "almas", aunque *psychē* significa *vida*, como en 5:20) al abandonar la mala conducta y recibir humildemente la Palabra de Dios.

Juicio sin misericordia. Santiago 2:12-13

[12] *Así hablad, y así haced, como los que habéis de ser juzgados por la ley de la libertad.* [13] *Porque juicio sin misericordia se hará con*

aquel que no hiciere misericordia; y la misericordia triunfa sobre el juicio.

Interpretación Verdad A: Aquellos que no son misericordiosos serán juzgados y no se les mostrará misericordia en el infierno.

Interpretación Verdad B: Los creyentes que no son misericordiosos no recibirán misericordia en el Tribunal de Cristo.

Santiago continúa sus exhortaciones a sus "hermanos" (2:1) y "Hermanos míos amados" (v. 5) con una exhortación para que traten a los pobres entre ellos sin parcialidad (vv. 3-4, 9). Los lectores deben mostrar amor (v. 8), lo que incluye extender misericordia a los pobres (v. 13). Si los lectores no muestran misericordia, ellos enfrentarán el juicio de Dios sin misericordia. La severidad de dicho juicio lleva a algunos a concluir que Santiago está amenazando a los que no tengan misericordia con el juicio del infierno, una interpretación de Verdad A.

El problema con que el asunto aquí sea la salvación eterna no sólo es que el contexto está hablando a creyentes, sino las implicaciones de que la salvación se gana o se merece por mostrar misericordia a otros. Que estos que no tienen misericordia van a enfrentar el juicio es innegable, pero ¿de *qué* juicio está hablando Santiago? Hemos notado en los estudios anteriores que hay dos juicios, uno para no-creyentes llamado el Gran Trono Blanco, y uno para creyentes llamado el Tribunal de Cristo. El último, es del que se está hablando aquí, de la misma manera cuando Santiago lo vuelve a mencionar en un contexto explícitamente Cristiano escribiendo a los "hermanos" y "maestros" en 3:1.

Ya que el Tribunal de Cristo es una evaluación de las obras del creyente, no su salvación, esto encaja perfectamente. En el Tribunal de Cristo, se les va a mostrar clemencia a los que han sido clementes (o misericordiosos) con otros, y se les mostrará severidad a los que no han tenido misericordia con otros.

Todos los Cristianos deben tomar seriamente el significado de esta Verdad B. Debemos de tratar a todas las personas de Dios de la misma manera sin importar su género, color de piel, raza, estatus económico, o denominación. Aún más, debemos estar dispuestos a mostrar misericordia a aquellos que necesitan nuestra compasión. El Señor está viendo y nos va a ser responsables de cómo tratamos a los demás.

Fe sin obras es muerta. Santiago 2:14-26

[14] *Hermanos míos, ¿de qué aprovechará si alguno dice que tiene fe, y no tiene obras? ¿Podrá la fe salvarle?* [15] *Y si un hermano o una hermana están desnudos, y tienen necesidad del mantenimiento de cada día,* [16] *y alguno de vosotros les dice: Id en paz, calentaos y saciaos, pero no les dais las cosas que son necesarias para el cuerpo, ¿de qué aprovecha?* [17] *Así también la fe, si no tiene obras, es muerta en sí misma.* [18] *Pero alguno dirá: Tú tienes fe, y yo tengo obras. Muéstrame tu fe sin tus obras, y yo te mostraré mi fe por mis obras.* [19] *Tú crees que Dios es uno; bien haces. También los demonios creen, y tiemblan.* [20] *¿Mas quieres saber, hombre vano, que la fe sin obras es muerta?* [21] *¿No fue justificado por las obras Abraham nuestro padre, cuando ofreció a su hijo Isaac sobre el altar?* [22] *¿No ves que la fe actuó juntamente con sus obras, y que la fe se perfeccionó por las obras?* [23] *Y se cumplió la Escritura que dice: Abraham creyó a Dios, y le fue contado por justicia, y fue llamado amigo de Dios.* [24] *Vosotros veis, pues, que el hombre es justificado por las obras, y no solamente por la fe.* [25] *Asimismo también Rahab la ramera, ¿no fue justificada por obras, cuando recibió a los mensajeros y los envió por otro camino?* [26] *Porque como el cuerpo sin espíritu está muerto, así también la fe sin obras está muerta.*

Interpretación Verdad A: Si alguien dice que es un Cristiano pero no tiene obras, este nunca fue salvo.

Interpretación Verdad B: Si alguien dice que tiene fe pero no tiene obras, este no será salvo de un juicio negativo en el Tribunal de Cristo.

Este pasaje del Nuevo Testamento es probablemente el que más se ha usado indebidamente. Tiene una larga historia de interpretaciones que han tratado de resolver la tensión que parece crear con las enseñanzas del Apóstol Pablo acerca de la justificación sólo por medio de la fe. Simplemente este es el conflicto: Pablo dice en muchos pasajes, especialmente en Romanos y Gálatas, que la justificación es sólo a través de la fe en Cristo Jesús. Pablo es inequívoco en sus enseñanzas de que la salvación es por gracia, "no por obras " (Ef. 2:8-9). Él también hace un contraste entre creer y hacer obras, y la gracia sin obras (Ro. 4:4-5; 11:6). Pero Santiago dice que "la fe, si no tiene obras, es muerta en sí misma". (2:17) y "el hombre es justificado por las obras, y no solamente por la fe" (v. 24). Brevemente, ellos dicen, si no muestra sus obras, una persona debe ser considerada no-salva. Esta interpretación tradicional encaja en la categoría de Verdad A.

Por supuesto, uno de los problemas con esta opinión es que muy rara vez, si acaso, se definen las buenas "obras". Entonces existe una gran suposición de que sabemos lo que es una buena obra, la podemos identificar, y la podemos medir con un estándar aprobado. Como todos sabemos, aun los que no son Cristianos y los que contradicen la Cristiandad pueden hacer obras que parezcan buenas. Las obras también pueden ser relativas con la personalidad y los antecedentes de una persona. Todos progresamos en nuestro crecimiento y santidad a diferente ritmo. Otro problema que normalmente se ignora es que uno no parece poder determinar cuántas buenas obras son necesarias para probar la salvación. Las obras que específicamente menciona Santiago en 2:14-26 incluyen mostrar misericordia con los que son pobres o sin posibilidades, que está en el estudio anterior (vv. 1-13).

Aunque este pasaje ha causado muchos problemas a los comentaristas e intérpretes a través de los siglos, ¿pudiera yo ser tan atrevido como para sugerir que el problema se resuelve simplemente, con observar el propósito del autor y el contexto de sus declaraciones, acerca de la fe y las obras? Pronto se hace evidente la elección entre una interpretación de Verdad A y Verdad B.

Como debemos hacerlo siempre, empezamos con observar quienes son los lectores de la epístola. En el estudio anterior de 1:15 y 2:12-13, establecimos que los lectores son definitivamente Cristianos. Esto nos lleva a nuestro pasaje en donde una vez más Santiago se refiere a sus lectores como "hermanos míos" en 2:1 y 2:14. En 2:1, Santiago les recuerda "que vuestra fe en nuestro glorioso Señor Jesucristo sea sin acepción de personas".

Otra clave viene de un contexto más largo. Cuando Santiago le habla a "mis amados hermanos" en 1:19-20, su intención es ayudar a sus lectores a producir la justicia práctica de Dios en sus vidas al hablar de su oír (obediencia), su hablar, y su control sobre el enojo. La mayoría han observado que estos pasajes claves nos dan un esquema de todo el libro. Santiago está escribiendo para ayudar a sus lectores Cristianos a vivir vidas justas, y esto incluye obedecer a la Palabra de Dios.

Tal vez pudiéramos insertar una nota a un lado acerca de los diferentes enfoques que toman el Apóstol Pablo y Santiago. Pablo también escribe para ayudar a sus lectores a vivir una vida recta, pero su argumento es diferente al de Santiago. Pablo argumenta acerca del evangelio de la gracia y sus resultados. Con él, la justificación es a través de la fe sin obras, pero resulta en una nueva posición y poder con Dios que le permite al Cristiano triunfar sobre el pecado. Las obras y el vivir rectamente son para Pablo la manera en que mostramos nuestra gratitud por la gracia de Dios (Ro. 12:1-2). Santiago, sin embargo, argumenta acerca de las motivaciones prácticas y escatológicas— ¿a quién se le ayuda, y cuáles son las ramificaciones del juicio futuro de los lectores?

El juicio futuro muy a menudo se ignora en este pasaje, pero 2:14-26 está enmarcado por dos delimitadores que hablan de juicio. Ya hemos considerado uno en 2:13 y concluimos que habla del Tribunal de Cristo. El otro, en 3:1, nos advierte de una "mayor condenación" para los que enseñan la Palabra de Dios. ¿Puede esto, ser otra cosa diferente que un juicio, para los Cristianos que enseñan la Palabra de Dios descuidadamente? Aun Pablo se clasifica a sí mismo entre los maestros con su familiar "nosotros". ¿De qué juicio está hablando Santiago, que puede incluirle a él mismo y a los demás lectores que enseñan la Palabra de Dios? Solo puede ser el Tribunal de Cristo.

Estas observaciones inclinan fuertemente el pasaje hacia una interpretación Verdad B y la alejan de la tradicional interpretación Verdad A. En lugar de ofrecer una larga explicación de todo el pasaje, va a ser de más ayuda si simplemente hacemos unos puntos pertinentes para reforzar la perspectiva de la Verdad B.

Primero, el Tribunal de Cristo asomándose en el fondo de esta sección nos ayuda a entender la naturaleza de la salvación de la que está hablando Santiago en el verso 14, "¿Podrá la fe salvarle?" ¿Salvarle de qué? Introducir el infierno aquí no es natural y no encaja en ningún lado en el argumento. Algunos tal vez apuntarán al estado de no-salvos de los demonios que creen (v. 19) y a la justificación de Abraham y Rahab (vv. 21, 24-25). Estos los estudiaremos más adelante. Sabemos que la palabra *salvar* significa librar de un destino indeseable y muy comúnmente se usa en otro sentido diferente de la idea de salvación eterna del infierno. Santiago la usa en 1:21, 5:15, y 5:20 para liberar al Cristiano de un destino indeseable (apatía espiritual o muerte física; vea el estudio de Stg. 1:15). Basado en el contexto de 2:14-26, la salvación debe ser liberar de un destino indeseable en el Tribunal de Cristo. Si los lectores no muestran misericordia con aquellos en necesidad, a ellos de nada les "aprovecha" (v. 16)—no se les ayuda a los necesitados y los lectores serán juzgados sin misericordia en el *bema* (2:13).

Otro problema a resolver es el significado de "muerta" en los versos 17 y 26. La interpretación tradicional de Verdad A insiste en el significado de *inexistente*. En otras palabras, aquellos que no muestran misericordia no son salvos y nunca fueron. En su opinión, la fe muerta no es fe en absoluto. El contexto general, sin embargo, nos lleva a otro entendimiento de *muerta* en relación con la fe. Santiago no está preocupado con la realidad de la fe de sus lectores, pero con la calidad (1:3, 6; 2:1; 5:15) y su utilización (1:12, 26; 2:14, 16, 20) de su fe. Santiago no está diciendo que la fe se manifiesta a sí misma con obras, sino que sin obras, la fe es inútil o no tiene provecho en esta vida y en la siguiente. La mayor preocupación de Santiago es que sus lectores sean "hacedores de la palabra" (1:22) lo cual es lo mismo que un "hacedor de la obra, éste será bienaventurado en lo que hace" (1:25). Por ejemplo, la fe que persevera en los problemas gana una recompensa de Dios (1:3-12), y la fe que es misericordiosa con otros recibe la misericordia de Dios en el Tribunal de Cristo (2:8-13). Pero la fe que no obra es *inútil* para alcanzar esas bendiciones y es *inútil* para ayudar a otros (1:26 usa "no sirve para nada" en DHH y otras traducciones; y en 2:20 DHH usa "inútil"). Por lo tanto la palabra "muerta" se debe entender como *inútil* o *improductiva* en lugar de *inexistente*. Se usa de esa manera en cada ocasión: la batería está muerta; el cuerpo está muerto; el proyecto está muerto. Lo que queremos decir no es que estas cosas no existen, sino que ellas no tienen la vitalidad como para ser de utilidad.

En 2:19, la fe de los demonios también demuestra la inutilidad de la fe sin obras. Este verso no es acerca de salvación eterna, porque los demonios no pueden ser salvos. Su destino y condenación están sellados (Mt. 8:29; 25:41; Jud. 6), por lo que ellos tiemblan cuando ellos piensan acerca de Dios. Además, su fe es monoteísta, no en Cristo Jesús. El punto por el que se mencionan es porque ellos sólo tiemblan, ellos no hacen ninguna obra para aliviar un espantoso juicio. Su fe es improductiva para ellos, pero aun así existe; es una fe real. Este pasaje es tan comúnmente utilizado incorrectamente que merece un estudio sólo para él, pero no se puede hacer fuera del contexto. La interpretación Verdad A de este verso se usa para argumentar que las personas no pueden ser salvas sólo por fe; las obras lo tienen que demostrar. El problema con esta opinión ya debe ser muy obvia: Verso 19 habla de demonios y no de humanos, y de fe en un Dios y no fe en Cristo Jesús.

Aquellos que sostienen una opinión Verdad de 2:14-26 interpretan el uso de justificación de Santiago en el mismo sentido soteriológico que el Apóstol Pablo. Sin embargo, un examen minucioso muestra que cuando Santiago habla de ser "justificada por obras" (vv. 21, 24, 25), él no está hablando de la justificación imputada la cual nos salva eternamente tal y como Pablo usa el término (Ro. 3:24; 4:5). Esto de hecho sería una contradicción de la Biblia. Santiago está hablando de una *reivindicación* delante de los demás. Aun Pablo reconoce semejante uso de la palabra *justificación* en Romanos 4:2, en donde él sugiere que Abraham pudo haber sido justificado por obras delante de los hombres pero no delante de Dios. Existen dos tipos de justificación en la Biblia. Una en relación con la justicia práctica que nos reivindica delante de las personas; la otra acerca de la justicia judicial que nos reivindica delante Dios. Santiago obviamente está usando el sentido práctico porque Abraham fue justificado judicialmente en Génesis 15:6 (2:23) antes de que ofreciera a Isaac en Génesis 22 (2:21).

Su reivindicación por parte de los demás se ve cuando él es llamado "amigo de Dios" (v. 23). Por lo tanto, la fe de Abraham se "perfeccionó" o maduró con la demostración de su fe (v. 22), y eso también le pasó a Rahab (v. 25).

En 2:26, Santiago no está diciendo que la fe vigoriza a las obras, sino que las obras vigorizan la fe. Son las obras las que hacen que la fe sea provechosa, así como el espíritu hace que el cuerpo sea provechoso. El problema no es si la fe existió en una persona, sino cómo se hace que la fe sea provechosa para el Cristiano.

Este pasaje en Santiago está escrito para Cristianos, para motivarles a hacer buenas obras, lo que hace que su fe madure y les sea de provecho a ellos y a otros. No existe ninguna contradicción entre Santiago y Pablo. En Romanos 3-5, Pablo está exponiendo cómo obtener una nueva vida en Cristo. En la epístola de Santiago, él está exponiendo cómo hacer que esa nueva vida sea provechosa. Si este pasaje se toma como que uno tiene que demostrar la salvación "verdadera" a través de las obras, entonces inevitablemente se convierten en necesarias para la salvación—una contradicción de Efesios 2:8-9. También, allí no se menciona ningún criterio por el cual sepamos exactamente qué tipo o cuántas obras verifican nuestra salvación. Esto abre la puerta a la subjetividad y debilita las bases objetivas de la seguridad de la salvación—la promesa de la Palabra de Dios de que todo aquel que cree en Jesucristo y en *Su* obra será salvo.

Es interesante cuantos Cristianos evangélicos rápidamente van a este pasaje para juzgar la salvación de otros o para presionar a las personas para que se comporten correctamente cuando las sectas más importantes como Testigos de Jehová y Mormones hacen lo mismo. Yo no estoy implicando una culpa por asociación, sino simplemente estoy mostrando que demandar obras para la salvación niega la gracia que distingue a la Cristiandad bíblica de las demás religiones, sectas, e "ismos".

No podemos producir la clase de buenas obras que honren a Dios presionando a las personas con el temor o la culpa de la legitimidad de su salvación. Las buenas obras deben provenir de motivos superiores que son una respuesta a la maravillosa gracia inmerecida que nos salva. Cuando hacemos semejantes obras, hacemos que nuestra fe sea útil para otros y para nuestra evaluación final en el Tribunal de Cristo. La intención de Santiago de esta Verdad B es producir la justicia genuina en los creyentes, no probar su salvación.

Para que no sean condenados. Santiago 5:9

"Hermanos, no os quejéis unos contra otros, para que no seáis condenados; he aquí, el juez está delante de la puerta".

Interpretación Verdad A: Aquellos que se quejen contra otros serán condenados al infierno.

Interpretación Verdad B: Aquellos que se quejen contra otros serán juzgados negativamente en el Tribunal de Cristo.

Este pasaje es parecido a 2:12-13 en el que los lectores de Santiago son amenazados con un juicio. Él los llama "hermanos" en 5:7 y 10, lo que indica una perspectiva de Verdad B. Existe un énfasis en la inminencia de este juicio porque "el juez está delante de la puerta".

Este pasaje es diferente que 2:12-13 porque el juicio es por quejarse en contra de otros, no por no tener misericordia hacia otros. Lo que lleva a algunos a preferir una interpretación de Verdad A, es la amenaza de Santiago de que ellos pueden ser "condenados". La palabra griega usada en los manuscritos detrás de la RVR1960 (*katakrinō*) significa *condenar* o *tener un juicio negativo*, pero esto no necesariamente se refiere a la condenación al infierno. Otra traducción, "sean juzgados", se encuentra en la DHH, LBLA y la NVI basándose en su traducción de la palabra *krinō* usada en diferentes manuscritos griegos. Con cualquier traducción, es claro que esta palabra se usa en el contexto del Tribunal de Cristo, el único juicio que van a encarar los Cristianos (cf. Ro. 14:10-13; 1 Co. 4:5; Stg. 2:12-13).

Si quejarse contra otros manda a las personas al infierno, entonces todos estamos en problemas. Quejarse es un pecado serio y los Cristianos que lo hacen enfrentarán un juicio serio.

Salvará una vida de la muerte. Santiago 5:19-20

> [19] *Hermanos, si alguno de entre vosotros se ha extraviado de la verdad, y alguno le hace volver,* [20] *sepa que el que haga volver al pecador del error de su camino, salvará de muerte un alma, y cubrirá multitud de pecados.*

Interpretación Verdad A: Los pecadores que regresan a la verdad serán salvos de la muerte eterna.

Interpretación Verdad B: Los Cristianos que están pecando y regresan a la verdad serán salvos de la muerte física o de la interrupción del compañerismo con Dios.

Una implicación de la interpretación de Verdad A es que una persona no-salva que está abierta a la verdad del evangelio se puede alejar de este antes de creer y ser condenado eternamente. Otra implicación de la interpretación de Verdad A es que puede ser que el creyente "se ha extraviado de la verdad" (estar en pecado), y llega a un punto en el que ese pecado lo condena al infierno. Por supuesto, esto nos lleva a preguntar: ¿En qué punto en el camino del pecado perdió su salvación para que resulte en condenación? Este es un problema en sí mismo, que siempre acompaña la opinión de que la salvación se puede perder.

Este pasaje les habla a los "Hermanos" acerca de un problema potencial entre sus filas—"si alguno de entre vosotros". El hecho de que esta persona "se ha extraviado de la verdad" muestra que él nació en la verdad. Por lo tanto, "pecador" se refiere evidentemente a uno de ellos que está viviendo en desobediencia en alguna área de su vida y está en peligro de hundirse más. La tarea de un hermano en la fe, preocupado, es regresarlo de su pecado para que salve su "alma" de "muerte". Mientras que *muerte* puede referirse algunas veces a la apatía espiritual que viene por interrumpir el compañerismo con Dios, el hecho de que se menciona "vida" (una mejor interpretación para *psychē* "alma" usada aquí; vea la TLA; la NVI usa "lo") permite las consecuencias de una muerte física. Es posible que Santiago esté usando muerte de la misma manera que en 1:15: "y el pecado, siendo consumado, da a luz la muerte" (formando una sección, una inclusión). En nuestro estudio de 1:15, sugerimos que Santiago se podía estar refiriendo al pecado que no sólo trae apatía a la experiencia de Cristiano, pero normalmente también involucra el comportamiento físicamente peligro que lleva al deterioro de la vida física y finalmente a una muerte prematura.

Aquellos que leen salvación eterna en la palabra "salvará" en el verso 20 crean un problema—la salvación no se puede alcanzar en las bases del desempeño, como no alejarse de la verdad o dejar de pecar y regresar a la verdad. Esto no es lo que la Biblia enseña acerca de la salvación por gracia a través de la fe.

Aunque la interpretación de Verdad B pudiera decir que un creyente que está pecando no está en peligro del infierno, esto no niega la seriedad de su pecado. Interrumpe su compañerismo con Dios y puede llevar a una muerte prematura. Uno que se aparta del camino de la desobediencia, va a vivir y va a evitar una "multitud de pecados" que pudiera dañarle a él y a otros.

La responsabilidad de "salvar" a un Cristiano que está viviendo en pecado nos pertenece a los que vemos a esa persona dirigiéndose a un camino sin salida. Ciertamente, el contexto anterior de 5:3-18 implica que la oración es una parte esencial de nuestra responsabilidad (cf. 1 Jn. 5:16). Finalmente, debemos observar que Santiago habla de "alguno de entre vosotros" lo que implica que ninguno de nosotros es inmune de este error serio. Mientras que observamos a los que pertenecen al cuerpo de Cristo, mantengamos un ojo puesto en nuestras propias vidas.

Salvación de sus almas. 1 Pedro 1:9

"Obteniendo el fin de vuestra fe, que es la salvación de vuestras almas".

Interpretación Verdad A: Solo las personas que perseveren en la fe hasta el final de sus vidas van a probar que son salvos eternamente.

Interpretación Verdad B: Los creyentes que perseveren en su fe van a experimentar las riquezas de las bendiciones en Cristo.

Es fácil establecer el estatus espiritual de los lectores de Pedro. Ellos son "expatriados" (1:1), "elegidos" (1:2), "renacidos… para una esperanza viva" (1:3), y tienen una herencia "reservada en los cielos" (1:4). Ellos son "guardados por el poder de Dios" (1:5), y en esto ellos "os alegráis" (1:6). Como creyentes, ellos están experimentando muchas pruebas (1:6) lo que es una prueba de su fe para una recompensa futura "cuando sea manifestado Jesucristo", una referencia al Tribunal de Cristo en donde su fidelidad será evaluada (1:7). Ellos aman al Señor Cristo Jesús y se regocijan en Él (1:8). ¿Puede esto interpretarse como otra cosa que no sea una motivación para los Cristianos—una Verdad B?

Verso 9 entonces declara una realidad de su fidelidad en la experiencia actual—"la salvación de vuestras almas". Una vez que sabemos el estatus de los lectores, es imposible ver esta frase como una oferta de salvación justificación como pago por su fidelidad. Como se dijo en el capítulo 4, se puede usar *salvación* en una variedad de maneras y la palabra "alma" (de *psychē*), se traduce mejor como "vida". La frase "la salvación de vuestras almas" no se refiere a salvación del infierno ni en este ni en otros usos en el Nuevo Testamento (vea el estudio de Mt. 10:39; 16:25-26 y Stg. 1:21 y 5:20). Pedro más bien está retomando el uso que le dio Jesús a la palabra (en Mt 16:25-26; cf. 10:34) cuando Él expresa la llenura de la experiencia de la vida de Dios en el presente como una recompensa por hacer el sacrificio del discipulado.

La salvación de la que habla Pedro es una realidad presente y una esperanza futura. La salvación futura es el enfoque de los versos 3-5 en donde está ligada a "una herencia incorruptible, incontaminada" (v. 4). Esto se refiere a las bendiciones de las recompensas de Dios por la fidelidad en las tribulaciones que son otorgadas "cuando sea manifestado Jesucristo" (v. 7, una referencia al Tribunal de Cristo) y que se disfrutarán en el reino. Mientras los lectores se regocijan en esa esperanza, ellos también pueden disfrutar en sus vidas presentes las riquezas de las bendiciones de Dios ("ahora" en v. 8). La frase "obteniendo el fin de vuestra fe" usa un verbo (*komizō, recibir*) que es comúnmente usado para los creyentes que reciben un premio o recompensa (cf. Heb. 10:36; 2 Co. 5:10; Col. 3:25; 1 Pe. 5:4). Ya que se está considerando la constante fidelidad en las tribulaciones, "fe" no es la fe que justifica a los incrédulos, sino la fe que santifica a los creyentes. Pedro no está hablando acerca de la fe de sus lectores, que los salva del infierno, sino de la fe que los salva de fallar en las tribulaciones (v. 6), de tener una pobre evaluación en el Tribunal de Cristo (vv. 7, 17), y de una vida impía (vv. 14-16). Esto significa que la *salvación* presente se refuerza en el verso 22 donde Pedro usa la palabra "almas" (otra vez, de *psychē*, o *vida*) donde se habla de la purificación producida por el Espíritu a través de su obediencia y amor por otros. Poniendo esto en un aspecto positivo, podemos decir que los lectores eran salvos para una vida santificada.

El aspecto futuro de esta salvación es el enfoque del verso 10 donde Pedro menciona que los profetas inquirieron acerca de ella. Ellos la vieron como "la gracia destinada a vosotros". Debemos comparar esto con el verso 13 que habla de la gracia que se les traerá "cuando Jesucristo sea manifestado", una referencia a la venida de Cristo en el Rapto de la iglesia y al Tribunal de Cristo que le sigue. Mientras ellos viven obedientemente, los lectores van a disfrutar las bendiciones presentes de la experiencia de su salvación; y mientras ellos viven esperanzados, ellos van a disfrutar las ricas bendiciones en su experiencia eterna (v. 13). La bendiciones futuras se refieren a "la gracia que se os traerá" porque la entrega de las bendiciones del reino dependen en última instancia de la prerrogativa y la promesa de Dios. La mención de "los sufrimientos de Cristo, y las glorias que vendrían tras ellos" en el verso 11 refleja las experiencias presentes y futuras de los lectores y va a motivar a aquellos que están fielmente soportando los sufrimientos presentes.

La interpretación Verdad B nos muestra que nosotros que hemos sido salvos (justificados) necesitamos ser salvos de la maldad del mundo actual (santificados) y finalmente que se nos otorgue nuestra recompensa futura en el Tribunal de Cristo (glorificados y recompensados). Pero nuestra experiencia en esta vida y en la siguiente depende de nuestra fidelidad en un mundo lleno de sufrimiento y de pecado. Al descansar en nuestra esperanza de nuestra recompensa futura, somos motivados para vivir una vida fiel y obediente.

El bautismo nos salva. 1 Pedro 3:21

> *"El bautismo que corresponde a esto ahora nos salva (no quitando las inmundicias de la carne, sino como la aspiración de una buena conciencia hacia Dios) por la resurrección de Jesucristo".*

Interpretación Verdad A: El bautismo en agua salva a los incrédulos del infierno.

Interpretación Verdad B: El bautismo de Espíritu salva a los creyentes de la conciencia culpable o de los juicios de la Tribulación.

Segunda Interpretación Verdad B: El bautismo en agua salva a los judíos del juicio temporal.

Este es un pasaje notoriamente difícil de entender. Se ha usado como Verdad A por aquellos que creen en el bautismo de regeneración. Esta opinión puede ser desechada teológicamente y el principio interpretativo de un pasaje que no es muy claro (este es ciertamente uno de esos) que debe interpretarse a la luz de pasajes claros. Nada puede ser más claro que las enseñanzas del Nuevo Testamento de que la salvación es por gracia a través de la fe sola, no por lo que hacemos. Además, la frase "ahora nos salva" enfatiza la experiencia presente de los lectores.

Una manera de interpretar este pasaje es como Verdad B que sólo ve el bautismo de Espíritu, no bautismo en agua. Se debe notar que la frase "no quitando las inmundicias de la carne" y la mención del bautismo es "por la resurrección de Jesucristo" ambos excluyen el agua. El contexto menciona el trabajo del Espíritu Santo en Cristo Jesús resucitado (3:18). Romanos 6:3-5 nos enseña que el bautismo de Espíritu nos une con Cristo en Su resurrección. Esto nos recuerda 1 Corintios 12:13: "Porque por un solo Espíritu fuimos todos bautizados en un cuerpo, sean judíos o griegos, sean esclavos o libres; y a todos se nos dio a beber de un mismo Espíritu". Unidos con Cristo en Su cuerpo, los creyentes están salvos del peligro, como Noé y su familia fueron salvos en el arca (3:20). Eso es como un "prototipo" (el cumplimiento de un tipo anterior correspondiente) por el arca.

¿Pero de qué peligro son salvos los lectores? Una respuesta es que ellos son salvos de la culpa de conciencia en el presente. Cuando los creyentes son justificados y bautizados por el Espíritu en el cuerpo de Cristo, posicionalmente a ellos se les perdonan todos sus pecados (Col. 2:13). La nueva posición en Cristo también los pone en una posición de tener un perdón de compañerismo cuando ellos pecan como Cristianos. Al caminar en perdón, los creyentes mantienen una clara conciencia. Otra interpretación de esta salvación es que Pedro está asegurando a sus lectores que ellos van a ser salvos de los problemas futuros de la Tribulación. El arca salvó a la familia de Noé de la lluviosa ira de Dios, entonces el bautismo de Espíritu que coloca a los creyentes a salvo en Cristo los salvará de la Tribulación que viene sobre el mundo. Esto anticipa el Rapto que salva a los creyentes de la ira de la Tribulación (1 Ts. 1:10; 5:1-11). En contra de esta última opinión se encuentra la frase "ahora nos salva" lo que indica un beneficio presente, no uno futuro.

Una segunda interpretación Verdad B toma el bautismo como bautismo en agua y nos da el mismo significado como se ve el bautismo en Hechos 2:38. El bautismo separara´ a los judíos lectores de Pedro del primer siglo de su generación maligna y en vez de esto identificarlos con la nueva comunidad Cristiana para que ellos sean salvos del juicio físico temporal que viene sobre Israel por el terrible pecado de crucificar a Cristo. Esa destrucción vino a los judíos a través de los romanos en el año 70 D.C. Ellos recibirán perdón por ese crimen y por lo tanto una buena conciencia. La resurrección de Cristo se menciona como una motivación individual para los creyentes que tal vez morirán en la destrucción venidera de que ellos también resucitarán.

No podemos resolver la interpretación de este pasaje fácilmente. El argumento parece ser demasiado fuerte acerca de que´ es un bautismo de Espíritu que tiene el beneficio de salvarnos de una conciencia de culpa. Una cosa es cierta, este pasaje no hace el bautismo una condición para la salvación eterna. La salvación de que habla es claramente para el creyente, y por eso claramente es Verdad B.

Haciendo firme su vocación y elección. 2 Pedro 1:10-11

[10] *Por lo cual, hermanos, tanto más procurad hacer firme vuestra vocación y elección; porque haciendo estas cosas, no caeréis jamás.* [11] *Porque de esta manera os será otorgada amplia y generosa entrada en el reino eterno de nuestro Señor y Salvador Jesucristo.*

Interpretación Verdad A: La fidelidad diligente va a probar la salvación del creyente que le permite la entrada al cielo.

Interpretación Verdad B: La fidelidad diligente va a confirmar las recompensas y el futuro del creyente en el reino del Señor Cristo Jesús.

Este pasaje es un pilar para los que afirman que la salvación eterna se debe probar con nuestras obras. El entendimiento de la Verdad A es que nosotros sólo podemos saber o estar seguros de nuestra elección por los frutos producidos al vestirnos diligentemente con las virtudes Cristianas. Por supuesto, la implicación es que la falta de frutos muestra que uno no es salvo, o que no se puede saber si es salvo. La frase "vocación y elección"' es interpretada como el llamado efectivo para salvación y la elección que Dios hizo desde antes de los tiempos de salvarnos.

La interpretación Verdad A tiene un problema en frente de sí misma. Si, como algunos lo entienden, el llamado y la elección son soberanamente determinados por Dios, entonces ¿Cómo es que lo que hacemos puede influenciar esa determinación en el sentido de hacerla más firme? Podemos estar de acuerdo que nuestro desempeño puede dar evidencia de nuestra salvación, pero ¿podemos decir que esto prueba nuestra salvación? Además está el hecho de que la medida de la llenura de la vida de alguien está sujeta a varias interpretaciones.

Empezamos a entender este pasaje cuando observamos que Pedro está escribiendo a Cristianos y no hay ninguna duda de su parte o de ellos de que son salvos. Ellos comparten la misma "fe igualmente preciosa" y la "justicia de nuestro Dios y Salvador Jesucristo" (1:1). Dios le ha dado a los lectores todo lo que ellos necesitan para vivir una vida piadosa (1:3), y lleguen "a ser participantes de la naturaleza divina" (Pedro pudo estar hablando de su posición presente o tal vez de un privilegio futuro ganado por su recta conducta—de cualquier manera esto supone su salvación; 1:4). Ellos también han "huido de la corrupción que hay en el mundo" (1:4). Después de esta introducción ratificadora, Pedro exhorta a los lectores a añadir a su fe inicial virtudes piadosas (vv. 5-7) para que ellos no sean estériles (inútiles, de *argos*), sin fruto, de corta visión, o ciegos y para que no se olviden (o descuiden de ser agradecidos) de que ellos fueron limpios de sus pecados (vv. 8-9).

Se debe notar que los creyentes pueden ser infructuosos y espiritualmente ciegos. El fruto y las buenas obras no están garantizados en la salvación. Decir que sí lo están es una construcción teológica que viene de una opinión determinista de Dios que omite la responsabilidad humana. Ser fructíferos y piadosos es la responsabilidad de cada creyente, por eso las exhortaciones de Pedro. Dios le ha dado a cada creyente Su poder para vivir una vida piadosa (v. 3-4), pero es la responsabilidad de cada creyente de cooperar con Dios y vestirse con las virtudes piadosas (vv. 5-7).

Pedro entonces continúa exhortando a los creyentes a ser más diligentes al "hacer firme vuestra vocación y elección" (v. 10). El adjetivo traducido como "firme" (*bebaios*) significa *ser certificado, confirmado, validado por la evidencia*. Pero ¿para quién es el llamado y la elección de ser confirmado? Seguramente no es el lector, porque Pedro ha confirmado eso en repetidas ocasiones en los versos anteriores. No hay evidencia de que los lectores hayan estado luchando con alguna duda de su salvación. Pedro tiene en mente su testimonio visible a los demás, ya que sus obras hacia los demás confirman su fe en Cristo; lo que los lectores dicen tener (cf. Ro. 4:2, Jn, 13:35; Stg. 2:21-25).

¿A qué se refiere "vocación y elección"? Muchos suponen que es la elección divina de la invitación efectiva para la salvación de las personas y la determinación de Dios para escogerlos para ser salvos desde antes de los tiempos. Un problema con esta opinión es que el orden de las palabras es incorrecto, porque entonces sería "elección" antes de la "vocación" (Ro. 8:30). Encontramos que el orden que Pedro da en las palabras de Jesucristo en Mateo 20:16 (en el Texto Masorético o Bizantino) y 22:14 en donde Jesús dice, "porque muchos son llamados, más pocos escogidos". Esas palabras concluyen dos parábolas acerca del reino (Mt. 20:1; 22:2). En esas parábolas, la opción es pagar ciertos salarios y la opción de permitir a algunos a entrar como invitados al banquete de la celebración después de ser invitados a trabajar o a asistir a la boda (el llamado). Es posible que Pedro está recordando las enseñanzas de Jesús acerca de aquellos que entran en el reino y aquellos escogidos para recibir recompensas especiales en el reino (vea estudio anterior de Mt. 22:1-14).

Dios ha llamado a todos los creyentes a Su reino (1 Ts. 2:12), pero sólo los que sean fieles serán escogidos para recibir recompensas especiales (Ro. 8:17b; 2 Tm. 2:12). Si esta es la suposición de Pedro, entonces sus palabras en 1:1-11, de hecho, toda la epístola (cf. 3:14), está designada para preparar a los creyentes para una generosa entrada en Su reino. Esto se confirma en el verso 11—Pedro no está hablando de ganar la entrada al reino, sino de disfrutar una provechosa entrada que "será otorgada amplia y generosa". La forma pasiva del verbo *epichoregeō* ("será otorgada") indica que Dios otorga las recompensas. Pedro supone que todos sus lectores van a entrar en el reino (aún los infructuosos), pero él quiere motivarles a la piedad por el prospecto de una amplia bienvenida. Él puede estar pensando en las prácticas de su cultura de dar una celebración de bienvenida al guerrero o al atleta al entrar en la ciudad. Nosotros sabemos por el estudio de 1 Corintios 3:11-15 que no todos los Cristianos van a entrar al cielo con las mismas recompensas. Eso también aplica para el reino.

La interpretación Verdad A hace del asunto en 1:10-11 el *hecho* de entrar en el reino de Dios (lo cual se puede interpretar como cielo). La interpretación Verdad B hace del asunto la *calidad* de la entrada de uno al reino de Dios. La primera opinión produce una introspección fútil y una incertidumbre sin fin acerca de la salvación de uno. La segunda opinión motiva a los creyentes a crecer en su fe y madurez en base a su salvación segura.

Nunca debemos tratar nuestra salvación como una condición estática. Dios nos ha provisto todo lo que necesitamos para crecer, pero es nuestra responsabilidad que nosotros mismos utilicemos las cosas que nos hacen madurar. Nuestra motivación no es probar nuestra salvación, sino honrar a Dios con el placer de otorgarnos una gran bienvenida a Su reino eterno.

Un perro regresa a su vómito. 2 Pedro 2:1-22

[1] *Pero hubo también falsos profetas entre el pueblo, como habrá entre vosotros falsos maestros, que introducirán encubiertamente herejías destructoras, y aun negarán al Señor que los rescató, atrayendo sobre sí mismos destrucción repentina.* [2] *Y muchos seguirán sus disoluciones, por causa de los cuales el camino de la verdad será blasfemado,* [3] *y por avaricia harán mercadería de vosotros con palabras fingidas. Sobre los tales ya de largo tiempo la condenación no se tarda, y su perdición no se duerme.* [4] *Porque si Dios no perdonó a los ángeles que pecaron, sino que arrojándolos al infierno los entregó a prisiones de oscuridad, para ser reservados al juicio;* [5] *y si no perdonó al mundo antiguo, sino que guardó a Noé, pregonero de justicia, con otras siete personas, trayendo el diluvio sobre el mundo de los impíos;* [6] *y si condenó por destrucción a las ciudades de Sodoma y de Gomorra, reduciéndolas a ceniza y poniéndolas de ejemplo a los que habían de vivir impíamente,* [7] *y libró al justo Lot, abrumado por la nefanda conducta de los malvados* [8] *(porque este justo, que moraba entre ellos, afligía cada día su alma justa, viendo y oyendo los hechos inicuos de ellos),* [9] *sabe el Señor librar de tentación a los piadosos, y reservar a los injustos para ser castigados en el día del juicio;* [10] *y mayormente a aquellos que, siguiendo la carne, andan en concupiscencia e inmundicia, y desprecian el señorío. Atrevidos y contumaces, no temen decir mal de las potestades superiores,* [11] *mientras que los ángeles, que son mayores en fuerza y en potencia, no pronuncian juicio de maldición contra ellas delante del Señor.* [12] *Pero éstos, hablando mal de cosas que no entienden, como animales irracionales, nacidos para presa y destrucción, perecerán en su propia perdición,* [13] *recibiendo el galardón de su injusticia, ya que tienen por delicia el gozar de deleites cada día. Estos son inmundicias y manchas, quienes aún mientras comen con vosotros, se recrean en sus errores.* [14] *Tienen los ojos llenos de adulterio, no se sacian de pecar, seducen a las almas inconstantes, tienen el corazón habituado a la codicia, y son hijos de maldición.* [15] *Han dejado el camino recto, y se han extraviado siguiendo el*

camino de Balam hijo de Breo, el cual amó el premio de la maldad, [16] *y fue reprendido por su iniquidad; pues una muda bestia de carga, hablando con voz de hombre, refrenó la locura del profeta.* [17] *Estos son fuentes sin agua, y nubes empujadas por la tormenta; para los cuales la más densa oscuridad está reservada para siempre.* [18] *Pues hablando palabras infladas y vanas, seducen con concupiscencias de la carne y disoluciones a los que verdaderamente habían huido de los que viven en error.* [19] *Les prometen libertad, y son ellos mismos esclavos de corrupción. Porque el que es vencido por alguno es hecho esclavo del que lo venció.* [20] *Ciertamente, si habiéndose ellos escapado de las contaminaciones del mundo, por el conocimiento del Señor y Salvador Jesucristo, enredándose otra vez en ellas son vencidos, su postrer estado viene a ser peor que el primero.* [21] *Porque mejor les hubiera sido no haber conocido el camino de la justicia, que después de haberlo conocido, volverse atrás del santo mandamiento que les fue dado.* [22] *Pero les ha acontecido lo del verdadero proverbio: El perro vuelve a su vómito, y la puerca lavada a revolcarse en el cieno.*

Interpretación Verdad A: Los falsos maestros van al infierno al igual que aquellos que son engañados por ellos.

Interpretación Verdad B: Los falsos maestros van al infierno, y los que son engañados por ellos sufrirán un terrible destino.

Es claro que los falsos profetas y maestros mencionados al inicio del pasaje no son salvos y están condenados a la destrucción eterna. El pasaje empieza con un contraste entre ellos y los "santos hombres de Dios" mencionados en el pasaje anterior (1:21). El lenguaje para describir su destino eterno es explícito e inequívoco (2:3-17; cf. el pasaje paralelo en Jud. 4-6).

Parece que hay un segundo grupo de personas en este pasaje; son los que han sido influenciados por esos falsos maestros al punto de que ellos han seguido "sus disoluciones" (2:2). Estos también parece que no son salvos. Ya que ellos están en contraste con los lectores salvos, el verso 3 se le escribe directamente a un tercer grupo ("vosotros"), ellos aparentemente profesan ser Cristianos lo que causa que el camino de los Cristianos sea blasfemado cuando ellos son seducidos.

El tercer grupo es a los que Pedro está advirtiendo, ellos son mencionados en una forma general en el verso 3 cuando Pedro dice que los falsos profetas "harán mercadería de vosotros con palabras fingidas". Si Pedro les estuviera escribiendo esto a los creyentes, como vimos que él lo hizo, entonces les está advirtiendo acerca de los efectos que los falsos profetas tienen en aquellos que no son salvos (v. 2) y en aquellos acerca de los que les está escribiendo que sí son salvos (v. 3). Después de describir el final de los falsos maestros y sus seguidores no-salvos, Pedro dirige su atención a este tercer grupo en verso 18. Estos creyentes están en peligro de sucumbir a la influencia de los falsos profetas.

¿Cómo sabemos que el tercer grupo está conformado de personas salvas? Ellos son llamados "los que verdaderamente habían huido (o "a duras penas logran escapar" en otras traducciones; lo que también implica la salvación) de los que viven en error" (v. 18). Ellos han "escapado de las contaminaciones del mundo, por el conocimiento del Señor y Salvador Jesucristo" (v. 20). El hecho de que ellos pueden enredarse "otra vez" en la corrupción del mundo significa que ellos eran eso, pero que han escapado (v. 20). La declaración de Pedro en 2:21 claramente dice que han "conocido el camino de la justicia". Su destino, descrito por el proverbio contemporáneo citado en el verso 22, requiere que el perro haya dejado su vómito primero, y que la puerca se haya lavado primero.

Entonces, vemos un cambio en el discurso de Pedro. Él les escribe a este grupo de creyentes para advertirles de los falsos maestros no-salvos que están entre ellos quienes van a ser destruidos y han guiado a otros al mismo destino (vv. 1-17). El cambio en el discurso es claro. Después de acusar a los falsos maestros en cada verso desde 10 hasta el 17, las acusaciones se terminan abruptamente. Entonces en los versos 18 y 19, él menciona el peligro de los creyentes quienes pueden ser seducidos por falsos maestros.

Cuando Pedro habla del destino de los lectores creyentes quienes pueden ser influenciados por los falsos profetas, él habla en términos de posibilidades, no con certeza. Estos creyentes van a encarar un terrible destino, pero este no se especifica como destrucción o infierno, sólo que "su postrer estado viene a ser peor que el primero" (v. 20). Cualesquiera que sean las luchas o pruebas que hayan soportado como nuevos Cristianos se desvanecerán en comparación a los problemas que les esperan (tal vez temporalmente, o en el Tribunal de Cristo, o ambos). Pedro dice que hubiera sido mejor que ellos no hubieran "conocido el camino de la justicia" que si ellos se alejan del "santo mandamiento que les fue dado" (v. 21). Pedro no está diciendo que sería mejor si ellos nunca se hubieran salvado. Él está diciendo que sería mejor que ellos no hubieran conocido las enseñanzas acerca de la vida de justicia, implicando que porque ellos la conocen ellos tienen una gran responsabilidad de seguirla. El texto indica que esta vida de justicia se define como vivir de acuerdo al "santo mandamiento que les fue dado" ¿Cuál es este santo mandamiento? Aparentemente, no está relacionado con ningún mandamiento para creer, ya que esto sería inusual y una manera de referirse a la salvación sin precedentes. Existen un número de opciones a las que esto se puede referir, por ejemplo, al mandamiento de Juan de amarnos (Jn. 13:34) o el mandamiento a ser santos (1 Pe. 1:15). Pero ambos son mandamientos para Cristianos, mandamientos de Verdad B.

Es ingenuo decir que los verdaderos Cristianos no van a seguir una falsa doctrina. El Apóstol Pablo no estaba convencido de esta noción—vea Gálatas y sus múltiples advertencias para los Cristianos acerca de permanecer en la verdad. O si no, pregúntele a algún pastor de años quien ha visto a los Cristianos ir y venir con las doctrinas extrañas. Es especialmente triste ver y desconcertantemente saber que a menos que se arrepientan de su error, existe un devastador destino que les espera. Es mejor evitar a los falsos maestros completamente y advertirles a los Cristianos acerca de ellos.

Se diligente para ser encontrado sin mancha. 2 Pedro 3:14-18

[14] *Por lo cual, oh amados, estando en espera de estas cosas, procurad con diligencia ser hallados por él sin mancha e irreprensibles, en paz.* [15] *Y tened entendido que la paciencia de nuestro Señor es para salvación; como también nuestro amado hermano Pablo, según la sabiduría que le ha sido dada, os ha escrito,* [16] *casi en todas sus epístolas, hablando en ellas de estas cosas; entre las cuales hay algunas difíciles de entender, las cuales los indoctos e inconstantes tuercen, como también las otras Escrituras, para su propia perdición.* [17] *Así que vosotros, oh amados, sabiéndolo de antemano, guardaos, no sea que arrastrados por el error de los inicuos, caigáis de vuestra firmeza.* [18] *Antes bien, creced en la gracia y el conocimiento de nuestro Señor y Salvador Jesucristo. A él sea gloria ahora y hasta el día de la eternidad. Amén.*

Interpretación Verdad A: La diligencia en santidad resulta en salvación eterna.

Interpretación Verdad B: La diligencia en santidad prepara a los Cristianos para el encuentro con el Señor.

Este pasaje es un buen resumen para concluir la epístola y los temas que hemos estudiado, por lo que no hay gran necesidad de volver a argumentar los puntos de Pedro. El Verso 14 apunta hacia la llegada del Día del Señor como una motivación para vivir una vida piadosa en el presente. Su exhortación nos recuerda a 1:5-11, en donde habla de la diligencia para añadir virtudes a nuestra fe, para que podamos tener una recepción de alta calidad en el reino de Cristo. La frase "no tuviese mancha ni arruga ni cosa semejante" no habla de justicia imputada, sino una vida sin mancha que debe ser el objetivo de los lectores cuando ellos sean presentados delante de Cristo Jesús en el Tribunal de Cristo (cf. Ef. 5:27).

Desde una perspectiva de Verdad B, también podemos ver que es posible que los creyentes ("oh amados") fallen en su firme convicción en Cristo y sean engañados por el error de los falsos maestros (v. 17). Esto no hace que pierdan su salvación, ni prueba que ellos nunca fueron salvos. Esto prueba que los Cristianos pueden dejar de crecer y aun contradecir la verdad que ellos conocen. De esta manera, este pasaje refuerza la interpretación de 2 Pe. 2, que acabamos de estudiar. Pedro exhorta a sus lectores a que continúen firmes en la verdad para que ellos no vayan a ser llevados lejos en el error.

La mejor prevención para el error es crecer diligentemente "en la gracia y el conocimiento de nuestro Señor y Salvador Jesucristo" (v. 18). Estas no son palabras casuales, porque el error suele ser el primero en atacar la salvación por gracia sola a través de la fe sola, y el ataque es hacia la persona y la obra de Cristo. Mientras más conocemos la gracia de Dios y al Hijo de Dios, tenemos menos posibilidades de ser vulnerables al error de las falsas enseñanzas.

El propósito de 1 Juan

Antes de que empecemos el estudio de cualquier pasaje de 1 Juan, debemos conocer el propósito de la epístola. En esencia, debemos contestar la pregunta: ¿1 Juan tiene un propósito de Verdad A o de Verdad B? La mayoría de los predicadores, maestros, comentaristas, y Cristianos en general interpretan 1 Juan como Verdad A. Déjeme explicarle.

Cuando uno lee 1 Juan, rápidamente se nota que Juan está aplicando muchos "exámenes" a sus lectores Cristianos. Estos exámenes incluyen cosas como caminar en obscuridad o en luz, ser nacido de Dios o de Satanás, amando o no a otros, obedeciendo o no a los mandamientos de Dios. La interpretación común, la interpretación de Verdad A, es que aquellos que pasan el examen son verdaderos Cristianos, mientras que los que no lo pasan no son salvos. Para apoyar la interpretación de Verdad A, se hace una apelación a 5:11-13 como el propósito de la epístola. Se dice que Juan escribió para ayudar a las personas a saber si ellos y otros son verdaderamente salvos. Después de todo, él dice llanamente, "Estas cosas os he escrito a vosotros que creéis en el nombre del Hijo de Dios, para que sepáis que tenéis vida eterna" (5:13).

De hecho, es importante saber el propósito del libro. Pero 5:13 no es el único lugar en el que Juan dice "Estas cosas os he escrito" o "estas cosas os escribo". Él lo dice cuatro veces a través del libro (1:4; 2:1, 26; 5:13 con las últimas tres refiriéndose a lo que Juan dice inmediatamente antes de su declaración). Es de mucha importancia que Juan diga, "Estas cosas os escribimos" al inicio del libro en 1:4 porque sería natural que él declarara su propósito al inicio de su carta. Algunos van a objetar, argumentando que Juan declara su propósito en su Evangelio al final en Juan 20:30-31. Sin embargo, esa posición tiene sentido porque es la única vez que dice, "éstas se han escrito para que..." Él está utilizando un enfoque inductivo en el que él llega a su conclusión después de presentar su caso. Aún más, el verso 31 simplemente es una explicación del verso 30 que explica por qué Juan fue selectivo en sus escritos.

Para entender 1 Juan verdaderamente, debemos entender lo que Juan escribió en su Evangelio en Juan 13-17. Él enseña esta verdad sólo en presencia de Sus discípulos para mejorar su compañerismo con el Señor. Una buena manera de resumir el propósito de Juan en su Evangelio y su epístola es este: El Evangelio de Juan es Verdad A que contiene algo de Verdad B; la epístola de 1 Juan es Verdad B que contiene algo de Verdad A.

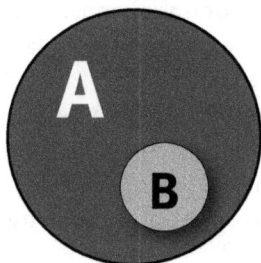

El Evangelio de Juan   La Epístola de 1 Juan

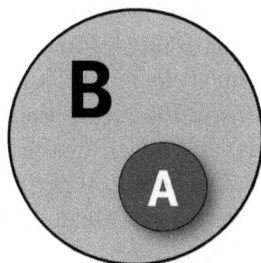

Con esto en mente, vamos a considerar algunos pasajes específicos que se pueden malinterpretar fácilmente.

Si caminamos en las tinieblas. 1 Juan 1:6, 8, 10

> [6] *Si decimos que tenemos comunión con él, y andamos en tinieblas, mentimos, y no practicamos la verdad; [...]* [8] *Si decimos que no tenemos pecado, nos engañamos a nosotros mismos, y la verdad no está en nosotros. [...]* [10] *Si decimos que no hemos pecado, le hacemos a él mentiroso, y su palabra no está en nosotros.*

Interpretación Verdad A: Aquellos que dicen que son salvos pero caminan en pecado o niegan que tienen pecado no son salvos.

Interpretación Verdad B: Aquellos que son salvos pero caminan en pecado o niegan que tienen pecado no tienen compañerismo con Dios.

¿Caminar en tinieblas y negar el pecado es una prueba de salvación o de compañerismo? Juan claramente empieza esta tríada de declaraciones con el tema del compañerismo en el verso 6. De hecho, él se incluye a sí mismo con la primera persona plural "nosotros". Estas son fuertes indicaciones de que él está dando una Verdad B, especialmente cuando la carta está dirigida a creyentes.

Lo que empuja a las personas hacia una interpretación de Verdad A es la declaración acerca de la posibilidad de caminar en tinieblas y negar el pecado. ¿Puede un creyente andar en tinieblas y negar el pecado? Más adelante, Juan dice que un creyente que "aborrece a su hermano, está todavía en tinieblas" (2:9; también 2:11). Sin embargo, el efecto de las tinieblas es cegar y obscurecer hacia dónde se dirige el creyente, no enviarlo al infierno (2:11). Juan está hablando del "andar" del creyente o de su vida delante de Dios, no de su doctrina o fe. En contraste, aquellos creyentes que caminan franca y honestamente delante de Dios andan en la luz y son limpios con el efecto santificador de la sangre de Cristo (Su sacrificio por el pecado). Aquellos que no están viviendo honestamente delante de Dios y de los demás van a negar su pecado. El rey David hizo eso por casi un año antes de confesar su pecado al profeta Natán y a Dios (2 Sm. 12:1-14; vea también Sal. 51). Pero antes de su confesión, su experiencia era espiritualmente obscura (Sal. 32:1-5).

Los creyentes que caminan en tinieblas tropezarán sin la clara dirección que disfrutan los que tienen compañerismo con Dios. Cuando los Cristianos le dan la espalda a Dios quien es luz, ellos van a tropezar con sus propias sombras. Por eso es que es tan importante la confesión de 1:9.

Si confesamos nuestros pecados. 1 Juan 1:9

"Si confesamos nuestros pecados, él es fiel y justo para perdonar nuestros pecados, y limpiarnos de toda maldad".

Interpretación Verdad A: Las personas deben confesar sus pecados para ser salvos y perdonados.

Interpretación Verdad B: Los creyentes deben confesar sus pecados para restaurar su compañerismo con Dios.

Una vez que entendemos que el propósito de 1 Juan es escribir a los Cristianos acerca del compañerismo y no una prueba de la salvación, podemos entender el significado de este verso. A la luz del propósito de Verdad B declarado por Juan en 1:3 y la comprensión de la Verdad B de 1:6, 8, y 10, también la confesión de pecados debe ser Verdad B. En el contexto inmediato de andar en la luz y las tinieblas, la confesión es la forma en la que el creyente puede continuar caminando en la luz. Esto muestra la honestidad que el creyente tiene delante de Dios que le permite disfrutar el compañerismo con Él. La palabra "confesamos" (del *homologeō*), significa *estar de acuerdo con*. El creyente que peca y lo confiesa a Dios está de acuerdo con Dios de que él verdaderamente pecó.

Sería excepcionalmente extraño enmarcar la salvación de uno en términos de la confesión de pecados. Este lenguaje no tiene ningún paralelo soteriológico en el Nuevo Testamento. Como lo estudiamos anteriormente, *confesar* se menciona en Romanos 10:9-10 como una expresión de fe, pero esa es una confesión acerca de quién es Jesús, no acerca del pecado.

Cualquier relación se puede disfrutar sólo cuando ambas partes son abiertas y honestas entre ellas. Al nivel humano, los padres pueden estar dispuestos a amar y perdonar a sus hijos siempre, pero si un hijo le desobedece, la relación no se puede disfrutar y sufre hasta que el hijo "clarifica las cosas" al confesar ese pecado. Similarmente, nuestra posición en la familia de Dios no se pierde por pecar, sino la manera en la que vamos a disfrutar la relación (compañerismo) sufre cuando no confesamos nuestros pecados.

La verdad no está en él. 1 Juan 2:3-4, 9, 11

> ³ *Y en esto sabemos que nosotros le conocemos, si guardamos sus mandamientos.* ⁴*El que dice: Yo le conozco, y no guarda sus mandamientos, el tal es mentiroso, y la verdad no está en él; [...]* ⁹ *El que dice que está en la luz, y aborrece a su hermano, está todavía en tinieblas. [...]* ¹¹ *Pero el que aborrece a su hermano está en tinieblas, y anda en tinieblas, y no sabe a dónde va, porque las tinieblas le han cegado los ojos.*

Interpretación Verdad A: Aquellos que dicen que son salvos pero que no guardan los mandamientos de Dios u odian a los demás no son salvos.

Interpretación Verdad B: Los creyentes que dicen que ellos tienen compañerismo con Cristo Jesús pero no guardan los mandamientos de Dios u odian a su hermano no tienen compañerismo con Él.

El primer problema que tenemos que resolver es qué significa "conocemos" a Dios, porque esto es lo que se disputa en la situación descrita. Una interpretación de Verdad A toma esto como una declaración de que uno es salvo, mientras que la interpretación de Verdad B toma esto como una declaración del compañerismo íntimo con Jesucristo.

Es evidente que "le" se refiere a Jesucristo por el contexto que nombra a Jesucristo como nuestro Abogado y nuestra propiciación en los versos 1 y 2. También, el verso 6 dice que el creyente "debe andar como él anduvo". Jesús vivió una vida recta durante su ministerio en la tierra.

Una clave acerca del significado de "conocer" es el uso del término paralelo "permanece" en el verso 6. La diferencia entre creer y permanecer ya la hemos estudiado (vea Juan 8:31-32). *Permanecer* (de *menō*) significa *adherirse a, continuar en, quedarse en*; no significa *creer*. Estos lectores ya son creyentes, como se ha mostrado. *Permanecer* es una palabra para creyentes que denota un compañerismo íntimo con Dios. De la misma manera, la palabra "conocer" tiene un rango de significados que va desde conocer algo cognitivamente, a conocer algo experimentalmente o íntimamente. En Juan 14:7-9, vemos que aunque Felipe conocía a Cristo Jesús hasta cierto punto, realmente no le *conocía*. Después, Jesús oró por los discípulos salvos para que ellos pudieran conocer mejor a Dios y a Jesús (Jn. 17:3).

Juan les está enseñando que obedecer los mandamientos de Cristo es la manera de tener una profunda intimidad con Cristo, una reflexión de la verdad que Jesús enseñó en el Discurso del Aposento Alto (Jn. 14:21). Obedecer a Cristo es mostrar un íntimo amor por Él (Jn. 14:15). Un creyente no puede decir que conoce a Jesús íntimamente si está desobedeciendo Sus mandamientos. Si él hace una declaración tan descarada, está mintiendo. El mayor mandamiento que Jesús les dejó a Sus discípulos fue que se amaran unos a otros (Jn. 13:34). Esto puede ser un testimonio claro para otros de que ellos son Sus discípulos (Jn. 13:35). El amor por sus hermanos es la manera en la que los creyentes muestran que conocen a Dios íntimamente (1 Jn. 4:7-8), porque Dios es amor (1 Jn. 4:16). En el capítulo 1, Juan les dijo a sus lectores creyentes acerca de caminar en luz o en tinieblas. Él ahora demuestra esa verdad por la manera en la que los creyentes aman u odian a sus hermanos.

Nuestra espiritualidad no se afirma al gloriarnos, sino obedeciendo. Nuestra obediencia a los mandamientos de Cristo, especialmente el mandamiento de amar a otros, es una evidencia de que le conocemos a Él íntimamente al tener una relación perdurable. Es crucial que entendamos estas enseñanzas si hemos de profundizar nuestro caminar con el Señor.

Cualquiera que peca no ha conocido a Dios. 1 Juan 3:6, 9-10

> [6] *Todo aquel que permanece en él, no peca; todo aquel que peca, no le ha visto, ni le ha conocido [...]* [9] *Todo aquel que es nacido de Dios, no practica el pecado, porque la simiente de Dios permanece en él; y no puede pecar, porque es nacido de Dios.* [10] *En esto se manifiestan los hijos de Dios, y los hijos del diablo: todo aquel que no hace justicia, y que no ama a su hermano, no es de Dios.*

Interpretación Verdad A: Las personas que continúan pecando o no tienen amor por los demás no son salvos.

Interpretación Verdad B: Los creyentes que continúan pecando o no tienen amor por sus hermanos no tienen un compañerismo íntimo con Dios.

Mientras que la mayoría de los Cristianos admiten que todos los Cristianos pecan ocasionalmente, hay algunos que usan este pasaje para insistir en que los Cristianos no pueden pecar ocasionalmente y seguir siendo Cristianos. Específicamente, la falta de amor hacia otros es mencionada como una prueba de que esas personas perdieron su salvación o nunca fueron salvos.

Si esta interpretación de Verdad A es correcta, entonces esos versos pudieran contradecir lo que Juan dice en 1:8 y 9: "Si decimos que no tenemos pecado, nos engañamos a nosotros mismos, y la verdad no está en nosotros. Si confesamos nuestros pecados..." Los creyentes pecan y pecan con regularidad, y por eso es que Dios nos da una forma de tratar con los pecados a través de la confesión.

Otra vez, debemos notar que el problema no es *creer* en Cristo, sino *permanecer* en Él. Ya que permanecer habla de un conocimiento íntimo y de un compañerismo cercano, es fácil ver como Juan puede decir que aquellos que permanecen en Cristo (esto es, se quedan en el compañerismo con Él) no pecan. Juan dice que aquellos que pecan (esto es, los que no permanecen en Cristo) "no le ha visto, ni le ha conocido". Mientras que estos términos se pueden usar para la experiencia de la salvación (como Verdad A), Juan muy a menudo usa estos términos para la experiencia del creyente. *Visto* (de *horaō*) se puede referir a la percepción de uno y a la experiencia de algo (Jn. 6:36; 12:45; 14:9; 15:24; 3 Jn. 11), y hemos mostrado que *conocer* (de *epiginōskō*) puede denotar la adquisición o familiaridad de una persona, lo que llamamos compañerismo.

Algunos apoyan la interpretación de Verdad A al argumentar el uso del tiempo presente en los pasajes. Aquellos que dicen esto les gusta traducir el verbo como "se mantienen pecando" o "continúa practicando el pecado". Aun estas traducciones se reflejan en muchas versiones de la Biblia (NVI, DHH, TLA, RVA-2015). El resultado de esta interpretación es que describe a una persona que habitualmente o continuamente está pecando. Existen algunos problemas con esta opinión, sin embargo. Primero, si este fuera el significado del tiempo presente, requeriría más palabras para clarificar el sentido de habitual (así como debemos de clarificar el enunciado "él está maldiciendo" con palabras como "él está maldiciendo todo el tiempo"). A menos que existan palabras para clarificar, los lectores de Juan no hubieran supuesto un significado habitual para este tiempo presente. Parece que la interpretación habitual se deriva de un prejuicio teológico que supone que los Cristianos no van y no pueden permanecer en pecado. Otro problema que surge de esta interpretación de Verdad A es cómo determinar qué califica a un pecado como habitual. ¿Pudiera esto incluir enojo, lujuria, orgullo, y falta de oración? Y ¿qué tan seguido uno tiene que cometer el pecado para considerarlo habitual—una vez al día, una vez a la semana, una vez al mes, o cada año?

La clave para entender estas declaraciones acerca del pecado es lo que dice Juan en 3:5 acerca de Jesús: "y no hay pecado en él". El verso 6 simplemente está diciendo que cuando los creyentes permanecen en Cristo Jesús, es imposible pecar porque no hay pecado en Él. El verso 9 dice ellos no pueden pecar; en otras palabras, *el compañerismo con Cristo nunca resulta en pecado.* El Cristiano tiene una nueva naturaleza de Dios, o como lo dice el verso 9, tenemos Su "simiente". Un padre sin pecado produce hijos sin pecado. Esta vida divina en nosotros nunca se puede expresar a sí misma pecando. Por lo tanto, aquellos que pecan no están permaneciendo en Cristo, pero están sirviendo a sus viejos deseos pecaminosos corruptos. Esta lucha entre nuestra vida divina y nuestros deseos pecaminosos se describen en Romanos 7:14-25 y en Gálatas 5:16-25. En 1:8 de 1 Juan, él habla de Cristianos en su experiencia general, mientras que en 3:9, él habla de los Cristianos vistos a través de su nueva vida impecable.

Los verdaderos Cristianos pecan, algunas veces muy seria y repetidamente. Sabemos esto por experiencia y por el testimonio de las Escrituras. Pero Dios nos dio una forma de evitar el pecado—permanezca en Cristo. Cuando pecamos, podemos confesar nuestros pecados y restaurar el compañerismo con Dios. Jesús vino para quitar el pecado del mundo. Él hizo eso provisionalmente cuando Él murió en la cruz por todas las personas, y nos apropiamos del beneficio de Su muerte cuando creemos en Él como Salvador. Pero experimentamos los beneficios de Su sacrificio y del escape del pecado a través del compañerismo cuando permanecemos en Él.

Cualquiera que peca es del Diablo. 1 Juan 3:8, 10

> [8] *El que practica el pecado es del diablo; porque el diablo peca desde el principio. Para esto apareció el Hijo de Dios, para deshacer las obras del diablo [...]* [10] *En esto se manifiestan los hijos de Dios, y los hijos del diablo: todo aquel que no hace justicia, y que no ama a su hermano, no es de Dios.*

Interpretación Verdad A: Las personas que pecan son del diablo y no son salvas.

Interpretación Verdad B: Los creyentes que pecan muestran que la fuente de su inspiración es el diablo y no Dios.

A primera vista, el lenguaje tan fuerte de este pasaje parece decir que cualquiera que peca no es salvo. ¿Cómo pueden los hijos de Dios ser llamados hijos del diablo? Sin embargo, cuando comparamos otras Escrituras, vemos que semejante lenguaje de hecho puede encajar para los Cristianos.

- Jesús le dice a Pedro, "¡Quítate de delante de mí, Satanás!" (Mt. 16:23)

- Ananías le miente al Espíritu Santo porque Satanás le llenó su corazón. (Hch. 5:3)

- Pablo escribe que los Cristianos pueden ser cautivados por Satanás para hacer su voluntad. (2 Tm. 2:26)

- Santiago dice que los creyentes pueden escoger "sabiduría" demoniaca por encima de la de Dios. (Stg. 3:15-17)

Así que Juan igualmente usa un lenguaje muy fuerte que tiene precedentes.

Si este pasaje enseña que aquellos que pecan no son salvos, entonces todos los Cristianos profesantes no han sido salvos, porque todos los Cristianos pecan (lo hace claro en 1:7-10). Como vimos previamente con 3:6 y 9, interpretando el tiempo presente en verso 8 como "practica pecados" o "continúa pecando" no es un buen argumento porque depende de una sutil comprensión de algo que no es normal o aparente en el texto. Los Cristianos pecan, y lo hacen regularmente. Determinar lo que abarca el pecado habitual, que hace que se pierda la salvación es subjetivo y sin esquema escritural.

Para entender el contraste que hace Juan entre los hijos de Dios y los hijos del diablo, es bueno observar que en esta epístola Juan se apasiona con el contraste absoluto: Él habla de caminar en tinieblas o luz, de amar u odiar al hermano de uno, de vida y muerte, y de Cristo y el anticristo. Juan ve dos fuentes opuestas de orientación espiritual.

En 3:8 y 10, Juan está diferenciando dos fuentes opuestas para el comportamiento del Cristiano. En 3:9, cuando él declara que el creyente en su persona regenerada no puede pecar porque Jesucristo no puede pecar, él implica que el pecado debe provenir de otra fuente. En 3:8, él nombra la fuente como el diablo quien "peca desde el principio". El diablo engaña al hombre para que peque, para que sea controlado por el pecado. Satanás y Jesucristo están en desacuerdo en sus propósitos y caracteres, por eso Jesús vino a deshacer las obras del diablo (v. 8).

Cuando los creyentes pecan, versos 8 y 10 nos recuerda que ellos están manifestando la inspiración-de-Satanás a producir pecado, así como cuando los creyentes hacen lo correcto, ellos manifiestan la vida divina dada-por-Dios (v. 9). La palabra "hijos" (*tekna*) no implica una relación biológica o genética, pero muy a menudo se usa para describir a aquellos que tienen características derivadas de otra persona en el sentido de un tipo o clase de personas (vea Mt. 11:19/Lc. 7:35; Ga. 4:31; Ef. 2:3; 5:8; 1 Pe. 3:6). Juan simplemente está diciendo que aquellos creyentes que pecan muestran que la fuente final de sus acciones es el diablo, no Cristo.

Juan sigue y usa a Caín asesinando a Abel como una ilustración física de esta verdad espiritual (3:12). Este ejemplo no es una declaración acerca de si Caín fue salvo o no, sino que sólo nos muestra su actitud envidiosa y el acto atroz que fue inspirado por Satanás. En su Evangelio, Juan relata la declaración de Jesús de que el diablo "ha sido homicida desde el principio" (Jn. 8:44).

Esta es una desafortunada realidad de Verdad B que ambas, las Escrituras y la experiencia contemporánea, enseñan que los Cristianos pueden hacer el trabajo del diablo. Cualquiera que ha visto a Cristianos involucrados en inmoralidad sexual, divisiones de iglesias, abuso de niños, o fraude con el dinero del ministerio debe reconocer la influencia satánica que está detrás del pecador. Es demasiado simplista considerar a estos perpetradores como personas no salvas. ¿Por qué otra razón Dios nos instruiría a practicar la disciplina en la iglesia y a hacer acciones de restauración en el Nuevo Testamento? El pecado no prueba que uno no es un Cristiano. Este sólo muestra que existen dos realidades conflictivas compitiendo por la lealtad del creyente. Como Cristianos, podemos escoger entre manifestar nuestra vida divina dada-por-Dios, o nuestra pecaminosidad inspirada-por-Satanás.

El pecado lleva a la muerte. 1 Juan 5:16

> *"Si alguno viere a su hermano cometer pecado que no sea de muerte, pedirá, y Dios le dará vida; esto es para los que cometen pecado que no sea de muerte. Hay pecado de muerte, por el cual yo no digo que se pida".*

Interpretación Verdad A: Algunos pecados van a causar que el creyente pierda su salvación y que vaya al infierno o probarán que ellos realmente nunca fueron salvos.

Interpretación Verdad B: Algunos pecados van a llevar a la insensibilidad en el compañerismo del creyente con Dios y aún a una muerte prematura.

Este pasaje muestra la seriedad de ciertos pecados. Juan escribe acerca de un pecado que lleva y un pecado que no lleva a la muerte. Lo que uno entienda por la muerte que se menciona lo va a llevar a una perspectiva de Verdad A o Verdad B en este difícil pasaje.

Nuestra primera observación es que "alguno" debe ser un Cristiano ya que esa es la audiencia a la cual les escribe Juan en relación a los "hermanos" lectores. También recordamos que existen diferentes significados para la palabra muerte como muerte espiritual, muerte eterna, apatía espiritual, y muerte física. Pero ¿de cuál se está hablando aquí?

Podemos empezar por descartar nuestra muerte eterna porque Juan les está escribiendo a Cristianos genuinos y los hermanos genuinos que él supone que son salvos y que por lo tanto, no pueden perder su salvación. Por esta misma razón, descartamos la muerte como una separación espiritual de Dios. Esto nos deja las posibilidades de una apatía espiritual y muerte física, o tal vez ambas ya que una lleva a la otra.

Juan habló anteriormente de pasar de muerte a vida y de permanecer en muerte en 3:14. Eso parece referirse a la falta de vitalidad espiritual o apatía espiritual para los que no aman a sus hermanos. Pero también es una evidencia bíblica de que los creyentes pecan y mueren físicamente (Hch. 5:1-11; 1 Co. 11:27-32) por cometer serios pecados en contra de la iglesia. Pudiera ser que en 5:16 Juan tiene en mente los graves pecados que los herejes estaban perpetrando en la iglesia de Éfeso a quién él le escribe (vea 1:8, 10; 2:18-19, 22-23; 3:7; 4:1-3). Si los creyentes en Éfeso siguen esas enseñanzas o rechazan mostrar amor hacia sus hermanos, les va a traer apatía espiritual y tal vez también la muerte física. Todo pecado trae muerte, pero funciona como una progresión de muerte espiritual a muerte física. Semejante pecado es tan serio que al creyente se le ordena no orar por el pecador, aunque él pueda escoger hacerlo.

Esta amonestación continúa la discusión anterior de Juan acerca de la importancia de amar a su hermano de los capítulos 3-5 y su amonestación inmediata de orar expectantemente a Dios (5:14-15). Pecados lamentables traen lamentables consecuencias. Traen separación entre el creyente y Dios resultando en apatía espiritual, y puede traer Su disciplina final de muerte física. Debemos orar con confianza por aquellos que cometen algún pecado, pero por los otros que pecan más seriamente, no tenemos la seguridad de la respuesta a la oración. Esta perspectiva de Verdad B debe advertirnos acerca de cometer pecados serios, y motivarnos para orar por aquellos que están pecando.

Cualquiera que hace al mal no ha visto a Dios. 3 Juan 11

"Amado, no imites lo malo, sino lo bueno. El que hace lo bueno es de Dios; pero el que hace lo malo, no ha visto a Dios".

Interpretación Verdad A: Aquellos que hacen maldad no son salvos.

Interpretación Verdad B: Creyentes que hacen maldad evidencian una falta del conocimiento íntimo de Dios.

La clave para interpretar este pasaje es el significado de la frase "no ha visto a Dios". ¿Esto se refiere a alguien que no es salvo eternamente, o a alguien que es salvo pero que está ciego al verdadero carácter de Dios? Nos hubiera ayudado si Juan hubiera usado la familiar primera persona plural "nosotros" que tan comúnmente usa en sus epístolas—hubiéramos podido concluir que él está hablando de la experiencia de los Cristianos que no "ven" el verdadero carácter de Dios. Pero Juan usa la tercera persona "el". Esto tiene sentido en el contexto porque Juan ha mencionado a Diótrefes, quien está actuando mal (vv. 9-10), y después menciona a Demetrio, quien está haciendo bien (v. 12).

Juan exhorta al "amado" Cristiano Gayo, probablemente el líder de la iglesia de Éfeso, a imitar a aquellos como Demetrio, no a aquellos como Diótrefes. Ciertamente, como Cristiano, es posible que Gayo tome cualquier opción. La exhortación de Juan se basa en el hecho de que el que hace el bien es de Dios y el que hace el mal no ha visto a Dios. Como ya hemos visto en 1 Juan, ser "de Dios" es mostrar que Dios es la fuente de la inspiración de las acciones de uno (1 Jn. 3:10). Por el otro lado, alguien que "no ha visto a Dios" está caminando en tinieblas (1 Jn. 1:6) y está actuando en ceguera espiritual. Todos los pecados se originan cuando perdemos de vista a Dios (1 Jn. 3:9). La idea de ver a Dios se refiere a la percepción de uno y a la experiencia de algo (cf. Lc. 3:6; Jn. 6:36; 12:45; 14:9; 15:24; y vea el estudio de Heb. 12:14), entonces no ver a Dios es una percepción nublada o una falta del conocimiento íntimo de Dios.

Algunos pueden argumentar que el presente participio ("El que hace lo bueno/el que hace lo malo") sugiere una acción continua o habitual. Pero como ya vimos en 1 Juan 3:6 y 9, esto es extender el uso del presente más allá de su intención, que simplemente es declarar una acción (cf. Jn. 6:33).

La importante Verdad B que tomamos de este pasaje es que si quitamos nuestros ojos de Dios, nosotros también vamos a hacer mal y vamos a mostrar una falta de familiaridad con el carácter y la naturaleza de Dios. Cuando hacemos el bien sin embargo, mostramos que Dios es la fuente de nuestra acción. Como Gayo, debemos evitar comportarnos como aquellos que están ciegos espiritualmente e imitar a aquellos que tienen un conocimiento íntimo de Dios.

Él es poderoso para guardarlos sin caída. Judas 24

> *"Y a aquel que es poderoso para guardaros sin caída, y presentaros sin mancha delante de su gloria con gran alegría".*

Interpretación Verdad A: Dios no va a permitir que los verdaderos Cristianos se tropiecen para que ellos tengan una entrada garantizada en el cielo.

Interpretación Verdad B: Dios puede hacer que los Cristianos no tropiecen para que ellos tengan una buena presentación en el Tribunal de Cristo.

Aquellos que han interpretado este pasaje como Verdad A encuentran un apoyo para la doctrina de la Perseverancia de los Santos (todos los verdaderos creyentes van a continuar en fe y buenas obras hasta el final de sus vidas). Ellos creen que Dios va a mantener a cada Cristiano de finalmente sucumbir al pecado. Esto prueba su salvación y garantiza su entrada al cielo.

Sin embargo, si notamos cuidadosamente el lenguaje utilizado, el pasaje no dice que Dios "va a guardaros sin caída"; pero que Dios "es poderoso para guardaros sin caída". Decir que Dios *es poderoso* es diferente a prometer que Él *va* a hacer algo. Los lectores de Judas fueron advertidos extensamente acerca de los falsos maestros entre ellos (vv. 4-16), entonces se les exhorta a que tomen acciones preventivas (vv. 17-23). La implicación del verso 24 es que *si* ellos toman esas acciones, Dios puede mantenerlos de que caigan en el error y el pecado.

Muy a menudo se asume que la presentación sin mancha y alegre es una entrada al cielo. Nosotros sabemos que la justificación del creyente le permite entrar al cielo sin culpa y con la justicia de Cristo. Pero esa verdad impuesta aquí omite las declaraciones acerca de Dios manteniendo al creyente de caer. El estatus "sin mancha" debe significar que el creyente va a ser guardado de caer en el error y los caminos de los falsos maestros. Esta no es una condición para la salvación eterna, pero una condición para una buena y alegre presentación delante del Tribunal de Cristo. Esta importante Verdad B nos debe ser familiar para ahora: Todos los Cristianos debemos de dar cuentas de nosotros mismos ante el Tribunal de Cristo (Ro. 14:10; 2 Co. 5:10). Ya hemos visto también que el objetivo, como lo expresa el Apóstol Pablo, es presentar a cada creyente como "santos, y sin mancha, e irreprensibles" (Col. 1:22) y "perfectos" (o completos) en el juicio. Como lo implica Judas, Pablo condiciona dicha presentación a continuar en fe y constantes en la fe (Col. 1:23). Pedro nos ayuda también. En 2 Pedro 1:10-11, él declara que nuestro crecimiento espiritual (2 Pe. 1:5-9) nos va a guardar de caer (2 Pe. 1:10) y nos va a dar una amplia y generosa entrada en el reino de nuestro Señor (2 Pe. 1:11). Los Cristianos fieles no sólo tienen entrada en el cielo; a ellos también se les da "generosamente", lo cual habla de la calidad de la entrada.

La lección para los Cristianos es depender de Dios y Su poder y verdad para guardarnos de caer en el error y la conducta de Sus enemigos. Si hacemos esto, vamos a disfrutar una presentación de alta-calidad delante del Señor Jesús en Su Tribunal.

El Apocalipsis

11

S EPARANDO LA VERDAD A de la Verdad B en el Apocalipsis es un reto único porque es un libro único. Lo más importante es considerar su posición única en el Nuevo Testamento como literatura apocalíptica, la que típicamente está llena de símbolos, visiones, eventos catastróficos, y lenguaje figurado. No solamente eso, pero debemos de interpretar algunos pasajes desde la perspectiva de los eventos futuros.

Los vencedores. Apocalipsis capítulos 2-3

"Al que venciere..." o *"El que venciere..." (Ap. 2:7, 11, 17, 26; 3:5, 12, 21).*

Interpretación Verdad A: Los vencedores son los creyentes a los que se les promete un aspecto de la vida eterna que describe la entrada al cielo

Segunda Interpretación Verdad A: Los vencedores son los creyentes que vencieron al pecado y perseveraron en la fe para probar que ellos fueron genuinamente salvos y se les promete un aspecto de la vida eterna que describe su entrada en el cielo.

Interpretación Verdad B: Los vencedores son creyentes que son fieles en la tentación y se les prometen recompensas en el reino y la eternidad.

Las cartas a las Siete Iglesias en estos dos capítulos tienen una estructura similar. Cada una empieza con un saludo al "ángel" de la iglesia, recuerda un atributo del Señor del capítulo 1, y después de algún elogio, advertencia, y exhortación, existe una promesa al "vencedor". La identidad y la promesa que se le hace al vencedor es lo que reta nuestra comprensión de las promesas como Verdad A o Verdad B. vamos a considerar todas las siete como una unidad en lugar de tratar a cada una individualmente. Algunos pasajes especialmente difíciles se van a considerar individualmente.

Un par de asuntos preliminares merecen un comentario. Se ha debatido si las siete cartas a las iglesias representan iglesias históricas del tiempo en el que escribió Juan, todas las iglesias al mismo tiempo, o iglesias de tiempos históricos separados. Podemos desechar la última por ser muy subjetiva para definirse. Juan parece que les escribe a iglesias contemporáneas con las que estaba familiarizado acerca de los asuntos que son relevantes a las iglesias de todos los tiempos. Otra discusión es la identidad del "ángel" mencionada al inicio de cada carta. Algunos piensan que es un ángel guardián de la iglesia, pero otros piensan que se refiere al pastor de la iglesia. La palabra *angelos* puede significar *mensajero* en general o *ángel* específicamente. En un nivel práctico, parece que escribir una carta al pastor como el mensajero de la iglesia sería normal. Sin embargo, la identidad del mensajero no tiene relación con la interpretación final de Verdad A o Verdad B.

La designación de "iglesia" aplicada a estas congregaciones locales supone que eran grupos locales que se identificaron con Cristo Jesús. También parece tangible suponer que para que la carta se les mande a ellos, deben existir por lo menos algunas personas salvas en cada congregación. Que el Señor exprese Su preocupación a través del regaño, las advertencias, la llamada al arrepentimiento, y la exhortación muestra Su deseo de restaurar a los creyentes negligentes en lugar de llamar a los incrédulos a la salvación.

Muchos creen que el vencedor (de *nikaō, ganar, ser victorioso*, por lo tanto *vencedor*) en Apocalipsis 2-3 es simplemente otro nombre para uno que ha creído en Jesucristo como Salvador (la primera interpretación Verdad A). Ellos normalmente se refieren a 1 Juan 5:4-5:

> *Porque todo lo que es nacido de Dios vence al mundo; y esta es la victoria que ha vencido al mundo, nuestra fe. ¿Quién es el que vence al mundo, sino el que cree que Jesús es el Hijo de Dios?*

Sin embargo, la epístola de Juan tiene un contexto muy diferente al de Apocalipsis. En su epístola, Juan habla de la victoria que la fe en Cristo le da al creyente de-una-vez-por-todas sobre la condenación de este mundo y la victoria que puede seguir teniendo si vive por la fe (note el tiempo presente). En una opinión un poco diferente, la segunda interpretación de Verdad A ve a los vencedores como creyentes que han probado su salvación al obedecer fielmente hasta el final de sus vidas. Pero en Apocalipsis, Juan habla de dos grupos de creyentes—aquellos que recibieron el regalo de la salvación gratuitamente (Ap. 21:6) y aquellos que reciben los privilegios completos de la herencia y la filiación al vencer (21:7). En Apocalipsis 2-3, los vencedores viven fielmente a través de diferentes tipos de tribulaciones específicas en cada iglesia local. El vencedor es el creyente que pasa victoriosamente por la tribulación específica. En 2:26, Jesús define al vencedor como uno que "guardare mis obras hasta el fin".

El problema con tomar los pasajes del vencedor como una Verdad A es evidente. Si el *vencedor* es simplemente otro nombre para el creyente, entonces la salvación puede ser por obras, porque en cada contexto, las obras son involucradas implícita o explícitamente para vencer. Aún más, si todos los creyentes son vencedores, entonces no existe espacio para los que fallan y aún mueren en su pecado (1 Co. 11:30; 1 Jn. 5:16). Esto también es inconsistente con nuestra propia experiencia como Cristiano y nuestra observación de las experiencias de otros creyentes (a menos que deseemos admitir que nosotros y ellos no somos salvos). Los mandamientos y las advertencias en las cartas a las iglesias están vacías y son innecesarias si los que las lean tienen garantizado que ellos van a vencer en base a su propia justificación o si ellos tienen la garantía de que van a perseverar en fidelidad porque ellos son los verdaderos elegidos de Dios. Que Cristo Jesús diga "yo he vencido, y me he sentado con mi Padre en su trono" (3:21) prueba que la referencia a vencer se refiere a circunstancias difíciles, no a la salvación.

Aunque todos los creyentes han vencido la condenación del mundo a través de la fe en Jesucristo como Salvador, algunos creyentes—como los de Apocalipsis 2-3—se les reta a que venzan las circunstancias difíciles en sus vidas e iglesias. Al que venciere, se le prometen las recompensas:

- Se le va a permitir comer del árbol de la vida en el paraíso de Dios (2:7). Que el vencedor está en el paraíso se supone que es la base para el privilegio de comer del árbol de la vida.

- Él no será dañado por la muerte segunda (2:11). Ellos tienen una garantía muy fuerte de su seguridad eterna.

- A él se le dará de comer del maná escondido y una piedra blanca con un nuevo nombre en ella. (2:17)

- Estos nuevos privilegios obviamente son más que sólo entrar al cielo.

- A él se le dará poder sobre las naciones y se le dará la estrella de la mañana (2:26-28). Todos los creyentes van a reinar con Cristo, pero algunos van a tener más poder e intimidad con Cristo. (Mt. 25:21, 23)

- Será vestido con vestiduras blancas y su nombre no será borrado del libro de la vida y su nombre será confesado delante de Dios y Sus ángeles (3:5). Las vestiduras pueden indicar la limpieza o el honor como un contraste con los de esa iglesia que mancharon sus vestidos (3:4). La promesa de nunca borrar su nombre del libro de la vida es una confortante afirmación de la salvación eterna (vea el estudio siguiente), y la confesión delante de Dios y Sus ángeles también es una manera de honrar el vencedor fiel.

- El será hecho pilar en el templo de Dios y el nombre de Dios, la Nueva Jerusalén, y el nuevo nombre de Cristo se escribirán en él (3:12). Esta promesa también supone que el vencedor está en la presencia de Dios por eso puede disfrutar esos privilegios especiales y la intimidad con Dios.

- A él se le garantiza sentarse con Cristo en Su trono (3:21). Esto habla de una participación en el gobierno del reino de Cristo, no solamente estar en la presencia con Cristo.

En total, si estas promesas simplemente hablan de entrar al cielo, entonces de verdad que se usa un lenguaje misterioso. Sin embargo, si ellos hablan de varias recompensas en el reino y la eternidad, entonces la variedad y las imágenes tienen más sentido, aunque algunas imágenes son difíciles de entender.

La justicia de Dios también está en cuestión, porque si todos los creyentes son vencedores y reciben todos estos beneficios, ¿Será justo para aquellos que son fieles en las tribulaciones mientras que los demás no lo son? Como Cristianos, Jesús nos garantiza que tiene sus ventajas el ser fiel en las circunstancias.

No borraré su nombre. Apocalipsis 3:5

"El que venciere será vestido de vestiduras blancas; y no borraré su nombre del libro de la vida, y confesaré su nombre delante de mi Padre, y delante de sus ángeles".

Interpretación Verdad A: El verdadero creyente no va a perder su salvación, o el creyente que no permanece fiel va a perder su salvación.

Interpretación Verdad B: El creyente vencedor tiene garantizado un futuro seguro.

Existen tres promesas en este verso, pero la que más se menciona es la garantía acerca del Libro de la Vida, lo que se toma como el registro de todos los que son salvos. Aquellos que piensan que todos los creyentes son vencedores dicen que esta es la promesa del Señor de que ellos nunca van a perder su salvación. Otra interpretación que se encuentra entre los que piensan que los Cristianos pueden perder su salvación es que ellos no pueden perder su salvación siempre y cuando ellos sean fieles. Esto, por supuesto, puede significar que ellos *pueden* perder su salvación si ellos dejan de ser victoriosos. Ambas interpretaciones de Verdad A igualan las promesas acerca de ser vestido con ropas blancas y que se confiese el nombre de uno delante del Padre y Sus ángeles con simples promesas de la salvación eterna o los eventos concernientes con la salvación eterna.

Los problemas de tomar estas promesas sólo como referencia a la salvación ya los hemos estudiado, el problema mayor es que la salvación dependería de nuestro desempeño en lugar de la gracia de Dios. Las vestiduras blancas algunas veces se interpretan como los creyentes vestidos con la justicia de Cristo Jesús, una indicación de su justificación. Pero el contexto inmediato (v. 4) habla de aquellos que no han manchado sus vestiduras y que son dignos de caminar con el Señor vestidos de blanco. Esto claramente habla de sus obras y fidelidad que los hace dignos de una recompensa—caminar con Cristo vestidos de blanco parece denotar un compañerismo especial o un privilegio. Más adelante en Apocalipsis, las vestiduras blancas se refieren a las acciones justas, no a la justificación (19:8, 14). Hemos mostrado que confesar el nombre de uno delante del Padre (y Sus ángeles) habla de recompensa como elogio, no justificación (vea el estudio en Mt. 10:32-33). ¿Qué tienen que hacer los ángeles con la justificación de uno de cualquier manera?

Entonces, ¿Qué quiere decir el Señor cuándo Él dice que Él no borrará el nombre del vencedor del Libro de la Vida? *Eso significa exactamente eso.* Esta es una garantía de que esto nunca puede pasar. El Libro de la Vida se debe entender a la luz de Daniel 12:1 como un registro de las personas elegidas de Dios. Jesús está usando un lenguaje figurativo conocido como subestimación, una subestimación es un enunciado que usa algo negativo para enfatizar algo positivo. Es como si alguien rompe el récord de pesca y alguien le pregunta cómo le fue. Él puede decir "Nada mal", con lo que quiere decir "¡Fantástico!" O si alguien invita a un amigo a su fiesta de Acción de Gracias y le dice "¡No te vas a morir de hambre!" Usted sabe lo que quiero decir. (Algunos ejemplos de subestimación en las Escrituras incluyen Jn. 6:37, Hch. 20:12, 1 Co. 10:5; Heb. 6:10; Ap. 2:11). Esta promesa es una fuerte y abrumadora seguridad disfrutada por los que venzan las circunstancias difíciles, esto, a pesar de cualquier adversidad en la tierra (incluyendo la muerte, 2:10), ellos nunca jamás serán excluidos de la compañía de aquellos que son salvos eternamente. No debemos hacer una implicación de lo contrario—que Cristo va a remover el nombre de un creyente del Libro. La intención de la promesa es elogiar y consolar, no amenazar. Existe una pizca de honor especial porque el "nombre" de uno sobresale por la reputación de uno, y la promesa paralela en el pasaje es la confesión de Jesús del nombre de uno delante del Padre y de Sus ángeles. Tal vez podemos decir que además de ser anotados para siempre, los fieles vencedores reciben mención honorífica en ambas formas por escrito y verbalmente.

Te vomitaré de Mi boca. Apocalipsis 3:15-16

> [15] *Yo conozco tus obras, que ni eres frío ni caliente. ¡Ojalá fueses frío o caliente!* [16] *Pero por cuanto eres tibio, y no frío ni caliente, te vomitaré de mi boca.*

Interpretación Verdad A: Los Cristianos profesantes que espiritual-mente se confían demasiado serán rechazados por Cristo de la vida eterna porque ellos no son salvos.

Interpretación Verdad B: Los Cristianos que espiritualmente se confían demasiado no son de utilidad para Cristo y le son repugnantes a Él.

Todos hemos tenido la experiencia de esperar una buena taza de café (té o chocolate caliente para algunos) sólo para darse cuenta de que ha estado servido por tanto tiempo que ya se enfrió a la temperatura ambiente. De la misma manera, una bebida fría que se calienta dentro de un carro en un día soleado simplemente es desagradable. La escupimos o la tiramos. Desagradable. Repulsivo. Nada refrescante.

El contexto nos recuerda que Jesús le hablo´ esas palabras a una iglesia. Esto supone que Él por lo menos les está hablando a algunos creyentes allí. Pero tiene más sentido suponer que todos ellos se han identificado como Cristianos. Jesús dice que Él desea que ellos fueran o fríos o calientes. Muy a menudo se supone que "calientes" se refiere a los Cristianos. Pero si esto es así, ¿A qué se puede referir "fríos"? No puede ser a los no salvos o aún creyentes infieles, porque Jesús dice que Él prefiere que sean fríos a que sean tibios.

Este dilema de interpretación viene de tomar en cuenta todos los detalles de una analogía en lugar de enfocarse en el punto principal. Jesús simplemente está diciendo que Él desea que los creyentes de Laodicea fueran refrescantes o útiles (fríos o calientes) en lugar de desagradables e inútiles (tibios). Sin importar sus riquezas, ellos son tan ciegos y están tan ensimismados en sí mismos que ellos ya no son refrescantes para nadie, mucho menos para el Señor. La imagen del vómito se usa para resaltar el punto de que los creyentes de Laodicea se confiaron demasiado espiritualmente y se ensimismaron en sí mismos y ahora son inútiles y por lo tanto insípidos. Tampoco debemos hacerle mucho caso a la amenaza de Jesús de vomitarlos de su boca. En el contexto, esto simplemente habla de que es desagradable, aunque también puede implicar algún tipo de rechazo (¿De las recompensas?) y de castigo, pero no del infierno.

La interpretación Verdad B tiene mucho más sentido aquí y sirve como una advertencia para los Cristianos de hoy para que no nos confiemos de más. Aquellos que descuidan sus prioridades espirituales no sólo son inútiles para el servicio de Dios, pero son penosos y desagradables para Él.

Llamando a la puerta. Apocalipsis 3:20

"He aquí, yo estoy a la puerta y llamo; si alguno oye mi voz y abre la puerta, entraré a él, y cenaré con él, y él conmigo".

Interpretación Verdad A: Jesús está llamando a la puerta de los corazones de las personas buscando entrar y salvarles.

Interpretación Verdad B: Jesús quiere estar en medio de la iglesia y tener compañerismo con los creyentes.

"Pide que Jesús entre en tu corazón" ha sido la invitación estándar para la salvación usada casi en todos lados. Esa invitación se basa en este pasaje: "Jesús está llamando a la puerta de tu corazón - ¿No vas a dejar que Él entre?" Pero ¿Este pasaje habla de ser salvo, como una Verdad A?

Como se mencionó en el estudio anterior, Jesús le está hablando a la iglesia, la única iglesia de las siete de Apocalipsis 2-3 a la que Él no elogia por nada. Aun así, es una iglesia, aunque son complacientes. Su invitación es a "comprar oro" y "vestiduras blancas" de Él. Esto no puede hablar de la salvación gratuita que Jesús le ofrece al incrédulo (22:17). Ya hemos visto como las vestiduras blancas hablan de los actos justos de los creyentes (vea el estudio anterior de Ap. 3:5). El consejo de ungir sus ojos con colirio para que ellos puedan ver, también se puede aplicar a los Cristianos que pueden estar cegados a su condición egoísta y a la voluntad de Dios (2 Pe. 1:9). Estas son persona a las que Jesús ama y regaña como Sus hijos (3:19; cf. Heb. 12:5-7), por lo tanto, una interpretación Verdad B tiene más sentido. El mensaje a estos y otros creyentes desobedientes en Apocalipsis capítulos 2 y 3 no es para ser salvos, sino para arrepentimiento de lo que no le agrada al Señor.

Jesús no está "llamando" a los corazones de las personas. Él está llamando a la iglesia para que le permitan estar entre ellos a través del arrepentimiento. El mandamiento de ser "celoso y arrepiéntete" (v. 19) es ilustrado por el verso 20, que muestra cómo estos creyentes se pueden arrepentir al responder a la invitación de Jesús de renovar su compañerismo con Él. Jesús ha sido excluido del compañerismo de la iglesia, por eso Él llama buscando entrar. Ya que la iglesia está formada por individuos, la invitación es para cualquiera que "escuche" y "abre la puerta", una ilustración de receptividad. El resultado prometido es que Jesús entrará "en" él. Es importante saber que el lenguaje original que uso Jesús. Él no dijo "en" para enfatizar *contacto con* (que usaría el griego *eis*), pero él dijo "en" para enfatizar *movimiento hacia* (usando el griego *pros*). Los diferentes énfasis entre las dos preposiciones se puede ver en Juan 6:35: "el que a mí viene (*pros*), nunca tendrá hambre, y el que en Mí (*eis*) cree, no tendrá sed jamás". Jesús vendrá *a* la persona a donde esté la persona receptiva (no *adentro* de él) para comer juntamente con él.

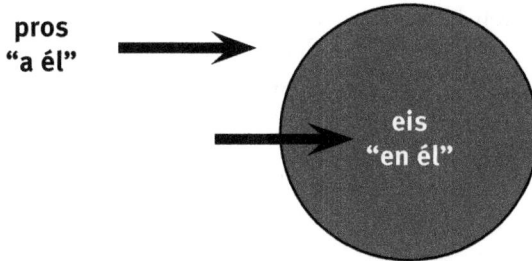

La imagen de comer juntos captura un compañerismo común en la Biblia y en la cultura. La recompensa de sentarse con Jesús en Su trono en verso 21 no es el resultado de la salvación, sino una recompensa por haber conquistado o ser un Cristiano victorioso.

En el contexto general, Apocalipsis no es un libro escrito con el propósito explícito de decirle a las personas cómo tener vida eterna como el Evangelio de Juan (Jn. 20:31). El Evangelio de Juan nunca usa la palabra *arrepentirse* pero usa *creer* casi cien veces, muy a menudo como la condición para la salvación. Esto en sí mismo es una razón suficiente para no usar las palabras del Apocalipsis como nuestro modelo de invitación evangelístico. Cuando el Apocalipsis incluye una clara invitación de salvación en 22:17, esta imita las invitaciones del Evangelio de Juan con "Venga" y "tome del agua de la vida" (Jn. 4:10; 6:37, 44, 65).

¡No les diga a las personas que no son salvas que le pidan a Jesús que entre en sus corazones! Díganles que crean en Cristo Jesús como el único que murió por sus pecados, se levantó, y les garantiza la salvación eterna. Pero si usted o su iglesia están muy confiados espiritualmente, entonces arrepiéntanse y restablezcan su compañerismo con el Salvador quien les ama y quiere tener un compañerismo cercano con ustedes.

El juicio del Gran Trono Blanco. Apocalipsis 20:11-15

[11] *Y vi un gran trono blanco y al que estaba sentado en él, de delante del cual huyeron la tierra y el cielo, y ningún lugar se encontró para*

ellos. [13] *Y el mar entregó los muertos que había en él; y la muerte y el Hades entregaron los muertos que había en ellos; y fueron juzgados cada uno según sus obras.* [14] *Y la muerte y el Hades fueron lanzados al lago de fuego. Esta es la muerte segunda.* [15] *Y el que no se halló inscrito en el libro de la vida fue lanzado al lago de fuego.*

Interpretación Verdad A: Todas la personas van a comparecer en un juicio final en el Gran Trono Blanco en donde sus obras les van a dar la evidencia de su salvación o no.

Segunda Interpretación Verdad A: Solo los no creyentes van a ser condenados finalmente en el juicio del Gran Trono Blanco en donde sus obras van a determinar la severidad de sus castigo.

Una de las más grandes diferencias entre Verdad A y Verdad B que el estudiante de la Palabra de Dios debe reconocer es la diferencia entre los dos juicios de las Escrituras. Todas las personas van a encarar un juicio delante de Dios (Heb. 9:27), sin embargo, los juicios son diferentes para los creyentes y para los no creyentes. Los creyentes encararán el Tribunal de Cristo en donde sus obras serán evaluadas y probadas (Ro. 14:10-12; 1 Co. 3:11-15; 2 Co. 5:10). Este juicio aparentemente sucede antes o después del inicio del reino del milenio. No es un juicio para su salvación, porque Jesús promete en Juan 5:24, "De cierto, de cierto os digo: El que oye mi palabra, y cree al que me envió, tiene vida eterna; y no vendrá a condenación, mas ha pasado de muerte a vida".

El juicio de Apocalipsis 20:11-15 es diferente al del Tribunal de Cristo. Este es usualmente llamado el juicio del Gran Trono Blanco y toma lugar al final de reino del milenio. Es un juicio sólo para los incrédulos. Yo lo he designado a la Verdad A, pero tiene implicaciones de Verdad B, porque los creyentes se deberían de consolar al saber que son excluidos de este juicio. Todos los que resucitaron antes de Apocalipsis 20:11, algunos en el Rapto de la iglesia y algunos al inicio del gobierno de Cristo Jesús en el milenio (Ap. 20:4). Todos los que creyeron durante el milenio (algunos de ellos nacidos durante el milenio) tal vez serán transformados inmediatamente después de creer porque "la carne y la sangre no pueden heredar el reino de Dios" (cf. 1 Co. 15:50-54). Las Escrituras no nos dicen cuándo van a ser juzgados o si ellos van a necesitar ser juzgados, ya que ellos estarán viviendo vidas transformadas. Esto deja a "los otros muertos" que van a resucitar al final del reino de los mil años (Ap. 20:5). Estos estarán delante de Dios en dónde los registros de sus obras serán revisadas y la ausencia de sus nombres en el Libro de la Vida también será verificado (20:12) delante de ellos y serán lanzados en el lago de fuego (20:15).

La observación principal que debemos hacer es que los que sean juzgados en el juicio del Gran Trono Blanco nunca se les da una designación o destino como creyentes. Todos ellos son lanzados en el lago. Pero antes de eso, ellos son juzgados por sus obras. Es su incredulidad en Cristo como Salvador lo que los condena a su feroz destino, pero sus obras pasadas evidentemente determinan la severidad del castigo eterno, porque el texto dice que ellos son juzgados "según sus obras". Tiene sentido que un asesino violador pudiera experimentar un juicio más severo que el incrédulo hombre de familia.

Interpretar el juicio de Apocalipsis 20:11-15 correctamente es un consuelo para los Cristianos porque nuestros pecados y nuestro destino eterno ya han sido juzgados. Solo los incrédulos van a encarar el prospecto aterrorizante del juicio final y la sentencia al Lago de fuego. Nosotros también debemos ver cómo las obras son importantes en la vida de cada persona. Para el Cristiano, ellas determinan las recompensas eternas (o la falta de las recompensas), y para el no-Cristiano ellas determinan la severidad de su sufrimiento eterno. No podemos de ninguna manera hacer que este pasaje diga que las obras de uno van a ser la prueba final de la determinación de la salvación de uno.

Los pecadores y la muerte segunda. Apocalipsis 21:8

"Pero los cobardes e incrédulos, los abominables y homicidas, los fornicarios y hechiceros, los idólatras y todos los mentirosos tendrán su parte en el lago que arde con fuego y azufre, que es la muerte segunda".

Interpretación Verdad A: Los que pecan más severamente irán al infierno, incluyendo los que profesan ser Cristianos pero que cometen estos pecados o aquellos Cristianos que al cometer estos pecados perdieron su salvación.

Interpretación Verdad B: En contraste con los creyentes y los fieles Cristianos vencedores que están en la presencia de Dios, estos pecadores incrédulos van a perecer en el lago de fuego.

No existe duda acerca del destino de los que se mencionan en este pasaje—ellos están consignados al castigo eterno en el Lago de fuego. Leímos anteriormente que este Lago es el destino de todas las personas no salvas. Sin embargo, este pasaje hace parecer que sólo los que pecan más severamente perecerán o que sus pecados son la razón de su castigo. Algunos van a argumentar que los creyentes que practican semejantes pecados severos van a perder su salvación y sufrirán en el Lago de fuego.

Al leer el pasaje honestamente debemos admitir que no todos los pecados enlistados son muy severos. La lista incluye "cobardes" (*deilos*, significa *tímido* o *temeroso*) y "mentirosos". Ciertamente esto amplia la aplicación para todos o casi todos los Cristianos, entonces no pueden ser estos pecados específicos los que prueban si uno es no-salvo o que puede perder su salvación.

El punto de mencionar a los incrédulos y sus pecados en este pasaje es para contrastar (v. 8 empieza con "Pero") su destino con el de todos los creyentes. El texto implica que existen aquellos creyentes que han recibido del agua de la vida eterna gratuitamente (v. 6) y que algunos de esos creyentes son recompensados por su fidelidad ("vencedores", v. 7). Los destinos de estos tres grupos muestran una diferencia entre la importancia de la oferta gratuita de vida eterna de Jesús en el verso 6, la recompensa ganada por algunos al servirle en verso 7, y las consecuencias de rechazarle en el verso 8. También encontramos el contraste entre los creyentes recompensados y los incrédulos aquí en 22:11-15.

Para cualquiera que lee estas palabras finales de Apocalipsis, le queda bien claro que sólo existen dos destinos para toda la humanidad, una bendita eternidad en la presencia de Dios o una horrible y eterna exclusión de Su presencia. Pero estas palabras finales también incluyen la manera de tener una eternidad bendecida:

> *"Y me dijo: Hecho está. Yo soy el Alfa y la Omega, el principio y el fin. Al que tuviere sed, yo le daré gratuitamente de la fuente del agua de la vida"* (Ap. 21:6).

> *"Y el Espíritu y la Esposa dicen: Ven. Y el que oye, diga: Ven. Y el que tiene sed, venga; y el que quiera, tome del agua de la vida gratuitamente"* (Ap. 22:17).

La vida eterna es un regalo. Recibirlo es la única manera de evitar el Lago de fuego.

Recompensas dadas según nuestras obras. Apocalipsis 22:12

"He aquí yo vengo pronto, y mi galardón conmigo, para recompensar a cada uno según sea su obra".

Interpretación Verdad A: Cuando Jesús regrese, Él va a pagar a cada persona de acuerdo a su obra. En base a su desempeño, algunas personas van a ir al Lago de fuego, y algunas personas van a entrar a la Nueva Jerusalén.

Interpretación Verdad B: Cuando Jesús regrese, Él va a recompensar a cada creyente de acuerdo a su obra.

La interpretación Verdad A hace de las obras el factor determinante del destino eterno de uno. Esto se debe rechazar porque es contrario a Efesios 2:8-9 y otros pasajes que enseñan que nadie es salvo por obras. El pasaje no está enseñando una verdad para salvación.

La interpretación Verdad B reconoce otro fuerte contraste (v. 11) y una palabra de aliento para los Cristianos: Jesús va a recompensar a los creyentes que son fieles. Esas recompensas se especifican en el verso 14 como comer del árbol de la vida y la entrada por las puertas de la Nueva Jerusalén. Estas nos recuerdan las recompensas prometidas a los vencedores en los capítulos 2 y 3 (esp. 2:7; 3:12), lo que parece hablar de privilegios especiales para aquellos que ya están en la presencia de Dios.

De hecho, "obra" es singular, no plural. Como tal, sirve para resumir el carácter de la vida de uno. Los Cristianos serán recompensados de acuerdo con la manera en que se ocupó en su vida entera. Es posible que este verso también le esté hablando a los incrédulos porque también se menciona su destino en contraste con el de los creyentes (v. 15). Aunque se traduce como "galardón", la palabra *mithos* puede simplemente significar *pago*. Hemos visto que en el juicio del Gran Trono Blanco, los incrédulos serán castigados (devolver un pago) "según sea su obra" (22:11-13). Sin embargo, el hecho de que Apocalipsis fue escrito para las iglesias hace que la promesa de la recompensa sea principalmente para los creyentes (cf. El uso de Juan de "galardón" en relación con los creyentes en 2 Jn. 8).

Jesús dijo que Él "viene pronto", una palabra alentadora para nosotros quienes estamos esperando por la justicia y las recompensas que hacen que valgan la pena los sacrificios que involucran seguirle a Él. Todos vamos a recibir nuestra recompensa a su debido tiempo.

Cualquiera que añada o que quite de la Palabra de Dios. Apocalipsis 22:18-19

[18] Yo testifico a todo aquel que oye las palabras de la profecía de este libro: Si alguno añadiere a estas cosas, Dios traerá sobre él las plagas que están escritas en este libro. [19] Y si alguno quitare de las palabras del libro de esta profecía, Dios quitará su parte del libro de la vida, y de la santa ciudad y de las cosas que están escritas en este libro.

Interpretación Verdad A: Aquellos que cambien la Palabra de Dios van a perder su salvación.

Interpretación Verdad B: Aquellos que cambien la Palabra de Dios perderán sus bendiciones eternas.

El lenguaje severo del verso 18 nos recuerda de los deseos imprecatorios escritos por los salmistas en el Antiguo Testamento. Considerando la naturaleza de las plagas mencionadas en el Apocalipsis, esto no puede ser una amenaza literal. El propósito del autor es amplificar la seriedad de cambiar la verdad de Dios.

El Verso 19 en la Versión Reina Valera 1960 utiliza la palabra "libro" de la vida, pero la abrumadora evidencia de los manuscritos apoya la palabra "árbol" de la vida, como se ve en casi todas las otras traducciones en español. Entendiendo eso, vemos que el verso 19 se aplica a los que son creyentes porque sólo ellos van a tener parte en el "árbol de la vida" y en la "santa ciudad" la Nueva Jerusalén. También, estos pueden ser creyentes quienes leen, enseñan, y manejan el libro de Apocalipsis. La amenaza no es que Dios le va a quitar la salvación a los que se entrometan con estas santas palabras, sino que Él les va a negar privilegios especiales a los infractores.

La advertencia ciertamente no es para los que llegan a diferentes interpretaciones de la Biblia que tal vez estén mal. Es más bien una poderosa advertencia para no manipular o usar equivocadamente la revelación de Dios criminalmente. De ahí la importancia de estudiar la Biblia bien con un corazón puro.

TRES
Aplicando Verdad A Verdad B a la Vida y el Ministerio

Y A SE HICIERON algunas aplicaciones a través del libro, pero esta sección nos permite sintetizar esas aplicaciones y ver cómo distinguir entre la salvación y el discipulado, hace una diferencia en nuestras vidas, en la de otros, y en la iglesia o ministerio.

Haciendo que las Diferencias Bíblicas Cuenten

12

TAL VEZ PARA ahora ya haya visto la diferencia que una buena interpretación o una errónea puede hacer. Las diferencias en la interpretación no son sólo académicas o teológicas. La teología informa a la práctica, y las creencias influencian el comportamiento. Lo que pensamos, eso somos. Aquí vamos a estudiar algunas formas en la que la elección entre Verdad A y Verdad B pueden influenciar la vida y el ministerio.

Cómo nos vemos a nosotros mismos

Como sabe, la Verdad B tiene que ver con el desempeño en la vida del Cristiano. Esto incluye las extenuantes demandas del discipulado. Siempre que consideremos nuestro desempeño ante Dios, existe espacio para la introspección, ambas saludable y no saludable. La introspección saludable pregunta, "¿Estoy viviendo de acuerdo con las demandas del discipulado y la vida piadosa?" El resultado de la auto-evaluación puede revelar áreas débiles e inclusive fallas. Esto nos da una base y una motivación para agradar a Dios mejor.

La introspección no saludable puede resultar en consecuencias no placenteras. La más severa puede ser que uno pueda cuestionar su salvación si el desempeño es menos de lo que ha percibido como el estándar o lo que Dios demanda. Otra consecuencia seria puede ser el sentimiento de culpa, tal vez bajo la percepción de que Dios nos valora en base a nuestro desempeño.

Por supuesto, aquellos que terminan dudando de su salvación o dudando si es que agradan a Dios se ponen a sí mismos en un ambiente de auto-derrota para su crecimiento espiritual. *Usted no puede avanzar si siempre está mirando hacia atrás.* El desempeño es una espada de-dos-filos—Siempre estamos siendo mejores que algunos Cristianos, lo cual nos guía al orgullo, y siempre somos peores que otros Cristianos, lo que nos guía a la culpa y la duda.

Dos factores resuelven esta situación no saludable. Primero, nuestra salvación no depende de nuestro desempeño; depende del desempeño de Cristo en representación nuestra. Nosotros no somos aceptos ni podemos ser aceptos por Dios en base a nuestros propios esfuerzos y obras. Diferenciar la Verdad A de la Verdad B evita que la vida del Cristiano y las demandas del discipulado corrompan el evangelio de la gracia incondicional de Dios con las obras, ambos al inicio del evangelio y al final del evangelio. En otras palabras, los pasajes que mencionan las obras no se pueden hacer una condición para obtener la salvación inicial o que finalmente la prueben. En Cristo, Dios nos ve como que hemos completado todas las demandas de rectitud de Su justicia divina.

Si excluimos a las obras de la condición para nuestra comparecencia justa delante de Dios, esto nos deja con la confianza que nos da la gracia. Nuestra salvación depende de la promesa de Dios, no de nuestro desempeño. Existe la noción de que hemos sido aceptados por Dios de la manera en la que un padre amoroso acepta a su propio hijo o hija. La base para la aceptación no es qué tan bien nos comportamos como hijos de Dios, sino el hecho de que pertenecemos al Padre en Su familia.

Paralelo a esta verdad de la gracia incondicional de la salvación está la gracia incondicional por la que debemos vivir y relacionarnos con Dios. Nosotros no tememos a Dios como un Padre que está buscando castigarnos cuando nos equivocamos (a menos, que tal vez, realmente lo hagamos en grande). En lugar de eso, nosotros somos libres de llamarle afectuosamente "¡Abba, Padre!" Una fotografía famosa muestra a John Kennedy, Jr. como un pequeño niño jugando al lado del escritorio del Presidente John F. Kennedy en la Oficina Oval. No tiene temor de la presencia de su padre, solo puro deleite.

Imagine a un padre que llega a casa del trabajo y tiene este intercambio con su hijo de doce años:

"Hijo, ¿hiciste tu tarea como te dije?"

"Si, Papá."

"Muy bien, tú eres un buen hijo. ¿Lavaste los platos como te dije?"

"Claro que sí, Papá."

"Ese es mi muchacho. ¡Tú en realidad eres un gran hijo! Pero ¿limpiaste tu habitación como te lo dije?"

"No, Papá, no lo hice."

"¿Tú me desobedeciste y te haces llamar mi hijo? Mi hijo me obedecería. No pienso que seas digno de que te llame mi hijo."

Ese muchacho está creciendo en un ambiente de aceptación condicional en base a sus acciones. Él va a vivir con temor de decepcionar a su padre y de perder su lugar en la familia. Este no es un ambiente saludable para que crezca y para que tenga una relación íntima con su padre. Al contrario, él va a ver el amor de su padre como voluble, caprichoso, y condicional. Él sólo es valorado por lo que hace, no por quién él es.

Mantener a la Verdad A consistente con el evangelio de la gracia nos da una identidad que no se puede perder por nuestras fallas. Estamos unidos incondicionalmente con Cristo Jesús en Su muerte y resurrección y estamos colocados en Su cuerpo espiritual por la obra del Espíritu Santo quien también mora en nosotros. En su mejor día, su identidad es "Jesús y yo", y en su peor día, esta sigue siendo "Jesús y yo". Lo que la Verdad B hace es hacernos responsables de cómo nos comportamos como hijos con motivaciones de disciplina paternal o recompensa paternal.

Vivimos en un tiempo en el que muchas personas batallan con su auto-imagen y su auto-estima. La Verdad del Nuevo Testamento nos dice que nosotros somos amados por Dios, quien nunca nos va a echar fuera de su familia. Estamos seguros por la obra que el Hijo de Dios hizo por nosotros, lo que nunca podríamos hacer por nosotros mismos. Descansamos en el amor incondicional de Dios mostrado en Su gracia hacia nosotros.

Cómo presentamos el evangelio

Mantener a la Verdad B sin la intromisión de la Verdad A del evangelio de salvación no sólo nos da *buenas nuevas*, sino *excelentes noticias*. La Verdad A acerca del evangelio y de nuestra salvación nos garantiza que nuestra salvación es totalmente gratuita. También mantiene al evangelio gratuito y claro en un tiempo en el que muchos Cristianos lo han agravado con muchas demandas puestas en el incrédulo. Nunca dejo de sorprenderme de cuántas opiniones diferentes existen entre los Cristianos acerca de lo que una persona debe hacer para ser salvo. Como me lo confesó un evangelista Africano después de asistir a una conferencia del evangelio de la gracia, "Me tengo que arrepentir— ¡Creo que he mantenido a las personas afuera del cielo por la cantidad de cosas que les digo que tienen que hacer para ser salvos!" Este bien-intencionado evangelista estaba confundiendo la Verdad B con la Verdad A del evangelio. Como resultado, él estaba confundiendo a las personas de su peligro eterno. No me sorprenden las serias advertencias para los que cambian el evangelio. Gálatas 1:8-9 dice,

> [8] *Mas si aun nosotros, o un ángel del cielo, os anunciare otro evangelio diferente del que os hemos anunciado, sea anatema.* [9]*Como antes hemos dicho, también ahora lo repito: Si alguno os predica diferente evangelio del que habéis recibido, sea anatema.*

Ya sea que estos versos aplican a los herejes declarados o simplemente para aquellos que inadvertidamente confunden el evangelio, es claro que Dios considera como una seria ofensa cambiar u ofuscar el evangelio.

Desafortunadamente, la manera en la que muchos malentienden el evangelio hoy día al confundir la Verdad A con la Verdad B nos deja con mucho menos que buenas nuevas. ¿Estos llamamientos a los no salvos te suenan cómo buenas nuevas?

- "Yo puedo decirle cómo tener vida eterna—si usted se compromete a las demandas de Dios".

- "Yo puedo decirle cómo tener vida eterna —si usted no peca y la pierde".

- "Yo puedo decirle cómo tener vida eterna—si al momento de morir usted sigue siendo fiel y vive una vida piadosa".

¿Quién puede cumplir todas las demandas de Dios, o vivir una vida de constante victoria sobre el pecado, o conocer que ellos siempre permanecieron fieles durante toda su vida? Si el reporte de los resultados de desempeño es menos de uno por ciento, ¿Cómo puede alguien tener una esperanza segura en su salvación? ¿Y quién puede pensar que Dios toma nuestro compromiso y determinación a no pecar tan seriamente que Él les cuelga nuestro destino eterno? Ningún padre tiene ese tipo de expectación de su hijo o hija. Dios no es ni un padre ingenuo ni el tonto de nadie.

Francamente, es engañoso ofrecer algo llamado vida "eterna" bajo esas condiciones. Nada eterno puede depender de nuestros esfuerzos. Un evangelista con un mensaje endeble es más absurdo que atrevido.

Por el otro lado, debemos tener gran confianza cuando vemos a un incrédulo y directamente le decimos, "te puedo decir cómo obtener la vida eterna garantizada por Dios y que se otorga como un regalo gratuito que nunca se puede perder".

Algunos objetan a un mensaje tan simple al llamarle "religión fácil" o "decisionismo". Pero estos son cargos falsos. El evangelio es simple, pero no es fácil.

- No es fácil creer que mi pecaminosidad merece la separación eterna de Dios.

- No es fácil creer que Dios me ama sin importar mi pecado.

- No es fácil creer que Dios mandó a Su Hijo a vivir y morir en mi representación.

- No es fácil creer que Cristo Jesús pagó el castigo de mis pecados hace 2000 años.

- No es fácil creer que Cristo Jesús se levantó de los muertos y que está vivo.

- No es fácil creer que Cristo Jesús me ofrece vida eterna.

- No es fácil creer que yo puedo recibir ese regalo sin costo pero sólo a través de la fe.

¡No es fácil, pero es simple! *Simple* significa *sólo, sin complejidades*. *Fácil* significa *sin dificultades*. El simple evangelio significa que un niño o una persona sencilla lo pueden entender y creer.

Una versión popular del evangelio de nuestros días se llama el Señorío de la Salvación. Esta opinión demanda que una persona es salva a través de la fe, pero una fe que nos compromete y somete a Jesús como el Señor de la vida de uno. En otras palabras, comprometerse y someterse son condiciones para la salvación. El resultado de este punto inicial es que el verdadero Cristiano es por lo tanto uno que evidencia ese compromiso y sujeción con una vida de buenas obras. En esta triste farsa de confundir la Verdad A con la Verdad B, el evangelio se ha convertido en algo difícil, costoso, e imposible, pudiera uno argumentar. La gracia de Dios ya no es gratuita, la fe se convierte en obras, y el incrédulo está sujeto a la base del desempeño para su aceptación con Dios. Existe mucho más que yo pudiera decir acerca del Señorío de la Salvación, pero ya lo he dicho con lujo de detalles en otro lado.[13]

Seamos más cuidadosos acerca de cómo presentamos el evangelio a los demás. Una encuesta de la literatura del evangelio, panfletos, y folletos va a revelar muchas presentaciones diferentes del evangelio, especialmente en la invitación del final. No todos pueden estar en lo correcto. Necesitamos discernir acerca de cómo se presenta el evangelio en la literatura que usamos, a los misioneros que apoyamos, y a los maestros que les permitimos ser una influencia para otros. Una pregunta que yo he usado para probar la comprensión del evangelio de una persona es "Si usted muriera y estuviera delante de Dios, y Él dijera, '¿Por qué te debo dejar entrar en Mi cielo?,' ¿Cuál sería su respuesta?" Cualquier respuesta diferente a la fe en la obra todo-poderosa de Cristo Jesús puede que no sea aceptable.

Nuestra presentación del evangelio debe de ser una declaración audaz de las malas noticias de que todos hemos pecado y merecemos la separación eterna de Dios; y las buenas nuevas de que Dios mandó a Su Hijo, Cristo Jesús como el Único que pagó el castigo por nuestros pecados en la cruz, se levantó de los muertos, y nos garantiza nuestra salvación eterna si simplemente creemos en Él. Las buenas nuevas del evangelio son que podemos ser salvos por solo gracia, solo a través de la fe, sólo en Jesucristo.

Cómo damos seguridad de la Salvación

Saber que somos salvos eternamente no es una presunción, sino un privilegio que se admite a través de la Biblia.

¿Qué autor bíblico pone dudas sobre su propia salvación o de la salvación de sus lectores? ¡Ninguno! Ya hemos visto esos pasajes que se usan para sugerir que las dudas son buenas pero que no enseñan tal cosa (vea el estudio de Mt. 7:21-23; 24:13; 2 Co. 13:5). Hemos también argumentado

---

13 Además de mi libro ya mencionado, *Lordship Salvation: A Biblical Evaluation and Response,* 2nd GraceLife Edition (Burleson, TX: Xulon Press, 2014), vea mi capítulo titulado "What about Lordship Salvation?" en Freely by His Grace: Classical Free Grace Theology, eds. J. B. Hixon, Rick Whitmire, y Roy B. Zuck (Duluth, MN: Grace Gospel Press, 2012), pp. 97-118. Puede ver más artículos y estudios cortos en temas y pasajes relacionados con la opinión de la Salvación por Señorío en GraceLife.org/Resources/GraceNotes.

que las dudas y la inseguridad acerca de la salvación de uno no son una base o un ambiente que promueva el crecimiento espiritual.

Se nos dice en 1 Juan 5:11-13,

> [11] *Y este es el testimonio: que Dios nos ha dado vida eterna; y esta vida está en su Hijo.* [12] *El que tiene al Hijo, tiene la vida; el que no tiene al Hijo de Dios no tiene la vida.* [13] *Estas cosas os he escrito a vosotros que creéis en el nombre del Hijo de Dios, para que sepáis que tenéis vida eterna, y para que creáis en el nombre del Hijo de Dios.*

Este pasaje nos dice que podemos saber que tenemos vida eterna, y que esta depende de si tenemos al Hijo, Jesucristo. Recibimos al Hijo cuando creímos en Su evangelio. Su evangelio nos promete salvación eterna. Cuando creemos, estamos convencidos de que Su evangelio es verdad, incluyendo Su promesa. Esta fe en la promesa de Dios es la seguridad de que lo que Dios dice es verdad, y por lo tanto somos salvos. No es la fe en nosotros mismo o fe en nuestra fe; es la fe en Cristo Jesús—Su persona, Su provisión, y Su promesa. Porque nuestra fe reside en hechos objetivos, no en sentimientos subjetivos, podemos saber que somos salvos.

En esencia, estamos asegurados por la Palabra de Dios, que promete vida eterna a todos los que creen en Cristo Jesús. Las buenas obras son una evidencia importante, pero no una evidencia conclusiva. El testimonio del Espíritu Santo es otro testigo, pero no un testigo conclusivo (muchos dependen de sus sentimientos subjetivos acerca de la presencia del Espíritu Santo). La única autoridad objetiva y final de la que podemos depender es la Palabra de Dios.

Si tratamos de encontrar la seguridad de nuestra salvación en las Verdades B del Nuevo Testamento, nuestra búsqueda será fútil. Las verdades acerca del discipulado y de la vida del Cristiano generalmente hablan de las cosas que debemos hacer para agradar a Dios—nuestras acciones. No existe seguridad final en nuestras acciones.

Por el otro lado, las Verdades A se enfocan en lo que Cristo Jesús ha hecho en nuestra representación y nuestra respuesta única de fe. El desempeño es Suyo, y nosotros simplemente recibimos los beneficios a través de la fe. Podemos tener total seguridad en que Jesús ha satisfecho las demandas de justicia de Dios por nosotros, por lo tanto, sabemos que somos salvos en base a Su obra.

Enseñar la Verdad B como Verdad A ha causado que muchos Cristianos duden de su salvación. ¡Es obvio que esto pase! Necesitamos que se nos recuerde lo que Jesucristo ha hecho en lugar de estar siendo probados constantemente acerca de lo que hemos hecho. La seguridad de la salvación es el punto inicial del crecimiento en una relación saludable con Dios, y una motivación importante para seguir creciendo.

Cómo motivamos a los creyentes a la piedad

Diferenciar entre Verdad A y Verdad B lleva a las más altas motivaciones para servir a Dios y vivir una vida piadosa. Nuestras motivaciones son importantes porque ellas alcanzan el núcleo de nuestra espiritualidad. Motivar a los creyentes hacia una conducta externa y motivarlos hacia la piedad puede que no sean la misma cosa. Necesitamos alguna percepción de lo que son motivaciones piadosas.

Las obras solas no son una buena medida de espiritualidad y no presentan un juicio fidedigno de la salvación y la santidad personal. Los Fariseos no tenían falta de obras externas que se pudieran mencionar, pero ellos fueron regañados por Jesús como hipócritas (Mt. 23:23-30). Las extrínsecamente buenas obras pueden provenir de intrínsecamente malas motivaciones. Predicar, enseñar, o instigar a las personas a hacer lo recto puede producir un Fariseo.

Existen algunas motivaciones no bíblicas y no saludables para hacer lo recto. Una de esas motivaciones proviene de una perspectiva legalista de la espiritualidad, muy a menudo como resultado de interpretar la Verdad B como Verdad A. En otras palabras, el enfoque de semejante persona pudiera ser los actos externos como una manera de encontrar la aceptación de Dios. Esta actitud está detrás de aquellos que piensan que pueden ganar su salvación, pero también infecta a aquellos que han sido salvos. Muchas personas creen que un "buen Cristiano" es un Cristiano ocupado, esto se llama piedad. No existe nada malo con las obras externas, la obediencia a los mandamientos de Dios, y el servicio, pero la actitud que está detrás es lo que hace la diferencia. Cuando elevamos la importancia de lo que los Cristianos hacen, entonces devaluamos la importancia de lo que Dios hizo y hace. Cuando nos enfocamos en sus obras, los ponemos en riesgo de enorgullecerse. El legalismo no puede crear piedad, porque enseña conformidad externa en lugar de madurez interna. La verdadera madurez sólo puede venir de la gracia que nos liberó—nos hizo libres para escoger servir a Dios o para servir nuestros intereses egoístas. Pero enseñar la incondicional gracia gratuita de Dios puede ser riesgoso, inclusive espantoso. Los Cristianos pueden y van a abusar de la gracia y van a cruzar los límites establecidos por el legalista. Pero esta no es una razón para prejuzgar nuestra interpretación de la Biblia. El Apóstol Pablo predicó la gracia aun a pesar del riesgo y de que fue criticado por eso (Ro. 6:1, 14).

Relacionado con esto, un Cristiano puede servir a Dios por causa de su culpa de conciencia. Algunos pueden pensar que es muy fácil confesar y aceptar el perdón de Dios gratuitamente. El instinto carnal es hacer algo adicional para apaciguar la ira de Dios que percibimos. Esto se parece al concepto de la Iglesia Católica Romana de hacer penitencia, o eliminar el pecado de uno a través de oraciones y buenas obras. Pero esta actitud es opuesta a la gracia bíblica, porque si la gracia no se da como un regalo gratuito, no es gracia (Ro. 11:6). Cuando pecamos y confesamos nuestros pecados, descansamos en la obra terminada de Cristo Jesús para nuestra salvación, lo que también provee un perdón continuo que nos permite el compañerismo. No debemos empeorar una conciencia culpable, pero debemos guiar a la persona a disfrutar el perdón que provee la gracia. La Verdad A presenta el perdón como un regalo gratuito en base a la obra terminada de Cristo.

Por supuesto, también existen motivos pecaminosos y egoístas detrás de algunos servicios. Algunos Cristianos pueden servir por una ganancia financiera, preeminencia entre los demás, poder sobre los demás, o auto-engrandecimiento. Jesús expuso a la caridad y la oración hipócrita de los que se inclinaban por la alabanza de las personas (Mt. 6:1-6), y Él condenó a los Escribas judíos que fingían seguir a Dios porque ellos amaban el reconocimiento público y sus beneficios (Mc. 12:38-40).

Entonces, ¿cuáles son las buenas motivaciones bíblicas para servir a Dios y vivir piadosamente? Debemos empezar por la más alta virtud de todas—*amor*. El primer y más grande mandamiento es amar a Dios y junto con ese, amar a los demás (Mt. 22:37-39). Cuando amamos a Dios o a los demás, buscamos lo mejor. Buscamos complacerles. Pero el amor se expresa a sí mismo en un deseo de mayor intimidad. Existe una relación definitiva entre amor, obediencia, y permanecer. Jesús dijo,

Como el Padre me ha amado, así también yo os he amado; permaneced en mi amor. Si guardareis mis mandamientos, permaneceréis en mi amor; así como yo he guardado los mandamientos de mi Padre, y permanezco en su amor (Jn. 15:9-10; cf. 1 Jn. 4:16).

Conocer a Cristo Jesús más íntimamente era el deseo que estaba detrás de la motivación del Apóstol Pablo de proseguir hacia la madurez (Fil. 3:10-14). Motivamos el amor por Dios al recordarles a los Cristianos que Él nos amó primero y nos dio el más grande regalo que es Su Hijo (1 Jn. 4:19). Este amor por Dios tiene un correspondiente amor por otros. En un mandamiento correlativo e inseparable, Jesús también dice, "Amarás a tu prójimo como a ti mismo" (Mt. 22:37-39). Cuando Jesús dice que este "segundo" mandamiento es como el primero, Él se refiere no al rango de importancia, sino a la secuencia lógica. Cuando alguien ama a otra persona, ellos se van a preocupar de lo que sea que el objeto de su amor se preocupe. Ya que Dios se preocupa acerca de las personas, el que ama a Dios también va a amar a las demás personas, especialmente Sus hijos (1 Jn. 4:21).

Después del amor (o junto con el), *gratitud* es otra motivación principal para el servicio y las buenas obras. La gratitud resulta de experimentar la gracia. En base a la gratitud por todas las bendiciones de Dios mencionadas en Romanos capítulos 1-11, Pablo urge a sus lectores a responder ofreciendo sus cuerpos en sacrificio vivo, que es su "culto racional" (Ro. 12:1-2). Para generar gratitud en las personas, debemos recordarles constantemente lo que Dios ha hecho por ellos y dejar que ellos respondan de una manera razonable.

Significado eterno, o el deseo de cumplir el propósito eterno de Dios, puede ser otra importante motivación para el Cristiano. La salvación no sólo es seguridad. También es una oportunidad. Lo que hagamos con nuestras vidas hoy tiene importancia mañana (en la eternidad). Algunas de las parábolas que hemos estudiado enseñan los roles en el reino que esperan a los que sean fieles. Pero servir a Dios fielmente también trae un significado a nuestras vidas hoy. Cristo recurre al sentido de significado eterno de Pedro cuando le llama de una vida gastada meramente pescando peces a una vida invertida en pescar hombres (Lc. 5:10). Existe una poderosa urgencia en la mayoría de las personas a invertir sus vidas en algo duradero o de valor eterno. La vida en el presente se puede adornar con un significado eterno para que el Cristiano que pierde su vida por Cristo la salve o encuentre su verdadera vida (Mt. 10:38-39; 16:24-27; Mc. 8:34-38; Lc. 9:23-26; Jn. 12:24-26). Esto no se refiere a la salvación eterna pero a la preservación y al cumplimiento de la vida esencial de uno que proviene de disfrutar el propósito eterno de Dios. Ya que el significado está condicionado a la fidelidad, obediencia, y el servicio, esto motiva a los creyentes hacia esas virtudes.

Una recompensa es una motivación similar con significado eterno.

Muchos de los pasajes que hemos estudiado hablan de las recompensas en esta vida y en la eternidad, por lo tanto no vamos a explicar mucho. A estas alturas usted debería poder ver que el Tribunal de Cristo es un tema predominante en el Nuevo Testamento que surge cuando separamos correctamente el juicio de la Verdad A del juicio de la Verdad B. Con el prospecto de una recompensa positiva en el juicio viene el prospecto de perder las recompensas. Si ganamos las recompensas es una motivación positiva, entonces perderlas debe ser una motivación negativa. A los creyentes se les debe recordar ambas. Aunque las recompensas no siempre se especifican, saber que son dadas por Dios y por lo tanto son buenas debería ser suficiente para ambos Él y Sus hijos. También pudiera ser que la motivación más grande que provean las recompensas será la oportunidad de retribuírselas de regreso al Salvador en el futuro en total adoración (Ap. 4:10).

Obligación es una motivación que también se ve en las Escrituras. Algunas veces cuando el amor y la gratitud por Dios declinan, la obligación puede mover a las personas a hacer lo recto, porque tienen una fuerte motivación por cumplir su compromiso y obligación. Jesús mismo fue motivado por Su sentido de obligación y propósito. Cuando fue tentado a distraerse de Su ministerio de predicación, Él explicó que Él persistiría "porque para esto he venido" (Mc. 1:38). Él también murió en la cruz para cumplir el propósito del Padre (Jn. 12:27), para que al final de Su vida, Él pudiera decir a Su Padre, "he acabado la obra que me diste que hiciese" (Jn. 17:4). De la misma manera, un creyente puede reconocer el llamado de Dios a cierto ministerio y entonces desear cumplirlo. El Apóstol Pablo estaba tan motivado por su llamado a ser apóstol a los Gentiles que lo mantuvo motivado a terminar su ministerio para el Señor (Hch. 20:24; 1 Tm. 1:1; 2:7; 2 Tm. 1:11; 4:7). Hacer las obligaciones de uno requiere fidelidad. Jesús elogió la fidelidad en la obligación (Mt. 24:45; 25:23; Lc. 16:10-12), como lo hizo Pablo (Ef. 6:21; Col. 1:7; 4:7, 9). Es bueno recordar a los discípulos de Cristo Jesús que Dios espera ciertas cosas y que ellos han hecho compromisos que deben cumplir.

Temor es una motivación bíblica final para la piedad, aunque parece la más inmadura de las motivaciones porque proviene de un amor inmaduro o en desarrollo (1 Jn. 4:18; cf. 1 Pe. 1:17). Los Cristianos pueden temer la disciplina de Dios en esta vida y/o una evaluación negativa de sus obras y motivos en el Tribunal de Cristo. Entre las palabras de motivación e instrucción y del prospecto de un significado eterno, hemos visto que el autor de los Hebreos también usa advertencias acerca de consecuencias nefastas que pueden venir sobre los creyentes que han abandonado la verdad de Cristo o que han descuidado su crecimiento espiritual. Esto no es un temor al infierno (Verdad A), sino temor a la disciplina de Dios (Verdad B).

Para resumir estas motivaciones, las siguientes ilustraciones pueden ser útiles:

- *Amor*: Ashley de nueve años guarda sus juguetes porque ella ama a sus padres y quiere complacerlos.

- *Gratitud*: Ashley levanta sus juguetes porque ella se da cuenta de lo que sus padres hacen por ella y quiere mostrar su aprecio.

- *Significado eterno*: Ashley guarda sus juguetes porque ella entiende su importancia en la familia y ella quiere tener un rol más grande para ella en el futuro.

- *Recompensas*: Ashley levanta sus juguetes porque sus padres le prometieron llevarla a comer yogurt congelado cuando termine.

- *Temor*: Ashley guarda sus juguetes porque sus padres la amenazaron con no llevarla a la fiesta de cumpleaños de su mejor amiga si ella no lo hace.

Obviamente, algunas de las motivaciones son más dignas que otras. Pero todas las motivaciones pueden producir acciones correctas.

¿Por qué mencionamos estas motivaciones para la piedad? Porque cuando la Verdad B acerca del desarrollo del Cristiano se interpreta como Verdad A acerca de la salvación, nuestra motivación se puede convertir en desempeño para probar que somos verdaderos creyentes (algo que hemos dicho que es imposible). Ese error pavimenta el camino de la duda, el temor, la culpa, y el legalismo que son las fuerzas que impulsan la vida del Cristiano—cosas que nunca van a producir verdadera piedad. Las personas no pueden ser legisladas al crecimiento espiritual, ni tampoco se les puede avergonzar para que sirvan piadosamente o intimidarlos para que lleguen a una madurez semejándose a Cristo. Nosotros debemos aprender a inspirar a otros a vivir piadosamente y a servir con las más altas motivaciones, empezando con el amor y la gratitud a Dios por todo lo que Él ha hecho. Debemos recordarles constantemente a los demás, de todo lo que Dios nos ha dado gratuitamente por Su gracia. Las disciplinas del discipulado se van a desvanecer en la vida del creyente si no tiene estas motivaciones sinceras que lo van a empujar a seguir hasta la madurez. Estas distinciones y motivaciones vienen de discernir entre Verdad A y Verdad B.

Cómo desmotivamos el libertinaje

Cuando distinguimos la Verdad A de la Verdad B de tal forma que enseñamos que el evangelio de la gracia está libre de cualquier condición que no sea la fe simple que garantiza la seguridad eterna del creyente, inevitablemente vamos a ser acusados de que estamos motivando al pecado (libertinaje). De hecho, si usted no está encarando este cargo falso, es probable que usted no esté predicando el evangelio de la gracia. El Apóstol Pablo encaró esta acusación (Ro. 6:1, 15) y respondió sin comprometer su evangelio.

Pablo enseñó que los Cristianos pueden desanimar el libertinaje sin volver a la Ley del Antiguo Testamento. El creyente del Nuevo Testamento no está "bajo la ley, sino bajo la gracia" (Ro. 6:14). Jesucristo cumplió la Ley (Ro. 10:4; Ga. 3:19-25), entonces no tenemos que satisfacer sus mandamientos para obtener salvación eterna o para vivir la vida del Cristiano. Pero eso no significa que no tenemos ninguna ley. El Nuevo Testamento habla de un nuevo código de conducta para los Cristianos, la ley de Cristo, algo que es un eco de las leyes del Antiguo Testamento (1 Co. 9:21; Ga. 6:2). Pero a diferencia de la ley del Antiguo Testamento, esta es la ley "de la libertad" (Stg. 1:25; 2:12) que está inscrita en nuestros corazones (Heb. 8:10). El cargo de anarquía sólo se puede aplicar a alguien que rechaza todas las leyes, del Viejo y del Nuevo Pacto.

Para desanimar el libertinaje en una vida bajo la gracia, enseñamos a vivir por fe y a caminar en el Espíritu Santo (Ga. 5:16-25). Mientras caminamos en el Espíritu, cumplimos la ley de Cristo y los requerimientos rectos de la ley (Ro. 8:1-11). Amor es el primer fruto de caminar en el Espíritu (Ga. 5:22). Aquellos que aman a Dios y a los demás cumplen la ley del espíritu, porque ellos van a hacer las cosas que complacen a Dios y a otros (Ga. 5:14).

Mantener al evangelio claro de la Verdad B del desempeño también desanima el libertinaje, porque si somos salvos sólo por gracia y no por ninguna de nuestras contribuciones, entonces podemos sentir una profunda apreciación por lo que Dios ha logrado y ha provisto para nosotros. Experimentando y entendiendo la gracia de Dios debe generar un corazón y una vida de adoración y gratitud a Dios por Su inmerecido regalo gratuito (Ro. 12:1-2; Ef. 4:1). Un corazón profundamente agradecido no va a querer ofender a Dios.

Otra motivación para evitar el libertinaje es un tema que ya hemos estudiado anteriormente y que proviene de distinguir la Verdad A de la Verdad B: el Tribunal de Cristo. Debemos enseñar que cada creyente va a dar cuenta de su vida delante del Tribunal de Cristo en donde habrá ambas consecuencias, positivas y negativas. Después de que muramos o después de que Cristo regrese por Su iglesia, cada uno va a encarar este ajuste de cuentas que tiene consecuencias eternas (Ro. 14:10-12; 1 Co. 3:11-15; 2 Co. 5:10). Saber que nuestro comportamiento hoy tiene consecuencias eternas de recompensas o no recompensas debe motivarnos a vivir una vida piadosa.

Aun otra motivación para evitar el libertinaje es la consecuencia temporal que trae el pecado. Cuando aprendemos a diferenciar la verdad de la salvación de la verdad de la vida del Cristiano, descubrimos las enseñanzas bíblicas acerca de la disciplina divina. Los creyentes que pecan no encaran una condenación eterna, pero la disciplina de Dios. Como un Padre amoroso, Dios no deja que Sus hijos corran salvajemente (Heb. 12:5-11). Sus regaños pueden tomar innumerables formas, desde cosas como deprimir algunas emociones, enfermedad, o perdida financiera, hasta la muerte física (el pecado que lleva a la muerte en Stg. 5:20 y 1 Jn. 5:16).

Relacionado con esto tenemos las enseñanzas bíblicas de la disciplina de la iglesia para los creyentes que están pecando. En el contexto del cuerpo de la iglesia, el pecado no se ignora, pero se debe tratar apropiadamente. Esta es una de las maneras en las que Dios puede ejercitar Su disciplina divina. Mateo 18:15-20 nos enseña estas verdades acerca de la disciplina de la iglesia:

- Es un proceso gradual de mayor confrontación con el pecador no arrepentido. (vv. 15-17)

- Su objetivo es restaurar al Cristiano que está pecando. (v. 15b)

- La iglesia está actuando en representación de Dios. (vv. 18-20)

Si tomamos una interpretación de Verdad A para el creyente que está pecando, esto es, que no es salvo, entonces la disciplina de la iglesia tendría muy poco sentido. En este caso, la iglesia debería buscar ganar a la persona para Cristo Jesús para vida eterna. Pero eso no es lo que nos enseña este pasaje. La presión pública del cuerpo de la iglesia puede ser un medio persuasivo que lleve al pecador al arrepentimiento.

Podemos desmotivar el libertinaje al mostrar al creyente cómo es que un estilo de vida excesivo puede dañar a otros. Primero, hiere a Dios y escandaliza Su gloria. Segundo, esto lastima a otros que pueden ser afectados por el pecado de alguien. Tercero, hiere al creyente que está pecando, no sólo en las formas mencionas antes, pero al estorbar su crecimiento y madurez.

Mientras que la gracia es gratuita y el resultado es la libertad, esto también nos enseña una responsabilidad moral. La gracia nos enseña a negar la impiedad y a vivir vidas piadosas (Tit. 2:11-14). Vivir bajo la gracia significa que debemos vivir una vida recta y santa (Ro. 6-8; Ef. 2:8-10). Todos los maestros de la Biblia que entienden la gracia deben enseñar las amonestaciones morales de la Biblia.

Si, se puede abusar de la gracia—este siempre es el riesgo de la libertad—pero aquellos que lo hacen invitan a la disciplina de Dios y otras consecuencias negativas. Sin embargo, cuando apreciamos el alto precio que Dios pagó por el regalo gratuito de la vida eterna—Su único Hijo— debemos desarrollar un corazón de adoración y gratitud que lleve a una madurez espiritual y a una vida piadosa. De todas las maneras en las que podemos desmotivar a los creyentes de vivir en libertinaje, este tal vez sea nuestro llamado más puro.

Cómo moldeamos el ambiente de la iglesia

Algunas veces es más sutil que obvio, pero una iglesia que no aprende las diferencias bíblicas entre la Verdad A y Verdad B puede perpetuar un ambiente espiritual no saludable. Lo contrario también es verdad: aprender estas diferencias puede crear un ambiente saludable de libertad y crecimiento. Una iglesia orientada a la gracia puede diferenciar entre la gratuidad de la gracia de Dios en la salvación y las demandas del discipulado, y aplicar las implicaciones a las vidas de las personas en la práctica de la iglesia.

El ambiente de la iglesia empieza con el evangelio que se enseña y a través de la iglesia y de los líderes. Si está claro que la salvación es por gracia a través de la fe sin añadiduras, entonces no hay un escrutinio no-saludable de las obras de cada uno para juzgar si alguien es verdaderamente salvo. Por el otro lado, si un mandamiento u obra es visto como prueba de la salvación, se harán algunos juicios, y algunas veces correctamente, pero algunas veces va a ser trágicamente equivocado. La seguridad de la salvación que viene de un evangelio de la gracia mantiene un enfoque en Jesucristo y Su obra terminada en lugar de en las obras imperfectas de las personas. Esta seguridad les da a las personas un cimiento firme para crecer en el Señor.

En lugar de cuestionar constantemente la salvación de las personas y causar dudas en base a un desempeño imperfecto, una iglesia que entiende la diferencia entre Verdad A y Verdad B le va a dar a las personas espacio para crecer y cambiar. El pecado en los creyentes se va a tratar bíblicamente, pero más importante, la aceptación incondicional de la persona le va a dar a las personas la libertad para madurar a la imagen de Cristo. El énfasis de semejante iglesia no es lo que las personas hacen, sino lo que ellos son en Cristo, no activamente, sino en su identificación. Les damos a las personas algo en lo que pueden crecer. Como creyentes en Cristo, las personas deben ser aceptadas por quiénes son. Desde esa perspectiva, una iglesia va a aceptar las diferencias en la cultura, la personalidad, las opiniones, los dones, las prácticas cuestionables, y las preferencias personales, porque Dios ya ha aceptado a esa persona.

Una iglesia saludable que distingue la libertad de la salvación de la obligación del discipulado va a evitar los extremos del libertinaje y el legalismo. Enseñar la gracia incondicional de Dios y la responsabilidad del creyente va a alejar a las personas del libertinaje. También va a alejar a las personas del legalismo. Una iglesia puede ejercer una sutil o abierta presión para conformar a una apariencia externa artificial y a estándares no-bíblicos. Pero la iglesia orientada a la gracia sostiene las claras enseñanzas de la Biblia, es flexible en los asuntos no muy claros, y nunca permite que las reglas humanas reemplacen la autoridad de las Escrituras.

Ya que una clara comprensión de la gracia de Dios nos libera para amar y servirle a Él, esta también nos libera para amar y servir a los demás. Una iglesia orientada a la gracia va a balancear la gozosa libertad de la vida del Cristiano con un amor por Dios y los demás. Esto significa que en las áreas de conciencia o de cosas cuestionables, los creyentes son motivados a controlar sus actividades al considerar cómo esto afecta a los demás y a actuar sólo motivados por el amor. Los Cristianos deben ser motivados a utilizar su libertad para servir a los demás (Ro. 14; 1 Co. 8; 10:23-33; Ga. 5:13-14).

Cuando una iglesia mantiene un evangelio claro, allí debe haber un deseo sincero de compartir el mensaje de la gracia con el mundo. Aquellos que han sido bendecidos gratuitamente deben estar dispuestos a compartir esas bendiciones con los demás. El "Dios de toda gracia" desea que todos los hombres sean salvos por medio de Su provisión en Cristo (1 Tm. 2:3-4; 1 Pe. 5:10). Si una iglesia está buscando ser conforme al corazón de Dios, ellos deberán estar activos en alcanzar al mundo con el evangelio de la gracia, porque esto es lo que desea el corazón de Dios.

Como ya lo hemos mostrado, una iglesia que hace la diferencia entre Verdad A y Verdad B entenderá cómo manejar a los que cometen pecado.

La iglesia debe entender y atender bíblicamente la realidad del pecado en los Cristianos. Por supuesto, los líderes de la iglesia primero van a determinar si la persona que está pecando entiende y cree el evangelio, si la persona que está cometiendo pecado tiene un claro testimonio de su salvación, entonces el siguiente paso es confrontar amorosamente a esa persona, con el propósito de disciplinarla y restaurarla (Mt. 18:15-20; 2 Co. 2:6-8; Ga. 6:1; 2 Ts. 3:6-15). Los Cristianos que están pecando no se consideran no-salvos automáticamente ni por lo tanto se evangelizan. La iglesia orientada a la gracia refleja un ambiente saludable en lugar de un espíritu crítico y condenador.

Se supone que el ambiente saludable de una iglesia se forma y se sostiene por la consistente y correcta enseñanza de las Escrituras. La predicación expositiva (tratar los pasajes de la Biblia sistemáticamente y en contexto) es la mejor garantía de que Verdad A y Verdad B se van a diferenciar adecuadamente. Las personas no sólo van a obtener una comprensión más clara de muchas Escrituras, sino que ellos van a aprender la manera adecuada de interpretar la Biblia, especialmente los pasajes difíciles. La Biblia, correctamente entendida, va a transformar la vida.

Cómo vemos el futuro

Hacer las diferencias importantes entre Verdad A y Verdad B acerca de las enseñanzas de la Biblia en relación con la salvación eterna, los juicios futuros, y las recompensas va a determinar cómo vemos el futuro.

Entendiendo el evangelio de la gracia da a los creyentes una confianza firme en su futuro. Ya que la salvación se da por gracia a través de la fe sola sin ningún criterio de desempeño, podemos saber que somos salvos para siempre. Todas las promesas de la salvación serán evidentes en la eternidad. A continuación hay algunas cosas que los creyentes conocen y van a experimentar para siempre:

- Tenemos vida eterna, lo que significa que dura para siempre. (Jn. 3:16; 6:47)

- Hemos sido trasladados al reino eterno de Dios. (Col. 1:13)

- Hemos sido perdonados de todos los pecados para siempre. (Col. 2:13-14)

- Hemos sido resucitados para vida con Cristo para siempre. (Dn. 12:2; 1 Ts. 4:13-17)

- Estamos sellados con el Espíritu Santo hasta el día de la redención, cuando Cristo nos levante. (Ef. 1:13-14; 4:30)
- Reinaremos con Cristo en Su reino. (Ap. 20:6)
- Experimentaremos las recompensas eternas. (Ap. 22:12)

Tenemos una esperanza en un futuro seguro. La esperanza es un elemento importante en la vida del Cristiano. La esperanza bíblica no es lo mismo que un deseo o un anhelo, sino que es una expectación certera de las bendiciones futuras. Pero la esperanza sólo se puede experimentar completamente por aquellos que han sido salvos por la gracia sin ningún mérito humano. La esperanza está fuertemente relacionada con el evangelio de la gracia gratuita (vea el estudio en Col. 1:21-23).

Nuestra esperanza de una eternidad con el Señor en el cielo y en el reino no se disminuye por el prospecto de tener una evaluación acerca de cómo vivimos nuestras vidas. Hay una diferencia entre la naturaleza incondicional de la salvación y la naturaleza condicional de nuestra responsabilidad futura.

Cuando alguien confunde los juicios del Gran Trono Blanco para los incrédulos (Verdad A) con el Tribunal de Cristo para los creyentes (Verdad B), esa persona puede concluir que las obras son necesarias para la salvación eterna. Tal perspectiva acerca de un futuro incierto diezma la confianza que debemos tener acerca de nuestra salvación y del regreso del Señor por nosotros.

Cuando el Tribunal de Cristo se diferencia correctamente del juicio de nuestra salvación, entonces las obras encuentran un lugar adecuado en la vida y la motivación del creyente. La calidad de la experiencia futura de Dios del Cristiano en el reino depende de la fidelidad y de las decisiones hechas en esta vida. Un creyente que vive fielmente puede esperar la perspectiva futura de:

- Recompensas y tesoros en el cielo y en el reino (1 Co. 3:11-15);
- Los elogios de Jesús y del Padre (Mt. 10:32; 25:23; 1 Co. 4:5);
- Privilegios de co-gobernar con Cristo (Ro. 8:17; 2 Tm. 2:12);
- Coronas especiales, bendiciones, y privilegios (1 Co. 9:25; 2 Tm. 4:8; Stg. 1:12; 1 Pe. 5:4; Ap. 2-3).

Existen algunas preguntas acerca de la extensión y la duración de las consecuencias negativas en el Tribunal de Cristo. Algunos de nuestros estudios sobre las parábolas muestran que puede haber gran remordimiento al perder algunas de las bendiciones del reino. También, 1 Juan 2:28 indica que aquellos que no hayan permanecido en Cristo tendrán vergüenza en la venida de Cristo. Ciertamente no puede ser una experiencia placentera que las obras de uno "se quemare" en el Bema (1 Co. 3:15). Mientras que las consecuencias negativas son ciertas, es difícil pensar que existen remordimiento, vergüenza, y dolor permanentes. En Apocalipsis 21:4, en la creación del cielo nuevo y tierra nueva, leemos acerca del pueblo de Dios (v. 3), que

> *"Enjugará Dios toda lágrima de los ojos de ellos; y ya no habrá muerte, ni habrá más llanto, ni clamor, ni dolor; porque las primeras cosas pasaron".*

No creo que exista una fuerte evidencia que indique un remordimiento o vergüenza de largo plazo. Estar con el Señor se presenta abrumadoramente como una experiencia gozosa y placentera eterna. También debemos recordar que la gracia de Dios cubre nuestro futuro así como nuestro pasado. Primera de Pedro 1:13 habla de la gracia que espera al Cristiano en el futuro: "Por tanto, ceñid los lomos de vuestro entendimiento, sed sobrios, y esperad por completo en la gracia que se os traerá cuando Jesucristo sea manifestado".

Hacer la diferencia entre el requerimiento para entrar en el reino (fe en Cristo, Verdad A) y los requisitos para una experiencia gratificante en el reino (fidelidad a Cristo, Verdad B) no sólo les va a dar a los Cristianos una seguridad firme de la salvación, sino que también les va a dar una motivación para vivir una vida piadosa. Debemos enseñar que lo que hagamos hoy en esta vida definitivamente hace una diferencia mañana en la eternidad. No es la amenaza del infierno lo que motiva a las personas a la verdadera piedad, sino la perspectiva de agradar al Señor por la eternidad. Debemos ayudar a las personas a estar preparadas para ese gran día cuando cada creyente va a presentarse delante del Señor Jesús para su evaluación y sus recompensas (2 Co. 4:14; 11:2; Ef. 5:27; 1 Ts. 5:23; Jud. 24).

Diferenciar la Verdad A de la Verdad B no sólo nos da paz y seguridad en esta vida; nos da confianza en un futuro seguro con el Señor. Por la gracia perdurable de Dios, podemos vivir ahora para el mañana esperando Su regreso.

Seguridad Eterna[14]

1

¿UNA PERSONA QUE ha sido salva puede perder o se le puede quitar su salvación? La Biblia responde "No", que una persona que ha sido salva una vez permanece salva a través de la eternidad. Esto normalmente se llama la doctrina de la seguridad eterna, y muy a menudo conocida como (alguna veces despectivamente) "una vez salvo siempre salvo".

Es más fácil ver como la seguridad eterna tiene sentido si nos hacemos la pregunta de una forma diferente. Por ejemplo, qué tal que nos peguntamos, ¿puede una persona salva eternamente perder su salvación eterna? O, ¿puede una persona que es justificada ser des-justificada? O, ¿puede una persona que es nacida espiritualmente ser des-nacida? O, ¿puede una persona que gratuitamente se le da el regalo la vida eterna perderla en base a alguna condición?

Aquellos que creen en la seguridad eterna normalmente son etiquetados como Calvinistas. Aquellos que creen que la salvación se puede perder son generalmente etiquetados como Arminianos.

Qué dice la Biblia

La Biblia enseña la seguridad eterna en muchas maneras diferentes.

1. La Biblia habla con certeza acerca de la posesión de una nueva vida basada solamente en la fe en Cristo como Salvador. Juan 3:1-16; 5:24; 10:28; 20:31

---

14 Esta es una adaptación de Charles Bing, *GraceNotes* no. 24, "Eternal Security", en http://www.gracelife.org/resources/gracenotes/?id=24.

2. La Biblia se refiere a esta vida como "eterna" lo que significa para siempre y no implica ninguna interrupción. Juan 10:28; 11:25-26

3. Ya que la salvación por gracia esencialmente significa que es un regalo, entonces es un regalo incondicional, lo que no depende de las obras de una persona, conducta o condición después de la salvación. Ro. 3:24; 4:5; Ef. 2:8-9

4. La Biblia enseña que el propósito predestinado de Dios y la justificación inicial eventualmente resultan en una glorificación para cada creyente sin excepción. Ro. 8:29-30; Ef. 1:4-5

5. La Biblia presenta la salvación eterna como una relación legal y obligatoria con Dios que no puede ser rota por nadie (incluyendo a nosotros mismos) o nada. Ro. 8:1, 31-39

6. La Biblia presenta la salvación eterna como una relación filial irrevocable con el Padre por adopción, lo que resulta en bendiciones eternas. Juan 17:3; Ro. 8:15-17; Ga. 3:26

7. Estamos sellados por el Espíritu Santo, Quien garantiza nuestra glorificación. 2 Co. 1:22; Ef. 1:13-14; 4:30

8. Estamos asegurados por el poder de ambos del Padre y del Hijo. Juan 10:28-30; 17:9-12; Jud. 24

9. Ya que todos nuestros pecados (pasados, presentes, futuros) están perdonados por Cristo Jesús y Su sacrificio eternamente suficiente, no existe ningún pecado que pueda causar que perdamos nuestra relación con Él. Col. 2:13-14; Heb. 10:12-14

10. Las oraciones intercesoras de Cristo y Su defensa cuando pecamos nos garantizan que nuestra salvación será completa eternamente. Juan 17:9-12, 24; Heb. 7:25; 1 Juan 2:1

11. La Biblia habla de la salvación en voz pasiva, lo que indica que la causalidad no está en nosotros, sino en Dios; por lo tanto, está basada en Su obra y no las nuestras. Ef. 2:5, 8; 2 Ts. 2:10; 1 Tm. 2:4

12. La Biblia demuestra con ejemplos (Abraham, David, Israel) y con preceptos que Dios es fiel a Su promesa eterna aun cuando nosotros no lo seamos. Sal. 89:30-37; Ro. 3:3-4; 4:16; 2 Tm. 2:13

Algunos problemas si negamos la seguridad eterna

Negar la seguridad eterna presenta muchos problemas, como: ¿Qué tanto pecado o qué pecados me quitan la salvación? ¿Cuántas veces puede una persona nacer de nuevo? ¿Existe un nivel de intimidad con Dios más allá de la pura aceptación o rechazo por Él? ¿No existe ninguna otra consecuencia para el creyente que peca además del infierno? ¿Si una persona cree en Cristo y es salva, pero peca y pierde su salvación, entonces qué le queda por creer que no sea lo que ya creyó? Una condición además de la fe sola se hace necesaria. Es fácil ver que sin la seguridad eterna, la garantía es imposible y no existe un cimiento sólido para el crecimiento del Cristiano.

¿Qué acerca de esos otros pasajes?

Existen un número de pasajes en la Biblia comúnmente usados por los que no creen en la seguridad eterna. Aquí sería imposible hablar de todos ellos individualmente. Cuando se interpretan consistente y correctamente, cada uno de esos pasajes se pueden entender de una manera que armoniza con la seguridad eterna. Primero: su interpretación debe ser fidedigna con el contexto, lo que considera el estado eterno de los lectores y el propósito del autor. Segundo: ellos deben ser consistentes con el supremo plan de Dios de bendecirnos eternamente con Su gracia. Tercero: ellos deben armonizar con la enseñanza consistente de la justificación por gracia a través de la fe sola, sin obras o algún mérito. Cuarto: algunos de estos pasajes se refieren a la pérdida de la recompensa, no de la vida eterna. Quinto: algunos de estos pasajes son condiciones para el discipulado, no para la vida eterna.

¿Qué acerca de proveer licencia para pecar?

La objeción más común en contra de la seguridad eterna es una excusa conveniente para pecar. Después de todo, el objetante dirá, si una persona tiene vida eterna garantizada, entonces puede hacer lo que quiera sin temor a una consecuencia. Pero este argumento es débil por un número de razones. Primero: un argumento de una idea hipotética o de una experiencia real (aunque extraña), no determina la veracidad de una doctrina. Segundo: mientras que algunos que apoyan la seguridad eterna pueden pecar y disculparse, lo mismo es verdad para los que rechazan la seguridad eterna. Tercero: la naturaleza de la salvación por gracia es que enseña al creyente a negar la impiedad y a vivir para Dios (Tit. 2:11-12). Cuarto: el nuevo nacimiento resulta en una nueva persona con una nueva capacidad para las cosas espirituales. Existe una nueva relación con Dios (Ro. 6:1-5), una nueva libertad para no pecar (Ro. 6:6-14), una nueva vida (Ro. 6:11; Ef. 2:1), y una nueva perspectiva y orientación (2 Co. 5:17). Quinto: la Biblia enseña que existen consecuencias severas y la perdida de las recompensas para los creyentes que viven pecaminosamente (1 Co. 3:12-15; 5:5; 9:27; 2 Co. 5:10), lo que es una motivación para vivir una vida piadosa.

Algunas implicaciones

La seguridad eterna del creyente (la realidad objetiva de que uno posee vida eterna) es un asunto separado de la garantía del creyente (la realización subjetiva de que uno posee vida eterna). Sin embargo, si uno no cree en la seguridad eterna, entonces inevitablemente van a existir ocasiones en las que la persona pierda su seguridad. También existen los que profesan conocer a Cristo como Salvador, pero ellos no poseen la vida eterna y por lo tanto no tienen una seguridad eterna y sólo una garantía falsa. La doctrina de la seguridad eterna del creyente en Cristo finalmente descansa en el carácter de Dios quien es fiel a Su Palabra, y también en la libertad de Su gracia.

¿Qué es "La Teología de la Gracia Gratuita"?[15]

2

ETIQUETAS TEOLÓGICAS SON una forma útil de resumir sistemas de creencias. Muchas etiquetas se han convertido en una parte establecida del diálogo teológico, como *Arminianismo, Calvinismo, amilenialismo,* o *premilenialismo.* Muchos que han escuchado la etiqueta "Teología de la Gracia Gratuita" se preguntan qué quiere decir. Aquí está un breve resumen.

1. **La Gracia Gratuita enseña que la gracia de la salvación es totalmente gratuita.** Obviamente debemos empezar con este punto, aunque no hay necesidad de decirlo porque la palabra *gracia* (del griego *charis*) esencialmente significa regalo gratuito inmerecido. Sin embargo, ya que algunos hablan de gracia *costosa* o *barata,* es necesario aclarar que la gracia es totalmente *gratuita.* Eso no significa que es gratuita para el que la da, quien en este caso es Dios, pero significa que no se requiere ningún pago o mérito de parte de quien recibe la oferta, que serían todos los no salvos y pecadores no merecedores. Romanos 3:24 distingue entre el regalo gratuito para el receptor y el costo para el Dador: "siendo justificados gratuitamente por su gracia, mediante la redención que es en Cristo Jesús".

2. **La Gracia Gratuita significa que la gracia de la salvación sólo se puede recibir por medio de la fe.** Ya que nosotros como

15 Esta es una adaptación de Charles Bing, GraceNotes, no. 67, "What Is Free Grace Theology?" en http://www.gracelife.org/resources/gracenotes/?id=67.

pecadores no podemos hacer nada para obtener la gracia de Dios, se nos tiene que dar como un regalo, el cual sólo se puede recibir por medio de la fe. Por *fe* (o *creyendo*, que es la misma palabra en griego), queremos decir la respuesta humana de recibir algo como verdadero o digno de creerse. Es una convicción, una persuasión interna. Esta definición excluye cualquier otra condición de obras, desempeño, o mérito (Ro. 4:4-5). La fe no se puede definir como obediencia a los mandamientos Cristianos, bautismo, sumisión, compromiso de la vida de uno a Dios, o alejarse de sus pecados. Esas cosas pueden y deben ser el resultado de la fe, pero son diferentes de la fe misma, de otra manera la gracia deja de ser gracia (Ro. 11:6). Efesios 2:8 dice, "Porque por gracia sois salvos por medio de la fe; y esto no de vosotros, pues es don de Dios; no por obras..." Fe simplemente es una respuesta, pero eso no significa que sea una respuesta sencilla. Muchos que apoyan la Gracia Gratuita creen que arrepentimiento, como un cambio de mente o de corazón, se puede usar algunas veces para describir el aspecto de la fe que nos lleva a convencernos o a persuadirnos de algo. Otros promotores de la Gracia Gratuita piensan que el arrepentimiento (como alejarse de sus pecados) no tiene ningún rol en la salvación o en la fe que salva.

3. **La Gracia Gratuita cree que el objeto de la fe es el Señor Cristo Jesús.** La fe siempre debe tener un objeto, porque la fe en sí misma no es el efecto que causa nuestra salvación (Somos salvos "por gracia"), pero el medio instrumental por el que somos salvos ("por medio de la fe"). El Único que de hecho nos salva es el Señor Jesús. Pero no es cualquier Jesús, es Jesús como el Hijo de Dios quien murió por nuestros pecados y se levantó otra vez y garantiza la salvación eterna a todos los que creen en Él.

4. **La Gracia Gratuita apoya la obra terminada de Cristo.** La gracia es gratuita porque Jesucristo hizo toda la obra en nuestra representación. Su proclamación en la cruz "Consumado es" significa que Él hizo el pago final y completo por la culpa de nuestros pecados. También significa que no se le puede añadir nada a lo que Jesús logró. No podemos hacer nada para ganar

nuestra salvación o para retener nuestra salvación. La Gracia Gratuita por lo tanto enseña la seguridad eterna del creyente.

5. **La Gracia Gratuita provee la única base de la garantía de la salvación.** Cualquier sistema de creencia que requiere nuestro desempeño no puede garantizar la salvación. El desempeño humano es subjetivo, variable, impredecible, y siempre imperfecto. La fe debe descansar en Cristo Jesús y Sus promesas como se revelaron en la Palabra de Dios. La persona y la obra de Cristo y la Palabra de Dios son verdades objetivas que no pueden cambiar. Por lo tanto, La Gracia Gratuita ofrece el único cimiento para la garantía de la salvación.

6. **La Gracia Gratuita hace una diferencia entre la salvación y el discipulado.** Mientras algunos sistemas teológicos creen que todos los Cristianos son discípulos, la Gracia Gratuita entiende que la condición para la salvación eterna (creer) es diferente de las múltiples condiciones para el discipulado (negarse a sí mismo, tomar su cruz, seguir a Cristo, permanecer en Su Palabra, amar a Cristo más que a la familia, etc.). Ya que la gracia es absolutamente gratuita, no puede demandar esas condiciones o deja de ser gracia. La Gracia Gratuita cree que los compromisos para el discipulado deben ser el resultado de la salvación, no los requerimientos. El hacer estas la condición para la salvación inserta las obras y el mérito humano en el evangelio de la gracia.

7. **La Gracia Gratuita enseña que la vida del Cristiano también es por gracia por medio de la fe.** Ya que somos salvos por gracia y nos mantenemos salvos por gracia, también crecemos por gracia a la que accedemos por fe. La gracia provee todo lo que no merecemos y más para todo lo que necesitamos. Así como en la salvación, la gracia que crece está disponible para nosotros a través de la fe: "por quien [el Señor Cristo Jesús] también tenemos entrada por la fe a esta gracia en la cual estamos firmes..." (Ro. 5:2; cf. Ga. 2:20).

8. **La Gracia Gratuita provee la mejor motivación para una vida piadosa.** Si la salvación es por el desempeño humano, la garantía no existe, y si no existe la garantía, una motivación para la buena conducta se puede producir fácilmente para

probar que somos salvos o para evitar el infierno. Culpa, temor, y duda pueden producir *buena* conducta, pero no necesariamente conducta *piadosa*. La conducta piadosa incluye las motivaciones internas de amor y gratitud. La garantía de Dios y la obra terminada de Cristo permite a los Cristianos crecer en un ambiente de libertad y amor incondicional (Tit. 2:11-12).

9. **La Gracia Gratuita apoya que el Cristiano es responsable.** De acuerdo con la Gracia Gratuita, el creyente es liberado de cualquier demanda de la Ley o las obras como base de la salvación eterna. Pero la Gracia Gratuita también enseña que los Cristianos deben vivir una vida piadosa porque:

   1. Debemos ser agradecidos por lo que Dios ha hecho (Ro. 12:1-2);

   2. Dios quiere que hagamos buenas obras (Ef. 2:10);

   3. Tenemos una nueva posición en Cristo (Ro. 6:1-14);

   4. Tenemos un nuevo Señor—Jesús (Ro. 6:15-23); y

   5. Tenemos un nuevo poder—el Espíritu Santo (Ro. 8:1-11).

   Por estas cosas, la Gracia Gratuita nos enseña que Dios nos va a hacer responsables por el tipo de vidas guiamos. Dios puede disciplinarnos en esta vida (Heb. 12:5-11), y vamos a encarar el futuro Tribunal de Cristo en donde los creyentes vamos a dar cuentas a Dios (Ro. 14:10-12; 1 Co. 3:11-4:5; 2 Co. 5:10). En este juicio, los creyentes van a ser recompensados o se les negarán las recompensas. En ninguna forma la Gracia Gratuita enseña que los Cristianos pueden pecar sin consecuencias.

10. **La Gracia Gratuita está comprometida primeramente con una interpretación certera de la Biblia.** No hay necesidad de decir esto, pero es necesario porque muchos han forzado sus sistemas teológicos en sus interpretaciones en lugar de dejar que la Biblia hable por sí misma. El sistema de la Gracia Gratuita es el resultado de un enfoque literal del sentido común de la Biblia que considera las diferentes maneras en las que Dios administra Su plan para el mundo a través de las edades, y los contextos adecuados de cualquier pasaje de la Biblia. El sistema de la Gracia Gratuita busca sobre todas las cosas ser bíblico. Su

primer compromiso no es con un sistema teológico, sino con lo que la Biblia dice, aun si algunos particulares no se pueden reconciliar fácilmente con otras enseñanzas o interpretaciones tradicionales. Por lo tanto, la posición de la Gracia Gratuita permite varias interpretaciones de algunos pasajes bíblicos siempre y cuando sean consistentes con buenos principios de la interpretación de la Biblia y las claras enseñanzas de la gracia gratuita de Dios.

Conclusión

La teología de la Gracia Gratuita empieza con las claras y simples enseñanzas de la Biblia de que la gracia es absolutamente gratuita. A partir de ese momento, las enseñanzas de la Biblia acerca de la salvación, la fe, la seguridad, la garantía, la vida del Cristiano, y el discipulado son posiciones consistentes, son la naturaleza incondicional de la gracia. La gracia gratuita de Dios debe motivar a los Cristianos a alabar, servir, y vivir una vida piadosa para el "Dios de toda la gracia" (1 Pe. 5:10) quien nos "amó primero" (1 Jn. 4:19).

Índice de las Escrituras

www.ingramcontent.com/pod-product-compliance
Lightning Source LLC
Chambersburg PA
CBHW071406090426
42737CB00011B/1373